KARL WAGNER

DIE FEIER DER BEERDIGUNG

TEIL I
Rituale

Studienausgabe für die
Begräbnisfeier
in der Erzdiözese Wien
mit besonderer Berücksichtigung der Gegebenheiten
in der Großstadt

(Seite 5–134)

TEIL II
Neue Wege in der Trauerpastoral

(Seite 135–229)

KARL WAGNER

DIE FEIER DER BEERDIGUNG

FREIBURG · BASEL · WIEN

4. Auflage

Alle Rechte vorbehalten – Printed in Germany
© Verlag Herder Freiburg im Breisgau 2001
www.herder.de
Einbandgestaltung: Finken & Bumiller, Stuttgart
Inhalt gesetzt in der Trump, Minion und Helvetica
Herstellung: fgb · freiburger graphische betriebe 2004
www.fgb.de
ISBN 3-451-27451-5

TEIL I

Rituale

Studienausgabe für die
Begräbnisfeier
in der Erzdiözese Wien
mit besonderer Berücksichtigung der Gegebenheiten
in der Großstadt

Herausgeber:
Pastoralamt der Erzdiözese Wien, A-1010 Wien, Stephansplatz 6
Für den Inhalt verantwortlich:
Diözesankommission für Liturgie

INHALT

VORWORT 9
EINFÜHRUNG 11
    Studienausgabe 11
    Vorbereitung der Begräbnisfeier 12
    Gestalt der Begräbnisfeier 12
    Elemente der Begräbnisfeier 13

FORM I
Allgemeine Form 15
Verabschiedung bei einer Kremation 24
Schlussgebete 25

FORM II
Begräbnisfeier mit einer Trauergemeinde die der Vorsteher kennt bzw. die beim Gottesdienst aktiv mitbetet 26
Allgemeine Gebete 33

FORM III
Begräbnis eines/einer auf tragische Weise Verstorbenen . . 34

FORM IV
Begräbnis eines/einer nach langem und schwerem Leiden Verstorbenen 38

FORM V
Begräbnis eines/einer plötzlich und unerwartet Verstorbenen   42

FORM VI
Begräbnis eines Kindes 47

FORM VII
Begräbnis eines Ungeborenen (Fehlgeburt) 53

FORM VIII
Begräbnis nach Drogentod 57

FORM IX
Begräbnis nach einem Suizid 61

FORM X
Begräbnis eines Priesters oder Diakons 65

FORM XI
Begräbnis eines/einer Angehörigen geistlicher
Gemeinschaften 73

FORM XII
Begräbnis eines/einer Pastoralassistenten/-assistentin oder
Religionslehrer/-lehrerin 82
Gebete in besonderen Situationen 91

FORM XIII
Grabsegnung nach einer Exhumierung
und Beisetzung in einem neuen Grab 92

FORM XIV
Verabschiedung im Anatomischen Institut 94
Lobpreis 95

FORM XV
Trost für die Trauernden beim Begräbnis eines/einer
Verstorbenen ohne religiöses Bekenntnis 96

ANHANG I
Schriftlesungen 102
Schriftworte 114

ANHANG II
Gesänge 119
Litaneien für die Verstorbenen 131

VORWORT

Tote begraben ist ein Werk der leiblichen Barmherzigkeit. Wir ehren die Getauften als Tempel des Heiligen Geistes (KKK 2300).
  Deshalb hat die Kirche seit alters eine reichhaltige Begräbnisliturgie entfaltet. Dabei ist immer auf regionale Bräuche und Gegebenheiten Rücksicht genommen worden. Man kann sagen, die Begräbnisriten sind gelungene Beispiele von Inkulturation.
  Das II. Vaticanum hat nachhaltig den österlichen Charakter der Begräbnisliturgie gefordert (CSL art. 81) und in der Editio typica des Begräbnisordo von 1969 wurde diesem Postulat auch Rechnung getragen.
  Die Feier eines Begräbnisses ist heute vielfach die Gelegenheit, unsere christliche Botschaft von Tod und Auferstehung auch den Menschen zu verkünden, die ihren Kontakt mit dem Leben der Kirche gelockert bzw. ganz gelöst haben.
  Gerade in der Großstadt sind verschiedene Situationen gegeben, die ein sehr sensibles Begleiten und Ansprechen der Hinterbliebenen beim Begräbnis erfordern. Diesen Anforderungen sollen die verschiedenen Formen der Begräbnisfeier hilfreich dienen. Deshalb habe ich mich entschlossen, auf Grund von Vorarbeiten des Referates der Erzdiözese Wien für den Einsegnungsdienst und der Diözesankommission für Liturgie, vorliegende Studienausgabe für die Begräbnisfeier in der Erzdiözese Wien ad interim zu approbieren.
  Allen, die schon bisher den Leitungsdienst beim Begräbnis leisten, danke ich und bitte zugleich, sich immer wieder der pastoralen Verantwortung bewusst zu sein, die mit ihrem Dienst am Friedhof verbunden ist.
  Möge diese neue Studienausgabe unserer Verkündigung von Tod und Auferstehung Jesu Christi eine wertvolle Hilfe bieten.

Ostersonntag 1999.   + *Christoph Kard. Schönborn*

EINFÜHRUNG

STUDIENAUSGABE

1. Die Editio typica des Ordo Exsequiarum v. 15.8.1969 hatte schon im Wissen um die regionalen Erfordernisse und Unterschiede auf mögliche Adaptationen bei der Feier des Begräbnisses hingewiesen. Damit waren in erster Linie die Bischofskonferenzen angesprochen (vgl. Praenotanda, nn. 21 und 22).
Da z. Zt. die Österreichische Bischofskonferenz die Arbeiten der deutschsprachigen Arbeitsgruppe abwartet, die Notwendigkeit eines erneuerten Begräbnisordo jedoch – vor allem **für das Stadtgebiet von Wien** – gegeben ist, hat die Diözesankommission für Liturgie gemeinsam mit dem Referat der Erzdiözese Wien für den Einsegnungsdienst vorliegende **Studienausgabe** erarbeitet.

2. In jedem **liturgischen Handeln** gibt die Kirche zu erkennen, was sie glaubt und wie dieser Glaube als **Hilfe für den Menschen** in seinen verschiedenen Lebenssituationen erfahren werden kann.

3. Die **Begräbnisfeier** ist heute weithin zu einem **Ort der Begegnung** mit Glaubenden und Nichtglaubenden, mit Suchenden und Zweiflern geworden. Dem soll in besonderer Weise die **Sprache der Verkündigung in Wort und Zeichen** Rechnung tragen.

4. Mehr denn je wird bewusst, welche heilenden **Kräfte** in den Worten und Zeichen **des Rituals** vorhanden sind. Diese in glaubwürdiger Weise zum Ausdruck zu bringen, ist ein bedeutender **Dienst an den Trauernden** und Teilnehmern der Begräbnisfeier.

Die Sprechtexte in diesem Rituale sind bei Unterschieden zwischen männlicher und weiblicher Form für die Verstorbenen in zwei getrennte Spalten aufgeteilt.
Aus Gründen der leichteren Lesbarkeit und der klaren Begrifflichkeit wird aber in den Rubriken auf eine inklusive Sprachform für den Dienst der Leitung verzichtet. Was vom Vorsteher gesagt wird, gilt also sinngemäß ebenso für die Leiterin wie für den Leiter einer Begräbnisfeier.

VORBEREITUNG DER BEGRÄBNISFEIER

5. Der Vorsteher nimmt, wenn dies nicht schon vorher in der Pfarrei möglich war, in der Aufbahrungshalle **Kontakt mit den Hinterbliebenen** auf. Er kondoliert und versucht in einfühlsamer Weise einige Lebensdaten des/der Verstorbenen zu erkunden, wie sie den Angehörigen bedeutsam erscheinen. So ist er in der Lage, den richtigen Akzent in der Verkündigung zu setzen.

6. Die **Kleidung** des Vorstehers **soll der Würde** des Ortes und der Feier **entsprechen**, insbesondere beim Begräbnis eines Verstorbenen ohne religiöses Bekenntnis, bei dem er ja keine liturgische Kleidung trägt (FORM XV).

7. Das liturgische Prinzip der **Funktionsteilung** hat auch bei der Begräbnisfeier seine Gültigkeit. Sind bei einem Begräbnis Mitfeiernde zugegen, die einen liturgischen Dienst ausüben können, sind sie eingeladen, diesen zu erfüllen. Ansonsten übernimmt der Vorsteher die Funktionen von K = Kantor/Kantorin, L = Lektor/Lektorin oder S = Sprecher/Sprecherin.

GESTALT DER BEGRÄBNISFEIER

8. Jede Begräbnisfeier hat die gleiche **Struktur:**

A **Einzug**
B **Eröffnung**
C **Verkündigung**
D **Fürbitten**
E **Verabschiedung**
F **Am Grab**

ELEMENTE DER BEGRÄBNISFEIER

9. Die Begräbnisfeier wird mit **Gesang oder** einem **Präludium** eingeleitet. Dazu betritt der Vorsteher den Aufbahrungsraum.

10. Ist das Musikstück bzw. die private Ansprache (z. B. eines Arbeitgebers oder Vereinsmitgliedes) beendet, geht der Vorsteher zum Sarg vor, verneigt sich und wendet sich der Trauergemeinde zur **Begrüßung** zu. Er spricht zuerst die nächsten Verwandten an, dann alle übrigen Mitfeiernden.
Der/die Verstorbene wird mit vollem Vor- und Familiennamen genannt, mit dem akademischen Grad bzw. seinem/ihrem Berufstitel.
Ebenso ist das Sprechen von „Herrn" oder „Frau" zeitgemäßer als das von „Bruder" oder „Schwester". Die letzteren Bezeichnungen können dann beibehalten werden, wenn es sich um Gemeindemitglieder handelt, die ein solches Sprechen rechtfertigen.

11. Bei den **Gebeten** wendet sich der Vorsteher zum Kreuz, ansonsten zu der Trauergemeinde.

12. Soweit als möglich soll die Trauergemeinde eingeladen werden, sich **aktiv** an der Begräbnisfeier zu **beteiligen**. So etwa könnten die **Lesung** und die **Fürbittanliegen** von Begräbnisteilnehmern verkündet bzw. gesprochen werden.

13. Die **Auswahl der biblischen Texte** soll durch den Vorsteher (wo es möglich erscheint auch in Absprache mit den Hinterbliebenen) **situationsgerecht** getroffen werden. Das Gespräch mit den Hinterbliebenen vor dem Begräbnis und die richtig getroffene Wahl der Bibeltexte ermöglichen ein persönliches Ansprechen der Trauergemeinde und das Bedenken des Lebens des/der Verstorbenen in der Perspektive des christlichen Glaubens.

14. Der Vorsteher spricht die **Gebetseinladung zu den Fürbitten** und gibt auch die entsprechende Antwort der Gemeinde auf die Gebetsanliegen an. Diese trägt er dann selbst vor, wenn kein Sprecher bzw. keine Sprecherin vorhanden ist.

15. In der Aufbahrungshalle besprengt der Vorsteher den Sarg mit **Weihwasser** und wendet sich sogleich der Trauergemeinde zu, besprengt diese und spricht die Deuteworte zur **Tauferinnerung** als gemeinsames Band der Lebenden mit den Verstorbenen.

16. Nach der **Verabschiedung** verneigt sich der Vorsteher vor dem Sarg, verlässt zum **Postludium** die Aufbahrungshalle und führt die Trauergemeinde zum Grab des/der Verstorbenen. Dabei ist jede Eile zu vermeiden.

17. Erst wenn alle Begräbnisteilnehmer **am Grab** versammelt sind, kann mit der Segnung des Grabes begonnen werden. Dabei wird kein Weihwasser verwendet.
Die ausdeutenden **Zeichen** – Weihwasser, Erdgabe und Ausstrecken der Hand – sollen den Worten Ausdruck verleihen und sind dementsprechend **deutlich** zu machen.

18. Nach der Einladung zum Sprechen des Glaubensbekenntnisses, der Anempfehlung an die Gottesmutter und der Friedensbitte für die Verstorbenen kann die **Begräbnisfeier** mit einem Segenswunsch oder **mit Segensworten abgeschlossen** werden.

Abkürzungen

GL = „Gotteslob" (Kath. Gebet- und Gesangbuch),
K = Kantor/Kantorin,
L = Lektor/Lektorin,
S = Sprecher/Sprecherin,
V = Vorsteher (= Leiter/Leiterin der Begräbnisfeier),
NN. = Vor- und Zuname des/der Verstorbenen sind hier einzufügen,
N. = Vor- oder Zuname des/der Verstorbenen ist hier einzufügen (**in Gebetstexten** der **Vorname**, bei wiederholter Nennung **in Gebetseinladungen, Ansprachen** etc. üblicherweise der **Nachname**).

FORM I

Allgemeine Form

A EINZUG (siehe Seite 13, Elemente der Begräbnisfeier: Nr. 9.)

B ERÖFFNUNG

Der Vorsteher begrüßt jetzt alle Anwesenden, beginnend mit den nächsten Verwandten, und schließt die Begrüßung in etwa mit folgenden Worten:

Beim Begräbnis eines Mannes:	*Beim Begräbnis einer Frau:*
V.: Wir sind zusammengekommen, um in diesem Gottesdienst zu beten für (Ihren *z. B.* Gatten, Vater, Großvater, Sohn, Bruder, Onkel, Cousin, Freund, Arbeitskollegen, Bekannten, Nachbarn,**) Herrn NN., der uns in die Ewigkeit Gottes vorausgegangen ist** *(bei einem Erdbegräbnis:* **und dessen vergänglichen Leib wir in Ehren zu Grabe geleiten werden.)** *[bei einer Kremation:* **und von dessen vergänglichem Leib wir nun Abschied nehmen.]**	**V.: Wir sind zusammengekommen, um in diesem Gottesdienst zu beten für (**Ihre *z. B.* Gattin, Mutter, Großmutter, Tochter, Schwester, Tante, Cousine, Freundin, Arbeitskollegin, Bekannte, Nachbarin,**) Frau NN., die uns in die Ewigkeit Gottes vorausgegangen ist** *(bei einem Erdbegräbnis:* **und deren vergänglichen Leib wir nun in Ehre zu Grabe geleiten werden.)** *[bei einer Kremation:* **und von deren vergänglichem Leib wir nun Abschied nehmen.]**
Im Gebet sind wir verbunden mit der Gemeinschaft der ganzen Kirche, mit Jesus Christus, dem Auferstandenen, mit Maria und allen Heiligen, mit den lebenden und verstorbenen Gläubigen.	
So lade ich Sie ein, für (den verstorbenen Herrn) NN. *(Vor- und Nachnamen, gegebenenfalls auch akademischen Grad bzw. Beruf nennen)* **gemeinsam zu beten:**	**So lade ich Sie ein, für (die verstorbene Frau) NN.** *(Vor- und Nachnamen, gegebenenfalls auch akademischen Grad bzw. Beruf nennen)* **gemeinsam zu beten:**

Im Namen des Vaters und des Sohnes und des Heiligen Geistes.
A.: Amen.
V.: Der Gott allen Trostes sei mit euch.
A.: Und mit deinem Geiste.

Wenn die Hinterbliebenen überhaupt nicht trauern, dann können die folgenden Worte ausfallen:

V.: *Der Tod von (Herrn) N. erfüllt die Angehörigen mit Trauer (und Schmerz). Wir alle möchten zum Ausdruck bringen, dass wir uns mit ihnen verbunden wissen.*	**V.:** *Der Tod von (Frau) N. erfüllt die Angehörigen mit Trauer (und Schmerz). Wir alle möchten zum Ausdruck bringen, dass wir uns mit ihnen verbunden wissen.*

Hier setzt dann der Vorsteher fort:

V.: Als Christen leben wir aus dem Glauben, dass der Tod Durchgang zu einem neuen Leben bei Gott ist. Aus diesem Glauben schöpfen wir Trost und Zuversicht, und so rufen wir:

Der Vorsteher wendet sich zum Kreuz bzw. zum Sarg.

Kyrierufe (siehe auch andere Formen)

K.: Herr Jesus Christus! Du hast uns den Weg zum Vater gezeigt. Herr, erbarme dich unser.
A.: Herr, erbarme dich unser.
K.: Du hast durch dein Leben, deinen Tod und die Auferstehung den Menschen die Teilnahme am göttlichen Leben ermöglicht. Christus, erbarme dich unser.
A.: Christus, erbarme dich unser.
K.: Du hast uns im Hause deines Vaters eine Wohnung bereitet. Herr, erbarme dich unser.
A.: Herr, erbarme dich unser.

Gebet (Weitere Gebete: siehe andere Formen oder Seite 33 bzw. „Gebete in besonderen Situationen" Seite 91)

V.: Gott, unser Vater, für **N.** ist der Weg durch diese Welt zu Ende gegangen.	**V.:** Gott, unser Vater, für **N.** ist der Weg durch diese Welt zu Ende gegangen.

Allgemeine Form

Komm ihm voll Liebe entgegen *(und nimm alle Schuld von ihm).* Gib ihm den Frieden, den die Welt nicht geben kann. Nimm ihn auf in die Gemeinschaft der Heiligen bei dir.	Komm ihr voll Liebe entgegen *(und nimm alle Schuld von ihr).* Gib ihr den Frieden, den die Welt nicht geben kann. Nimm sie auf in die Gemeinschaft der Heiligen bei dir.
So bitten wir durch Christus, unseren Herrn.	So bitten wir durch Christus, unseren Herrn.
A.: Amen.	**A.:** Amen.

C VERKÜNDIGUNG

Der Vorsteher wendet sich der Trauergemeinde zu.

V.: Liebe Angehörige!
Verehrte Trauergemeinde!
Christus hat den Tod überwunden. Er schenkt uns Worte ewigen Lebens. So hören wir, was Gott uns in dieser Stunde sagt.

Schriftlesung

Auswahl der Kurzfassungen: siehe ANHANG I, Nummer 1–35, Seite 101–112
Weitere Auswahl: siehe „Schriftlesungen für die Messfeier für Verstorbene" im Lektionar, Band VII (Ausgabe 1986, frühere Ausgabe: Band VI/2)

Ansprache

Es folgt eine Ansprache, in der kurz über den Verstorbenen und über die Trauer der Hinterbliebenen gesprochen wird, um dann unser Leben und Sterben im Lichte des Glaubens zu deuten.
Die Ansprache endet mit der Einladung zum stillen Gebet für den Verstorbenen / die Verstorbene, z. B.:

V.: In Stille gedenken wir (nun) des verstorbenen Herrn NN. und wissen uns mit ihm über den Tod hinaus verbunden.	**V.: In Stille gedenken wir (nun) der verstorbenen Frau NN. und wissen uns mit ihr über den Tod hinaus verbunden.**

Stille

Der Vorsteher wendet sich zum Kreuz bzw. zum Sarg:

V.: Mitten in unserem Leid richten wir unseren Blick auf Gott, unsere einzige Hoffnung.

Gesang

Wenn kein Gesang vorgesehen ist, dann spricht der Vorsteher:

V.: Der Herr vergibt die Schuld und rettet unser Leben. Barmherzig und gnädig ist der Herr, langmütig und reich an Güte. Vgl. Psalm 103

Oder

K.: Der Herr ist mein Hirt, er führt mich ans Wasser des Lebens. Psalm 23 (siehe Seite 120)

D FÜRBITTEN

Der Vorsteher wendet sich kurz zur Trauergemeinde, um anzusagen, welche Antwort sie auf die Fürbitten geben soll.

V.: Ich lade Sie ein, auf die Fürbitten für den verstorbenen Herrn N. zu antworten mit: Wir bitten dich, erhöre uns.
S.: Herr Jesus Christus, Heiland und Erlöser, wir bitten dich für N.. Belohne ihm alles Gute, das er auf Erden für seine Mitmenschen vollbracht hat.
A.: Wir bitten dich, erhöre uns.
S.: Verzeihe ihm alles, was er aus Schwäche getan oder unterlassen hat.
A.: Wir bitten dich, erhöre uns.
S.: Tröste die trauernden Angehörigen durch die Hoffnung auf ein Wiedersehen in deinem Reich.
A.: Wir bitten dich, erhöre uns.

V.: Ich lade Sie ein, auf die Fürbitten für die verstorbene Frau N. zu antworten mit: Wir bitten dich, erhöre uns.
S.: Herr Jesus Christus, Heiland und Erlöser, wir bitten dich für N.. Belohne ihr alles Gute, das sie auf Erden für ihre Mitmenschen vollbracht hat.
A.: Wir bitten dich, erhöre uns.
S.: Verzeihe ihr alles, was sie aus Schwäche getan oder unterlassen hat.
A.: Wir bitten dich, erhöre uns.
S.: Tröste die trauernden Angehörigen durch die Hoffnung auf ein Wiedersehen in deinem Reich.
A.: Wir bitten dich, erhöre uns.

Allgemeine Form

S.: Verzeihe auch uns, was wir dem Verstorbenen wissentlich oder unbewusst schuldig geblieben sind.
A.: Wir bitten dich, erhöre uns.
S.: Schenke uns allen, die wir einst dem Verstorbenen folgen werden, eine gute Sterbestunde und das ewige Leben.
A.: Wir bitten dich, erhöre uns.

S.: Verzeihe auch uns, was wir der Verstorbenen wissentlich oder unbewusst schuldig geblieben sind.
A.: Wir bitten dich, erhöre uns.
S.: Schenke uns allen, die wir einst der Verstorbenen folgen werden, eine gute Sterbestunde und das ewige Leben.
A.: Wir bitten dich, erhöre uns.

V.: Lasst uns gemeinsam beten, wie Jesus uns zu beten gelehrt hat:

A.: Vater unser im Himmel, geheiligt werde dein Name. Dein Reich komme. Dein Wille geschehe, wie im Himmel so auf Erden.
Unser tägliches Brot gib uns heute. Und vergib uns unsere Schuld, wie auch wir vergeben unsern Schuldigern. Und führe uns nicht in Versuchung, sondern erlöse uns von dem Bösen.
Denn dein ist das Reich und die Kraft und die Herrlichkeit in Ewigkeit. Amen.

E VERABSCHIEDUNG

V.: Wir haben für Herrn N. voll Vertrauen gebetet.

V.: Wir haben für Frau N. voll Vertrauen gebetet.

Wir sind zwar traurig (und voll Schmerz) über die Trennung, aber wir können uns durch die christliche Hoffnung trösten und aufrichten lassen. Denn wir werden durch Gottes Erbarmen unsere Verstorbenen einst wiedersehen und mit ihnen bei Gott in Liebe vereint sein.
Das ist der Trost, den wir uns gegenseitig spenden aus dem Glauben an Christus.

Der Vorsteher legt gegebenenfalls Weihrauch ein.

V.: N., im Wasser und im Heiligen Geist wurdest du getauft.
Der Herr vollende an dir, was er in der Taufe begonnen hat!

Der Vorsteher besprengt erst den Sarg mit Weihwasser, dann wendet er sich zur Trauergemeinde, besprengt sie mit Weihwasser und spricht:

Durch die Taufe bleiben auch wir mit NN. verbunden im Namen des Vaters und des Sohnes und des Heiligen Geistes.

Der Vorsteher beräuchert gegebenenfalls den Sarg und spricht dazu:

V.: *Dein Leib war Gottes Wohnung.*
Der Herr schenke dir ewige Freude.

V.: Gütiger Gott, in deine Hände empfehlen wir den verstorbenen Herrn **N.**. Wir hoffen zuversichtlich, dass er bei Christus ist. Wir danken dir für alles Gute, mit dem du ihn in seinem irdischen Leben beschenkt hast. Vor allem aber danken wir für das Gute und Schöne, das wir durch den Verstorbenen erfahren durften.	**V.: Gütiger Gott,** in deine Hände empfehlen wir die verstorbene Frau **N.**. Wir hoffen zuversichtlich, dass sie bei Christus ist. Wir danken dir für alles Gute, mit dem du sie in ihrem irdischen Leben beschenkt hast. Vor allem aber danken wir für das Gute und Schöne, das wir durch die Verstorbene erfahren durften.

(Hier können persönliche Zusätze beigefügt werden.)

Wir bitten dich, nimm ihn auf und gib ihm Wohnung und Heimat bei dir. Uns aber, die zurückbleiben, gib die Kraft, einander zu trösten und im Glauben zu stärken, bis wir alle vereint sind bei dir. Durch Christus, unseren Herrn. **A.:** Amen.	Wir bitten dich, nimm sie auf und gib ihr Wohnung und Heimat bei dir. Uns aber, die zurückbleiben, gib die Kraft, einander zu trösten und im Glauben zu stärken, bis wir alle vereint sind bei dir. Durch Christus, unseren Herrn. **A.:** Amen.

Gesang

Schluss der Verabschiedung *(Bei einer Kremation siehe Seite 24)*

Falls dem Vorsteher bekannt ist, wann und in welcher Kirche die heilige Messe für den Verstorbenen / die Verstorbene gefeiert wird, so lädt er dazu alle Anwesenden ein.

Allgemeine Form

V.: Da wir auf Erden keine bleibende Stätte haben, geleiten wir nun den sterblichen Leib unseres Herrn NN. zu Grabe in der Hoffnung auf Gott, der die Toten zum Leben erweckt.	**V.: Da wir auf Erden keine bleibende Stätte haben, geleiten wir nun den sterblichen Leib unserer Frau NN. zu Grabe in der Hoffnung auf Gott, der die Toten zum Leben erweckt.**

V./A.: Im Namen des Vaters und des Sohnes und des Heiligen Geistes. Amen.

Der Vorsteher wendet sich zum Sarg. Bei Gesang bzw. Musik bleibt er stehen. Anschließend verneigt er sich vor dem Sarg und geht aus dem Aufbahrungsraum hinaus, um dem Trauerzug vorauszugehen.

Auszug zum Grab

Orgel

F AM GRAB

Sobald die Trauergemeinde am Grab versammelt ist, kann der Vorsteher das Grab segnen und dazu folgendes Gebet sprechen:

V.: *Herr, unser Gott, dein sind wir im Leben und im Tod. Wir bitten dich: Segne ✛ dieses Grab und führe N., dessen Leib wir hier bestatten, zur Auferstehung und zum Leben mit dir.*	**V.: *Herr, unser Gott, dein sind wir im Leben und im Tod. Wir bitten dich: Segne ✛ dieses Grab und führe N., deren Leib wir hier bestatten, zur Auferstehung und zum Leben mit dir.***

Uns aber stärke im Glauben an das Leben mit Jesus Christus, den du von den Toten auferweckt hast.

V.: *Christus spricht: Ich bin die Auferstehung und das Leben; wer an mich glaubt, wird leben, auch wenn er stirbt.* Joh 11,25

Jetzt wird der Sarg versenkt.

Wir übergeben den Leib der Erde. Gott, der Jesus von den Toten auferweckt hat, wird auch den verstorbenen Herrn N. zum neuen Leben erwecken.	Wir übergeben den Leib der Erde. Gott, der Jesus von den Toten auferweckt hat, wird auch die verstorbene Frau N. zum neuen Leben erwecken.

Der Vorsteher besprengt den Sarg mit Weihwasser und spricht:
N., Gott wird dir helfen und deine Wege ebnen. Vgl. Sir 2,6
Was Gott in der Taufe an dir begonnen hat, das wird er auch vollenden.

Der Vorsteher streut Erde auf den Sarg und spricht:

A   *oder*   B

A	B
V.: Von der Erde bist du genommen, und zur Erde kehrst du zurück. Der Herr aber wird dich auferwecken.	**V.: Dein Leib ist der Vergänglichkeit unterworfen, daher wird er jetzt in der Erde bestattet. Der Herr aber wird dich auferwecken.**

Der Vorsteher macht das Kreuzzeichen über das Grab und spricht:
V.: Im Kreuz unseres Herrn Jesus ✚ Christus ist Auferstehung und Heil.

Der Vorsteher weist mit der Hand zum Sarg und spricht:
V.: Der Friede sei mit dir.

Schlussgebet (Weitere Schlussgebete zur Auswahl: siehe Seite 25)
**V.: Herr, unser Gott,
du bist allen nahe, die zu dir rufen.
Auch wir rufen zu dir (aus Not und Leid).
Lass uns nicht versinken in Mutlosigkeit (und Verzweiflung),
sondern tröste uns in unserer Trauer.
Gib uns die Kraft deiner Liebe, die stärker ist als der Tod.
Mit unseren Verstorbenen führe auch uns zum neuen und ewigen Leben bei dir.
Durch Christus, unseren Herrn.
A.: Amen.
V.: Bekennen wir nun unseren Glauben an die Auferstehung der Toten:**
oder eine andere Einleitung zum Glaubensbekenntnis, z. B.:

V.: Herr N. ist im Tod Jesus gleich geworden. Gott hat Jesus von den Toten auferweckt. In der Hoffnung, dass er auch unseren Verstorbenen N. von den Toten auferweckt, bekennen wir nun unseren Glauben:	**V.: Frau N. ist im Tod Jesus gleich geworden. Gott hat Jesus von den Toten auferweckt. In der Hoffnung, dass er auch unsere Verstorbene N. von den Toten auferweckt, bekennen wir nun unseren Glauben:**

Allgemeine Form

V./A.: Ich glaube an Gott, den Vater, den Allmächtigen, den Schöpfer des Himmels und der Erde, und an Jesus Christus, seinen eingeborenen Sohn, unsern Herrn, empfangen durch den Heiligen Geist, geboren von der Jungfrau Maria, gelitten unter Pontius Pilatus, gekreuzigt, gestorben und begraben, hinabgestiegen in das Reich des Todes, am dritten Tage auferstanden von den Toten, aufgefahren in den Himmel; er sitzt zur Rechten Gottes, des allmächtigen Vaters; von dort wird er kommen, zu richten die Lebenden und die Toten. Ich glaube an den Heiligen Geist, die heilige katholische Kirche, Gemeinschaft der Heiligen, Vergebung der Sünden, Auferstehung der Toten und das ewige Leben. Amen.

V.: Zum Schluss unserer Feier empfehlen wir den verstorbenen Herrn N. und uns selbst Maria, der Mutter unseres Herrn:	**V.:** Zum Schluss unserer Feier empfehlen wir die verstorbene Frau N. und uns selbst Maria, der Mutter unseres Herrn:

V./A.: Gegrüßet seist du, Maria, voll der Gnade, der Herr ist mit dir, du bist gebenedeit unter den Frauen und gebenedeit ist die Frucht deines Leibes, Jesus. Heilige Maria, Mutter Gottes, bitte für uns Sünder, jetzt und in der Stunde unseres Todes. Amen.

V.: Herr, gib ihm und allen Verstorbenen das ewige Leben.	**V.:** Herr, gib ihr und allen Verstorbenen das ewige Leben.

A.: Und das ewige Licht leuchte ihnen.
V.: Lass sie leben in deinem Frieden.
A.: Amen.
V.: Es segne und behüte euch (uns) und eure (unsere) Lieben der heilige und barmherzige Gott, der Vater und der Sohn und der Heilige Geist.
A.: Amen.
V.: Gehet hin in Frieden.

VERABSCHIEDUNG BEI EINER KREMATION

Bei einer Kremation wird in dem Aufbahrungsraum der gleiche Ritus verwendet wie bei einem Erdbegräbnis, jedoch am Schluss spricht der Vorsteher zur Trauergemeinde gewendet:

V.: Liebe Angehörige! Werte Trauergemeinde!

| Der Leib von Herrn **NN.** kehrt nun zum Staub zurück, aber Gott wird ihn auferwecken, wie Jesus Christus es uns versprochen hat, denn Gott ist treu. | Der Leib von Frau **NN.** kehrt nun zum Staub zurück, aber Gott wird ihn auferwecken, wie Jesus Christus es uns versprochen hat, denn Gott ist treu. |

Darum wollen wir in Gemeinschaft mit der ganzen Kirche zu Gott vertrauensvoll beten:

Zum Kreuz bzw. zum Sarg gewendet:

| V.: Barmherziger, ewiger Gott, du hast den Menschen als dein Ebenbild geschaffen. Vollende durch die Auferstehung deines Sohnes in **N.** das Ebenbild, das du ihm seit Anbeginn zugedacht hast. Lass den verstorbenen Herrn **N.** in deinem Reich mit dir und allen Heiligen vereint sein. Darum bitten wir durch Christus, unseren Herrn, der in der Einheit des Heiligen Geistes mit dir lebt und herrscht in alle Ewigkeit.
A.: Amen. | V.: Barmherziger, ewiger Gott, du hast den Menschen als dein Ebenbild geschaffen. Vollende durch die Auferstehung deines Sohnes in **N.** das Ebenbild, das du ihr seit Anbeginn zugedacht hast. Lass die verstorbene Frau **N.** in deinem Reich mit dir und allen Heiligen vereint sein. Darum bitten wir durch Christus, unseren Herrn, der in der Einheit des Heiligen Geistes mit dir lebt und herrscht in alle Ewigkeit.
A.: Amen. |

Gesang und/oder Orgelspiel

Der Sarg wird versenkt bzw. der Vorhang geht zu.

Danach wendet sich der Vorsteher zur Trauergemeinde und sagt:

V.: Ich wünsche Ihnen Stärkung durch den Glauben und Trost in der Gemeinschaft von guten Menschen.
So segne und behüte euch (uns) der barmherzige und gütige Gott, der Vater und der Sohn und der Heilige Geist. **A.: Amen.**
V.: Gehet hin in Frieden.

Weitere Gebete

SCHLUSSGEBETE

I V.: Gott, unser Vater,
tröste uns in unserer Trauer und erfülle unser Leben mit der
Freude, dass wir erlöst sind.
Stärke in uns die Hoffnung, dass auch wir an der Auferstehung
Jesu Christi teilnehmen dürfen.
Der mit dir lebt und herrscht in Ewigkeit.
A.: Amen.

II V.: Ewiger Gott,
du hast uns durch den Tod und die Auferstehung deines Sohnes,
unseres Herrn Jesus Christus, getröstet und gestärkt.
Wende uns in Güte dein Antlitz zu und bleibe bei uns, bis wir
mit verklärtem Leib zum unvergänglichen Leben auferstehen.
Durch Christus, unseren Herrn.
A.: Amen.

III V.: Heiliger Gott,
Jesus Christus ist am Kreuz gestorben. Er hat uns von der Macht
des Bösen befreit.
Nach seinem Vorbild können auch wir unser Kreuz tragen,
um mit ihm verherrlicht zu werden.
Der mit dir lebt und herrscht in Ewigkeit.
A.: Amen.

FORM II

Begräbnisfeier mit einer Trauergemeinde, die der Vorsteher kennt bzw. die beim Gottesdienst aktiv mitbetet

A EINZUG (siehe Seite 13, Elemente der Begräbnisfeier: Nr. 9.)

B ERÖFFNUNG

Der Vorsteher begrüßt jetzt alle Anwesenden, beginnend mit den nächsten Verwandten, und schließt die Begrüßung in etwa mit folgenden Worten:

V.: Wir haben uns zum Gebet versammelt im Namen Jesu Christi, des Auferstandenen, und in der Gemeinschaft seiner Kirche. Zusammen mit Maria, allen Engeln und Heiligen, mit den Lebenden und Verstorbenen beten wir

Beim Begräbnis eines Mannes:	*Beim Begräbnis einer Frau:*
für (Ihre *z.B.* **Gatten, Vater, Großvater, Sohn, Bruder, Onkel, Cousin, Freund, Arbeitskollegen, Bekannten, Nachbarn,) Herrn NN., der uns in die Ewigkeit Gottes vorausgegangen ist**	**für (Ihre** *z.B.* **Gattin, Mutter, Großmutter, Tochter, Schwester, Tante, Cousine, Freundin, Arbeitskollegin, Bekannte, Nachbarin,) Frau NN., die uns in die Ewigkeit Gottes vorausgegangen ist**
(*bei einem Erdbegräbnis:* **und dessen vergänglichen Leib wir in Ehren zu Grabe geleiten werden.**)	(*bei einem Erdbegräbnis:* **und deren vergänglichen Leib wir in Ehren zu Grabe geleiten werden.**)
[*bei einer Kremation:* **und von dessen vergänglichem Leib wir nun Abschied nehmen.**]	[*bei einer Kremation:* **und von deren vergänglichem Leib wir nun Abschied nehmen.**]
So lade ich Sie ein, miteinander für (den verstorbenen Herrn) N. zu beten:	**So lade ich Sie ein, miteinander für (die verstorbene Frau) N. zu beten:**

Im Namen des Vaters und des Sohnes und des Heiligen Geistes.
A.: Amen.

Trauergemeinde bekannt bzw. aktiv

V.: Der Vater des Erbarmens und der Gott allen Trostes sei mit euch.
A.: Und mit deinem Geiste.

Wenn die Hinterbliebenen überhaupt nicht trauern, dann können die folgenden Worte ausfallen:

V.: Dieser Tod erfüllt die Angehörigen und viele von uns mit Schmerz. Wir möchten zum Ausdruck bringen, dass auch wir betroffen sind, unsere Verbundenheit mit ihnen durch unsere Anteilnahme zeigen und diesen schweren Weg mit ihnen gehen.

Hier setzt der Vorsteher fort:

V.: Als Christen leben wir aus dem Glauben, dass der Tod ein Durchgang zum neuen Leben bei Gott ist. Aus diesem Glauben schöpfen wir Trost und Zuversicht, und so wollen wir rufen:

Der Vorsteher wendet sich zum Kreuz bzw. zum Sarg.

Kyrierufe (siehe auch andere Formen)

K.: Herr Jesus Christus, du hast uns den Weg zu Gott, unserem Vater, gezeigt: Herr, erbarme dich unser.
A.: Herr, erbarme dich unser.
K.: Du hast durch deinen Tod der Welt neues Leben geschenkt: Christus, erbarme dich unser.
A.: Christus, erbarme dich unser.
K.: Du hast uns im Hause deines Vaters eine Wohnung bereitet: Herr, erbarme dich unser.
A.: Herr, erbarme dich unser.

Gebet (Weitere Gebete: siehe andere Formen oder Seite 33 bzw. „Gebete in besonderen Situationen" Seite 91)

V.: Herr Jesus Christus, du hast gesagt: „Kommt her, die ihr von meinem Vater gesegnet seid, nehmt das Reich in Besitz, das seit Erschaffung der Welt für euch bestimmt ist." (Mt 25,34)

V.: Herr Jesus Christus, du hast gesagt: „Kommt her, die ihr von meinem Vater gesegnet seid, nehmt das Reich in Besitz, das seit Erschaffung der Welt für euch bestimmt ist." (Mt 25,34)

Wir bitten dich für den verstorbenen Herrn **N.**: Schenke ihm Heimat bei dir, wo jeder Schmerz in Freude verwandelt wird. Denn du, Herr, bist gut und ein Freund der Menschen. Dir gebührt Ehre und Lobpreis jetzt und in Ewigkeit.
A.: Amen.

Wir bitten dich für die verstorbene Frau **N.**: Schenke ihr Heimat bei dir, wo jeder Schmerz in Freude verwandelt wird. Denn du, Herr, bist gut und ein Freund der Menschen. Dir gebührt Ehre und Lobpreis jetzt und in Ewigkeit.
A.: Amen.

C VERKÜNDIGUNG

Der Vorsteher wendet sich zur Trauergemeinde:

**V.: Liebe Brüder und Schwestern!
Christus hat den Tod überwunden. Er schenkt uns Worte ewigen Lebens. Hören wir, was Gott uns in dieser Stunde sagt.**

Schriftlesung

Auswahl der Kurzfassungen: siehe ANHANG I, Nummer 1–35, Seite 101–112
Weitere Auswahl: siehe „Schriftlesungen für die Messfeier für Verstorbene" im Lektionar, Band VII (Ausgabe 1986, frühere Ausgabe: Band VI/2)

Ansprache

Jetzt folgt eine kurze Ansprache, in der über den Verstorbenen und über die Trauer der Hinterbliebenen gesprochen wird, um dann unser Leben und den Tod im Lichte des Glaubens zu deuten.
Die Ansprache endet mit der Einladung zum stillen Gebet für den Verstorbenen / die Verstorbene, z. B.:

V.: In stillem Gebet lasst uns nun unseres Verstorbenen gedenken, der unter uns gelebt hat und der jetzt zu Gott heimgekehrt ist. Durch das Gebet bringen wir unsere Verbundenheit mit ihm über den Tod hinaus zum Ausdruck.

V.: In stillem Gebet lasst uns nun unserer Verstorbenen gedenken, die unter uns gelebt hat und die jetzt zu Gott heimgekehrt ist. Durch das Gebet bringen wir unsere Verbundenheit mit ihr über den Tod hinaus zum Ausdruck.

Der Vorsteher wendet sich zum Kreuz bzw. zum Sarg.

Trauergemeinde bekannt bzw. aktiv

Stille

Die Stille wird beendet mit den Worten:

V.: Mitten in unserem Leid richten wir unseren Blick auf Gott, unsere einzige Hoffnung.

Gesang oder Volksgesang

Auswahl von Psalmen und Liedern: siehe ANHANG II: GESÄNGE (Seite 119–130)

oder

V.: Der Herr vergibt die Schuld und rettet unser Leben. Barmherzig und gütig ist der Herr, langmütig und reich an Güte. Vgl. Psalm 103

D FÜRBITTEN

Der Vorsteher wendet sich der Trauergemeinde zu und leitet die Fürbitten etwa mit folgenden Worten ein:

V.: Wenn unsere Herzen auch von Schmerz und Trauer erfüllt sind, danken wir nun Gott für alles Gute und für alle Begabungen, mit denen er unseren Verstorbenen beschenkt hat, und antworten auf jeden Ruf: Gott, wir danken dir.	**V.: Wenn unsere Herzen auch von Schmerz und Trauer erfüllt sind, danken wir nun Gott für alles Gute und für alle Begabungen, mit denen er unsere Verstorbene beschenkt hat, und antworten auf jeden Ruf: Gott, wir danken dir.**

Der Vorsteher wendet sich während des Gebets zum Kreuz.

S.: Für die *(z. B. 52)* **Jahre, die der Verstorbene unter uns gelebt hat.** **A.: Gott, wir danken dir.** **S.: Für die Taufe, in der du unseren Verstorbenen als dein Kind angenommen hast.** **A.: Gott, wir danken dir.** **S.: Für seine Talente und Fähigkeiten, mit denen du ihn ausgestattet hast und die er für uns und für die anderen eingesetzt hat.** **A.: Gott, wir danken dir.**	**S.: Für die** *(z. B. 52)* **Jahre, die die Verstorbene unter uns gelebt hat.** **A.: Gott, wir danken dir.** **S.: Für die Taufe, in der du unsere Verstorbene als dein Kind angenommen hast.** **A.: Gott, wir danken dir.** **S.: Für ihre Talente und Fähigkeiten, mit denen du sie ausgestattet hast und die sie für uns und für die anderen eingesetzt hat.** **A.: Gott, wir danken dir.**

S.: *Für seine liebevolle Sorge zum Wohl seiner Familie (und der ihm anvertrauten Menschen).*
A.: *Gott, wir danken dir.*
S.: *Für seine Geduld und Großherzigkeit, mit der er unsere Fehler ertragen hat.*
A.: *Gott, wir danken dir.*
V.: Wir bitten nun Gott, dass er den verstorbenen Herrn **N.** aufnimmt in sein Reich und ihm jene Vollendung schenkt, nach der er sich gesehnt hat.
Auf jede Bitte antworten wir gemeinsam:
Wir bitten dich, erhöre uns.
S.: *Mögen seine guten Werke für uns alle gute Früchte tragen.*
A.: *Wir bitten dich, erhöre uns.*
S.: *Möge das Werk, das unser Verstorbener begonnen hat, durch uns oder durch andere fortgeführt werden.*
A.: *Wir bitten dich, erhöre uns.*
S.: *Verzeih ihm alle Schuld und Sünden, die mit ihren Folgen ihn im Laufe seines Lebens belastet haben.*
A.: *Wir bitten dich, erhöre uns.*
S.: *Verzeihe auch uns, womit wir wissend oder auch unbewusst an unserem Verstorbenen schuldig geworden sind.*
A.: *Wir bitten dich, erhöre uns.*
S.: *Hilf uns, dass wir die gute Erinnerung an ihn in unseren Herzen wach halten.*
A.: *Wir bitten dich, erhöre uns.*

S.: *Für ihre liebevolle Sorge zum Wohl ihrer Familie (und der ihr anvertrauten Menschen).*
A.: *Gott, wir danken dir.*
S.: *Für ihre Geduld und Großherzigkeit, mit der sie unsere Fehler ertragen hat.*
A.: *Gott, wir danken dir.*
V.: Wir bitten nun Gott, dass er die verstorbene Frau **N.** aufnimmt in sein Reich und ihr jene Vollendung schenkt, nach der sie sich gesehnt hat.
Auf jede Bitte antworten wir gemeinsam:
Wir bitten dich, erhöre uns.
S.: *Mögen ihre guten Werke für uns alle gute Früchte tragen.*
A.: *Wir bitten dich, erhöre uns.*
S.: *Möge das Werk, das unsere Verstorbene begonnen hat, durch uns oder durch andere fortgeführt werden.*
A.: *Wir bitten dich, erhöre uns.*
S.: *Verzeih ihr alle Schuld und Sünden, die mit ihren Folgen sie im Laufe ihres Lebens belastet haben.*
A.: *Wir bitten dich, erhöre uns.*
S.: *Verzeihe auch uns, womit wir wissend oder auch unbewusst an unserer Verstorbenen schuldig geworden sind.*
A.: *Wir bitten dich, erhöre uns.*
S.: *Hilf uns, dass wir die gute Erinnerung an sie in unseren Herzen wach halten.*
A.: *Wir bitten dich, erhöre uns.*

Trauergemeinde bekannt bzw. aktiv

V.: Beten wir jetzt, dass Gott uns und allen Trauernden und Leidenden den Glauben und die Hoffnung stärke.
Auf jeden Ruf antworten wir gemeinsam: Stärke unseren Glauben.
S.: Durch Jesus Christus, der uns bis zum Letzten geliebt hat.
A.: Stärke unseren Glauben.
S.: Durch Jesus Christus, der durch sein Leben und durch sein Sterben uns erlöst hat.
A.: Stärke unseren Glauben.
S.: Durch Jesus Christus, den du von den Toten auferweckt hast.
A.: Stärke unseren Glauben.
S.: Durch Jesus Christus, der uns auf dem Weg zu dir vorausegangen ist.
A.: Stärke unseren Glauben.
S.: Durch den Heiligen Geist, der uns immer wieder zu guten Taten befähigt und antreibt.
A.: Stärke unseren Glauben.
V.: Vereint in der Gemeinschaft der Kirche, zusammen mit Maria und allen Heiligen, mit den Lebenden und Verstorbenen beten wir, wie Jesus uns zu beten gelehrt hat:
V./A.: Vater unser (siehe Seite 19)

E VERABSCHIEDUNG

V.: Der Verstorbene war getauft und gehört Gott an. Was Gott in der Taufe begonnen hat, das wird er auch vollenden.	**V.:** Die Verstorbene war getauft und gehört Gott an. Was Gott in der Taufe begonnen hat, das wird er auch vollenden.

Der Vorsteher legt gegebenenfalls Weihrauch ein.

V.: Im Wasser und im Heiligen Geist wurdest du getauft.
Der Herr vollende an dir, was er in der Taufe begonnen hat.

Der Vorsteher besprengt erst den Sarg mit Weihwasser, dann wendet er sich zur Trauergemeinde, besprengt sie mit Weihwasser und spricht:

V.: In dieser Taufe bleiben auch wir ewig mit unserem Verstorbenen verbunden im Namen des Vaters und des Sohnes und des Heiligen Geistes. **A.:** Amen.	**V.:** In dieser Taufe bleiben auch wir ewig mit unserer Verstorbenen verbunden im Namen des Vaters und des Sohnes und des Heiligen Geistes. **A.:** Amen.

Der Vorsteher beräuchert gegebenenfalls den Sarg mit Weihrauch und spricht dazu:

**V.: Dein Leib war Gottes Wohnung.
Der Herr schenke dir ewige Freude.**

Schluss der Verabschiedung: bei einer Kremation siehe Seite 24

Gesang / Volksgesang

Der Vorsteher wendet sich zur Trauergemeinde und gibt gegebenenfalls bekannt, **wo und wann** die **heilige Messe** für den Verstorbenen / die Verstorbene gefeiert wird. Anschließend spricht er:

V.: Da wir auf Erden keine bleibende Stätte haben, geleiten wir nun den vergänglichen Leib unseres Verstorbenen zu Grabe im Vertrauen auf Gott, dass er ihn an der Auferstehung Jesu teilhaben lässt.	**V.: Da wir auf Erden keine bleibende Stätte haben, geleiten wir nun den vergänglichen Leib unserer Verstorbenen zu Grabe im Vertrauen auf Gott, dass er sie an der Auferstehung Jesu teilhaben lässt.**

**Im Namen des Vaters und des Sohnes und des Heiligen Geistes.
A.: Amen.**

Der Vorsteher wendet sich zum Sarg um, bei einem Gesang bzw. Musikstück bleibt er stehen.
Anschließend verneigt er sich vor dem Kreuz bzw. vor dem Sarg und geht aus dem Aufbahrungsraum hinaus, um den Trauerzug zum Grab anzuführen.

Auszug

F AM GRAB
siehe Seite 21 ff.

Weitere Gebete

ALLGEMEINE GEBETE

I V.: Gott, durch den Tod deines Sohnes Jesus Christus hast du den Tod überwunden und uns eine neue Zukunft geschenkt.
Wir vertrauen auf dein Wort und bitten: Gib **N.** Anteil an der neuen Schöpfung. Durch Christus, unseren Herrn.
A.: Amen.

II V.: Herr, unser Leben ist kurz und zerbrechlich; du aber lebst für immer, und deine Liebe ist stärker als der Tod.
Wir empfehlen dir **N.**: Befreie ihn von den Fesseln des Todes und nimm ihn auf in das Reich der Liebe und des Friedens.
Durch Christus, unseren Herrn.
A.: Amen.

V.: Herr, unser Leben ist kurz und zerbrechlich; du aber lebst für immer, und deine Liebe ist stärker als der Tod.
Wir empfehlen dir **N.**: Befreie sie von den Fesseln des Todes und nimm sie auf in das Reich der Liebe und des Friedens.
Durch Christus, unseren Herrn.
A.: Amen.

III V.: Allmächtiger Gott, Christus hat den Tod überwunden und thront zu deiner Rechten. Wir bitten dich:
Lass **N.** teilnehmen an seinem Sieg über die Vergänglichkeit, damit er dich schaue von Angesicht zu Angesicht.
Durch Christus, unseren Herrn.
A.: Amen.

V.: Allmächtiger Gott, Christus hat den Tod überwunden und thront zu deiner Rechten. Wir bitten dich:
Lass **N.** teilnehmen an seinem Sieg über die Vergänglichkeit, damit sie dich schaue von Angesicht zu Angesicht.
Durch Christus, unseren Herrn.
A.: Amen.

FORM III

Begräbnis eines/einer auf tragische Weise Verstorbenen

A EINZUG (siehe Seite 13, Elemente der Begräbnisfeier: Nr. 9.)

B ERÖFFNUNG

Der Vorsteher begrüßt jetzt alle Anwesenden, beginnend mit den nächsten Verwandten.
Er schließt die Begrüßung in etwa mit folgenden Worten:

Beim Begräbnis eines Mannes:	*Beim Begräbnis einer Frau:*
V.: Wir sind zusammengekommen, um Abschied zu nehmen von (Ihrem z. B. *Gatten, Vater, Großvater, Sohn, Bruder, Onkel, Cousin, Freund, Arbeitskollegen, Bekannten, Nachbarn,)* **Herrn NN., der in die Ewigkeit Gottes vorausgegangen ist.** *(nur beim Erdbegräbnis:* **und dessen vergänglichen Leib wir in Ehren zu Grabe geleiten werden).** **Ich lade Sie ein, in Gemeinschaft mit der ganzen Kirche für den verstorbenen Herrn NN.** *(Vor- und Nachnamen, gegebenenfalls auch akademischen Grad bzw. Beruf nennen)* **zu beten:**	**V.: Wir sind zusammengekommen, um Abschied zu nehmen von (Ihrer** z. B. *Gattin, Mutter, Großmutter, Tochter, Schwester, Tante, Cousine, Freundin, Arbeitskollegin, Bekannten, Nachbarin,)* **Frau NN., die in die Ewigkeit Gottes vorausgegangen ist.** *(nur beim Erdbegräbnis:* **und deren vergänglichen Leib wir in Ehren zu Grabe geleiten werden).** **Ich lade Sie ein, in Gemeinschaft mit der ganzen Kirche für die verstorbene Frau NN.** *(Vor- und Nachnamen, gegebenenfalls auch akademischen Grad bzw. Beruf nennen)* **zu beten:**

Im Namen des Vaters und des Sohnes und des Heiligen Geistes.
A.: Amen.

Auf tragische Weise verstorben 35

V.: Hilflos stehen wir dem Sterben unserer Lieben gegenüber. Es fällt schwer, uns mit dem Tod abzufinden. Und das um so schwerer, wenn er unter so tragischen Umständen eintritt.
Wir möchten alle den trauernden Hinterbliebenen unsere Anteilnahme und unsere Verbundenheit zum Ausdruck bringen.
Als Christen leben wir aus dem Glauben, dass der Tod ein Durchgang zum neuen Leben bei Gott ist. Aus diesem Glauben schöpfen wir Trost und Zuversicht, und so rufen wir:

Der Vorsteher wendet sich zum Kreuz bzw. zum Sarg.

Kyrierufe (siehe auch andere Formen)

K.: Herr Jesus Christus, du kennst unser Kreuz, das wir jetzt zu tragen haben. Herr, erbarme dich unser.
A.: Herr, erbarme dich unser.
K.: Herr Jesus Christus, du kennst unsere Not, die wir jetzt erleben müssen. Christus, erbarme dich unser.
A.: Christus, erbarme dich unser.
K.: Herr Jesus Christus, du kennst unsere Bedrängnis, in der wir uns befinden. Herr, erbarme dich unser.
A.: Herr, erbarme dich unser.

Gebet (Weitere Gebete: siehe andere Formen oder Seite 33 bzw. „Gebete in besonderen Situationen" Seite 91)

V.: Barmherziger Gott, erschüttert stehen wir am Sarge von N.. Wir können seinen Tod nicht begreifen. Aber wir wissen, kein Zufall oder blindes Schicksal kann dir einen Menschen entreißen. Denn dein sind und bleiben wir, ob wir leben oder gestorben sind.
Darum bitten wir: Nimm Herrn N. in dein Reich auf, und hilf uns, trotz unserer Trauer die ganze Tiefe deiner Liebe neu zu entdecken.
Durch Christus, unseren Herrn.
A.: Amen.

V.: Barmherziger Gott, erschüttert stehen wir am Sarge von N.. Wir können ihren Tod nicht begreifen. Aber wir wissen, kein Zufall oder blindes Schicksal kann dir einen Menschen entreißen. Denn dein sind und bleiben wir, ob wir leben oder gestorben sind.
Darum bitten wir: Nimm Frau N. in dein Reich auf, und hilf uns, trotz unserer Trauer die ganze Tiefe deiner Liebe neu zu entdecken.
Durch Christus, unseren Herrn.
A.: Amen.

C VERKÜNDIGUNG

V.: **Jesus Christus, den Gott von den Toten auferweckt hat, schenkt uns Worte ewigen Lebens. So wollen wir jetzt (aufstehen und) das Wort Gottes hören.**

Schriftlesung

Auswahl der Kurzfassungen: siehe ANHANG I, Nummer 1–35, Seite 101–112
Weitere Auswahl: siehe „Schriftlesungen für die Messfeier für Verstorbene" im Lektionar, Band VII (Ausgabe 1986, frühere Ausgabe: Band VI/2)

Ansprache

Es folgt eine kurze Ansprache, in der über den tragischen Tod, über die Trauer der Hinterbliebenen gesprochen und eine Deutung des Glaubens gegeben wird.
Die Ansprache endet mit der Einladung zum stillen Gebet für den Verstorbenen / die Verstorbene, z. B.

In stillem Gebet bringen wir nun unsere Verbundenheit mit dem so tragisch verstorbenen Herrn N. zum Ausdruck.	**In stillem Gebet bringen wir nun unsere Verbundenheit mit der so tragisch verstorbenen Frau N. zum Ausdruck.**

Der Vorsteher wendet sich zum Kreuz bzw. zum Sarg.

Stille

Die Stille wird beendet mit den Worten:

V.: **Mitten in unserem Leid richten wir unseren Blick auf Gott, unsere einzige Hoffnung.**

Gesang / Volksgesang

Auswahl von Psalmen und Liedern: siehe ANHANG II: GESÄNGE (Seite 119–130)
Wenn kein Gesang bzw. Musik vorgesehen ist, dann spricht der Vorsteher:

V.: **Gott vergibt die Schuld und rettet unser Leben (vor dem ewigen Tod). Barmherzig und gnädig ist der Herr, langmütig und reich an Güte. Er trägt uns unsere Schuld nicht nach.** Vgl. **Psalm 103**

Wenn das Herz uns auch verurteilt – Gott ist größer als unser Herz, und er weiß alles. 1 Joh 3,20

Auf tragische Weise verstorben

D FÜRBITTEN

Der Vorsteher wendet sich zur Trauergemeinde.

V.: Alles, was uns bewegt, tragen wir in den Fürbitten vor Gottes Angesicht und antworten auf jede Bitte:
Wir bitten dich, erhöre uns.
S.: Herr Jesus Christus, du hast am Grab deines Freundes Lazarus geweint, trockne unsere Tränen und tröste uns mit der Hoffnung auf ein Wiedersehen.
A.: Wir bitten dich, erhöre uns.

S.: Du hast unseren Verstorbenen durch die Taufe in deine Kirche aufgenommen, schenke ihm die Vollendung seines Lebens in der Gemeinschaft deiner Heiligen.	**S.:** Du hast unsere Verstorbene durch die Taufe in deine Kirche aufgenommen, schenke ihr die Vollendung ihres Lebens in der Gemeinschaft deiner Heiligen.

A.: Wir bitten dich, erhöre uns.
S.: Du hast deiner Mutter Maria unter dem Kreuz Johannes als Stütze und Helfer zur Seite gestellt. Tröste die trauernden Hinterbliebenen auch durch jene, die ihnen in diesen Tagen der Trauer besonders hilfreich zur Seite stehen.
A.: Wir bitten dich, erhöre uns.
S.: Wir wissen, auch wir alle gehen dem Tod entgegen. Bestärke uns in der Gewissheit, dass wir nicht allein und verlassen vor Gott hintreten werden, weil uns die ganze Gemeinschaft der Kirche betend begleiten wird.
A.: Wir bitten dich, erhöre uns.
V.: Vereint mit allen, die zur Kirche gehören, mit Maria und allen Heiligen, mit den Lebenden und Verstorbenen beten wir nun, wie Jesus selbst uns zu beten gelehrt hat:
V./A.: Vater unser   (siehe Seite 19)

E VERABSCHIEDUNG

entsprechend dem Trauerfall anpassen (siehe Seite 19 und 31 ff)

F AM GRAB

siehe Seite 21 ff.

FORM IV

Begräbnis eines/einer nach langem und schwerem Leiden Verstorbenen

A EINZUG (siehe Seite 13, Elemente der Begräbnisfeier: Nr. 9.)

B ERÖFFNUNG

Der Vorsteher begrüßt jetzt alle Anwesenden, beginnend mit den nächsten Verwandten, und schließt die Begrüßung in etwa mit folgenden Worten:

Beim Begräbnis eines Mannes:

V.: Wir sind zusammengekommen, um Abschied zu nehmen von (Ihrem *z. B. Gatten, Vater, Großvater, Sohn, Bruder, Onkel, Cousin, Freund, Arbeitskollegen, Bekannten, Nachbarn,)* **Herrn NN., der uns in die Ewigkeit Gottes vorausgegangen ist**
(nur beim Erdbegräbnis: **und dessen vergänglichen Leib wir in Ehren zu Grabe geleiten werden).**
Ich lade Sie ein, in Gemeinschaft mit der ganzen Kirche für den verstorbenen Herrn NN.
(Vor- und Nachnamen, gegebenenfalls auch akademischen Grad bzw. Beruf nennen) **zu beten:**

Beim Begräbnis einer Frau:

V.: Wir sind zusammengekommen, um Abschied zu nehmen von (Ihrer *z. B. Gattin, Mutter, Großmutter, Tochter, Schwester, Tante, Cousine, Freundin, Arbeitskollegin, Bekannten, Nachbarin,)* **Frau NN., die uns in die Ewigkeit Gottes vorausgegangen ist**
(nur beim Erdbegräbnis: **und deren vergänglichen Leib wir in Ehren zu Grabe geleiten werden).**
Ich lade Sie ein, in Gemeinschaft mit der ganzen Kirche für die verstorbene Frau NN.
(Vor- und Nachnamen, gegebenenfalls auch akademischen Grad bzw. Beruf nennen) **zu beten:**

Im Namen des Vaters und des Sohnes und des Heiligen Geistes.
A.: Amen.
V.: Der Gott allen Trostes sei mit euch.
A.: Und mit deinem Geiste.

Nach langem und schwerem Leiden

V.: „Es ist vollbracht." Auch wir können heute diese Worte im Gedenken an unseren verstorbenen Herrn N., dessen langes und schweres Leiden zu Ende gegangen ist, nachsprechen. Trotzdem fällt es schwer, uns mit dem Tod abzufinden.

V.: „Es ist vollbracht." Auch wir können heute diese Worte im Gedenken an unsere verstorbene Frau N., deren langes und schweres Leiden zu Ende gegangen ist, nachsprechen. Trotzdem fällt es schwer, uns mit dem Tod abzufinden.

Als Christen leben wir aus dem Glauben, dass der Tod Durchgang zu einem neuen Leben bei Gott ist. Aus diesem Glauben schöpfen wir Trost und Zuversicht, und so rufen wir:

Der Vorsteher wendet sich zum Kreuz bzw. zum Sarg.

Kyrierufe (siehe auch andere Formen)

K.: Herr Jesus Christus, du kennst das Leiden der Menschen.
Herr, erbarme dich unser.
A.: Herr, erbarme dich unser.
K.: Du kennst den Schmerz des Abschieds.
Christus, erbarme dich unser.
A.: Christus, erbarme dich unser.
K.: Du kennst unsere Hilflosigkeit.
Herr, erbarme dich unser.
A.: Herr, erbarme dich unser.

Gebet (Weitere Gebete: siehe andere Formen oder Seite 33 bzw. „Gebete in besonderen Situationen" Seite 91)

V.: Herr, unser Gott. Herr N. hat eine lange und schwere Krankheit erduldet. Jetzt ist er vom Leiden erlöst. Da er an den Schmerzen deines Sohnes teilgenommen hat, gib ihm auch Anteil an seiner Auferstehung. Darum bitten wir durch Christus, unseren Herrn.
A.: Amen.

V.: Herr, unser Gott. Frau N. hat eine lange und schwere Krankheit erduldet. Jetzt ist sie vom Leiden erlöst. Da sie an den Schmerzen deines Sohnes teilgenommen hat, gib ihr auch Anteil an seiner Auferstehung. Darum bitten wir durch Christus, unseren Herrn.
A.: Amen.

C VERKÜNDIGUNG

Der Vorsteher wendet sich der Trauergemeinde zu:

**V.: Liebe Angehörige!
Verehrte Trauergemeinde!
Christus hat den Tod überwunden. Er schenkt uns Worte ewigen Lebens. So hören wir, was Gott uns in dieser Stunde sagt.**

Schriftlesung

Auswahl der Kurzfassungen: siehe ANHANG I, Nummer 1–35, Seite 101–112
Weitere Auswahl: siehe „Schriftlesungen für die Messfeier für Verstorbene" im Lektionar, Band VII (Ausgabe 1986, frühere Ausgabe: Band VI/2)

Ansprache dem Trauerfall entsprechend anpassen

(siehe Seite 12, Vorbereitung der Begräbnisfeier: Nr. 5)

Stille

Der Vorsteher wendet sich zum Kreuz bzw. zum Sarg.

V.: Mitten in unserem Leid richten wir unseren Blick auf Gott, unsere einzige Hoffnung.

D FÜRBITTEN

V.: Alles, was uns jetzt bewegt, tragen wir in den Fürbitten vor Christus hin und antworten auf jede Bitte: Christus, erhöre uns.

S.: Herr Jesus Christus, du hast selbst gelitten und die Verzweiflung menschlicher Todesangst erfahren. Hilf uns, gleich dir auf Gott zu vertrauen. Christus, höre uns. **A.:** Christus, erhöre uns. **S.:** Du hast unseren Verstorbenen durch die Taufe in die Kirche aufgenommen, schenke ihm die Vollendung seines Lebens in der Gemeinschaft mit dir. Christus, höre uns. **A.:** Christus, erhöre uns.	**S.:** Herr Jesus Christus, du hast selbst gelitten und die Verzweiflung menschlicher Todesangst erfahren. Hilf uns, gleich dir auf Gott zu vertrauen. Christus, höre uns. **A.:** Christus, erhöre uns. **S.:** Du hast unsere Verstorbene durch die Taufe in die Kirche aufgenommen, schenke ihr die Vollendung ihres Lebens in der Gemeinschaft mit dir. Christus, höre uns. **A.:** Christus, erhöre uns.

Nach langem und schwerem Leiden

S.: Du hast sogar dem Schächer zu deiner Rechten auf seine Bitte hin das Paradies versprochen: Nimm (den verstorbenen Herrn) N. und einst auch uns in dein Reich auf, wo es keine Tränen und kein Klagen gibt, sondern nur noch Friede und Freude.
Christus, höre uns.
A.: Christus, erhöre uns.
S.: Du hast dich besonders der Armen, der Kranken und der Sünder angenommen: Hilf uns, dass wir besonders denen beistehen, die unter Not, Einsamkeit und psychischem Druck zu leiden haben.
Christus, höre uns.
A.: Christus, erhöre uns.
S.: Wir beten auch für jene Menschen, die sich um Herrn N. in der langen Zeit der Krankheit und des Leidens gekümmert und gesorgt haben. Lass sie aus dieser schweren Zeit neue Kraft für ihr Leben schöpfen.
Christus, höre uns.
A.: Christus, erhöre uns.

S.: Du hast sogar dem Schächer zu deiner Rechten auf seine Bitte hin das Paradies versprochen: Nimm (die verstorbene Frau) N. und einst auch uns in dein Reich auf, wo es keine Tränen und kein Klagen gibt, sondern nur noch Friede und Freude.
Christus, höre uns.
A.: Christus, erhöre uns.
S.: Du hast dich besonders der Armen, der Kranken und der Sünder angenommen: Hilf uns, dass wir besonders denen beistehen, die unter Not, Einsamkeit und psychischem Druck zu leiden haben.
Christus, höre uns.
A.: Christus, erhöre uns.
S.: Wir beten auch für jene Menschen, die sich um Frau N. in der langen Zeit der Krankheit und des Leidens gekümmert und gesorgt haben. Lass sie aus dieser schweren Zeit neue Kraft für ihr Leben schöpfen.
Christus, höre uns.
A.: Christus, erhöre uns.

V.: Vereint in der Gemeinschaft der Kirche, mit Maria und allen Heiligen, mit den Lebenden und Verstorbenen beten wir, wie Jesus uns zu beten gelehrt hat:
V./A.: **Vater unser** (siehe Seite 19)

E VERABSCHIEDUNG

entsprechend dem Trauerfall anpassen (siehe Seite 19 und 31 ff)

F AM GRAB siehe Seite 21 ff.

FORM V

Begräbnis eines/einer plötzlich und unerwartet Verstorbenen

A EINZUG (siehe Seite 13, Elemente der Begräbnisfeier: Nr. 9.)

B ERÖFFNUNG

Der Vorsteher begrüßt jetzt alle Anwesenden, beginnend mit den nächsten Verwandten, und schließt die Begrüßung in etwa mit folgenden Worten:

Beim Begräbnis eines Mannes:

V.: Wir sind zusammengekommen, um Abschied zu nehmen von (Ihrem z. B. **Gatten, Vater, Großvater, Sohn, Bruder, Onkel, Cousin, Freund, Arbeitskollegen, Bekannten, Nachbarn,) Herrn NN., der uns in die Ewigkeit Gottes vorausgegangen ist**
(nur beim Erdbegräbnis: **und dessen vergänglichen Leib wir in Ehren zu Grabe geleiten werden).**
Ich lade Sie ein, in Gemeinschaft mit der ganzen Kirche für den verstorbenen Herrn NN. (Vor- und Nachnamen, gegebenenfalls auch akademischen Grad bzw. Beruf nennen) **zu beten:**

Beim Begräbnis einer Frau:

V.: Wir sind zusammengekommen, um Abschied zu nehmen von (Ihrer z. B. **Gattin, Mutter, Großmutter, Tochter, Schwester, Tante, Cousine, Freundin, Arbeitskollegin, Bekannten, Nachbarin,) Frau NN., die uns in die Ewigkeit Gottes vorausgegangen ist**
(nur beim Erdbegräbnis: **und deren vergänglichen Leib wir in Ehren zu Grabe geleiten werden).**
Ich lade Sie ein, in Gemeinschaft mit der ganzen Kirche für die verstorbene Frau NN. (Vor- und Nachnamen, gegebenenfalls auch akademischen Grad bzw. Beruf nennen) **zu beten:**

Im Namen des Vaters und des Sohnes und des Heiligen Geistes.
A.: Amen.
V.: Der heilige und tröstende Gott sei mit euch.
A.: Und mit deinem Geiste.

Plötzlicher und unerwarteter Tod

V.: Fassungslos stehen wir am Sarg eines Menschen, mit dem wir noch vor kurzem lebendigen Kontakt gehabt haben. Heute wird uns schmerzlich vor Augen gestellt, dass auch wir jederzeit sterben können. Es ist nicht selbstverständlich, dass wir leben!

Zu den Trauernden gewendet:

V.: Ich möchte im Namen aller Anwesenden der trauernden Familie unser tiefes Mitgefühl und unsere Betroffenheit zum Ausdruck bringen.
Wir beten gemeinsam für den Verstorbenen **N.**, denn als Christen leben wir aus dem Glauben, dass der Tod ein Durchgang zum neuen Leben bei Gott ist. So rufen wir:

V.: Ich möchte im Namen aller Anwesenden der trauernden Familie unser tiefes Mitgefühl und unsere Betroffenheit zum Ausdruck bringen.
Wir beten gemeinsam für die Verstorbene **N.**, denn als Christen leben wir aus dem Glauben, dass der Tod ein Durchgang zum neuen Leben bei Gott ist. So rufen wir:

Der Vorsteher wendet sich zum Kreuz bzw. zum Sarg.

Kyrierufe (siehe auch andere Formen)

K.: Herr Jesus Christus, du bist unser Weg.
Heute beginnen wir mehr als bisher zu begreifen, dass unser Leben Gabe und Aufgabe ist.
Herr, erbarme dich unser.
A.: Herr, erbarme dich unser.
K.: Herr Jesus Christus, du bist die Wahrheit.
Erst jetzt beginnen wir zu erkennen, was uns der Verstorbene bedeutete und was wir mit ihm verloren haben.
Christus, erbarme dich unser.
A.: Christus, erbarme dich unser.

K.: Herr Jesus Christus, du bist unser Weg.
Heute beginnen wir mehr als bisher zu begreifen, dass unser Leben Gabe und Aufgabe ist.
Herr, erbarme dich unser.
A.: Herr, erbarme dich unser.
K.: Herr Jesus Christus, du bist die Wahrheit.
Erst jetzt beginnen wir zu erkennen, was uns die Verstorbene bedeutete und was wir mit ihr verloren haben.
Christus, erbarme dich unser.
A.: Christus, erbarme dich unser.

K.: Herr Jesus Christus, du bist unser Leben.
Wir müssen heute schmerzlich erfahren, dass wir nicht selbst Herr über unser Leben sind.
Herr, erbarme dich unser.
A.: Herr, erbarme dich unser.

K.: Herr Jesus Christus, du bist unser Leben.
Wir müssen heute schmerzlich erfahren, dass wir nicht selbst Herr über unser Leben sind.
Herr, erbarme dich unser.
A.: Herr, erbarme dich unser.

Gebet (Weitere Gebete: siehe andere Formen oder Seite 33 bzw. „Gebete in besonderen Situationen" Seite 91)

V.: Barmherziger, ewiger Gott, du hältst unser Leben in deinen Händen. Höre auf unser Gebet und sei um der Liebe Christi willen Herrn N. gnädig. Schau nicht auf seine Fehler und Sünden, sondern schenke ihm aus Liebe und aus Erbarmen die Vollendung des Lebens. Lass uns alle zur Auferstehung gelangen. Durch Christus, unseren Herrn.
A.: Amen.

V.: Barmherziger, ewiger Gott, du hältst unser Leben in deinen Händen. Höre auf unser Gebet und sei um der Liebe Christi willen Frau N. gnädig. Schau nicht auf ihre Fehler und Sünden, sondern schenke ihr aus Liebe und aus Erbarmen die Vollendung des Lebens. Lass uns alle zur Auferstehung gelangen. Durch Christus, unseren Herrn.
A.: Amen.

C VERKÜNDIGUNG

Bibelstelle und Ansprache dem Trauerfall entsprechend anpassen.

Schriftlesung

Auswahl der Kurzfassungen: siehe ANHANG I, Nummer 1–35, Seite 101–112
Weitere Auswahl: siehe „Schriftlesungen für die Messfeier für Verstorbene" im Lektionar, Band VII (Ausgabe 1986, frühere Ausgabe: Band VI/2)

Ansprache

Es folgt eine Ansprache, in der kurz über den Verstorbenen und über die Trauer der Hinterbliebenen gesprochen wird, um dann unser Leben und Sterben im Lichte des Glaubens zu deuten.
Die Ansprache endet mit der Einladung zum stillen Gebet für den Verstorbenen / die Verstorbene, z. B.

Plötzlicher und unerwarteter Tod

V.: In Stille gedenken wir (nun) des verstorbenen Herrn NN. und wissen uns mit ihm über den Tod hinaus verbunden.

V.: In Stille gedenken wir (nun) der verstorbenen Frau NN. und wissen uns mit ihr über den Tod hinaus verbunden.

Stille

Der Vorsteher wendet sich zum Kreuz bzw. zum Sarg.

V.: Mitten in unserem Leid richten wir unseren Blick auf Gott, unsere einzige Hoffnung.

D FÜRBITTEN

V.: Wir tragen nun alles, was uns bewegt, in den Fürbitten vor Gottes Angesicht und antworten auf jede Bitte:
Wir bitten dich, erhöre uns.

S.: Heiliger, ewiger Gott, tröste die Trauernden mit der Hoffnung, dass sie ihren Verstorbenen wiedersehen werden in deinem Reich, wo es keinen Tod mehr gibt, sondern nur Freude und Friede auf ewig.
A.: Wir bitten dich, erhöre uns.

S.: Heiliger, ewiger Gott, tröste die Trauernden mit der Hoffnung, dass sie ihre Verstorbene wiedersehen werden in deinem Reich, wo es keinen Tod mehr gibt, sondern nur Freude und Friede auf ewig.
A.: Wir bitten dich, erhöre uns.

S.: Es schmerzt uns sehr, heute einen lieben Menschen zu verabschieden (dem wir noch etwas schuldig geblieben sind). Herr, tröste uns in unserem Schmerz.
A.: Wir bitten dich, erhöre uns.
S.: Unser Leben kann so zerbrechlich sein. Es bedrängen uns Ängste und befallen uns Zweifel. Herr, tröste uns mit deiner helfenden Gegenwart und schütze unseren Lebensweg.
A.: Wir bitten dich, erhöre uns.
S.: Unser Leben ist Gabe und Aufgabe. Tröste uns mit der Gewissheit: Alles, was wir einem unserer geringsten Brüder und Schwestern getan haben, haben wir dir getan.
A.: Wir bitten dich, erhöre uns.

S.: Herr **N.** ist so plötzlich und unerwartet verstorben: Belohne ihm alles, was er Gutes und Schönes für seine Familie, seine Freunde (seine Arbeitskollegen) und andere getan hat.
A.: Wir bitten dich, erhöre uns.
S.: Wir haben **N.** durch den Tod verloren. Nimm du ihn auf in deine Herrlichkeit, wo jedes Leid und jeder Schmerz in Freude verwandelt wird.
A.: Wir bitten dich, erhöre uns.

S.: Frau **N.** ist so plötzlich und unerwartet verstorben: Belohne ihr alles, was sie Gutes und Schönes für ihre Familie, ihre Freunde (ihre Arbeitskolleginnen) und andere getan hat.
A.: Wir bitten dich, erhöre uns.
S.: Wir haben **N.** durch den Tod verloren. Nimm du sie auf in deine Herrlichkeit, wo jedes Leid und jeder Schmerz in Freude verwandelt wird.
A.: Wir bitten dich, erhöre uns.

V.: Vereint in der Gemeinschaft der Kirche, zusammen mit Maria und allen Heiligen, mit den Lebenden und Verstorbenen beten wir, wie Jesus uns zu beten gelehrt hat:
V./A.: **Vater unser** (siehe Seite 19)

E VERABSCHIEDUNG

entsprechend dem Trauerfall anpassen (siehe Seite 19 und 31)

F AM GRAB siehe Seite 21 ff.

FORM VI

Begräbnis eines Kindes

A EINZUG (siehe Seite 13, Elemente der Begräbnisfeier: Nr. 9.)

B ERÖFFNUNG

Der Vorsteher begrüßt die Anwesenden.

Beim Begräbnis eines Buben:	*Beim Begräbnis eines Mädchens:*
V.: Liebe Eltern (bzw. je nach Anwesenheit: *liebe Mutter, lieber Vater, liebe Geschwister*) **des kleinen N.!** **Liebe Gemeinde!** **Tief betroffen vom Tod Ihres N. lade ich Sie herzlich ein, diesen Trauergottesdienst zu beginnen:**	**V.: Liebe Eltern** (bzw. je nach Anwesenheit: *liebe Mutter, lieber Vater, liebe Geschwister*) **der kleinen N.!** **Liebe Gemeinde!** **Tief betroffen vom Tod Ihrer N. lade ich Sie herzlich ein, diesen Trauergottesdienst zu beginnen:**

Im Namen des Vaters und des Sohnes und des Heiligen Geistes.
A.: Amen.
V.: Der Gott allen Trostes sei mit euch.
A.: Und mit deinem Geiste.

| **V.: Der Tod Ihres kleinen N. erfüllt Sie mit Trauer und Schmerz. Ich möchte Ihnen meine persönliche Anteilnahme und auch die Anteilnahme der Kirche zum Ausdruck bringen.** | **V.: Der Tod Ihrer kleinen N. erfüllt Sie mit Trauer und Schmerz. Ich möchte Ihnen meine persönliche Anteilnahme und auch die Anteilnahme der Kirche zum Ausdruck bringen.** |

Die Bibel sagt uns: Gott ist ein Gott der Lebenden. So ist auch der frühe Tod von N. ein Durchgang zum vollendeten Leben. Aus diesem Glauben schöpfen wir heute Trost und Zuversicht, und so rufen wir:

Der Vorsteher wendet sich zum Kreuz bzw. zum Sarg.

Kyrierufe

K.: Herr Jesus Christus, du hast unser menschliches Schicksal geteilt und bist selbst Kind geworden. Herr, erbarme dich unser.
A.: Herr, erbarme dich unser.
K.: Du hast die Kinder geliebt, und sie durften zu dir kommen. Christus, erbarme dich unser.
A.: Christus, erbarme dich unser.
K.: Du hast allen, die so vertrauensvoll sind wie die Kinder, das Himmelreich versprochen. Herr, erbarme dich unser.
A.: Herr, erbarme dich unser.

Gebet

V.: Gott, du kennst unsere Herzen und tröstest die Trauernden. Du weißt um die Betroffenheit (und den Schmerz) der Eltern *(der Mutter, des Vaters, der Geschwister, der Großeltern)*, die den Tod dieses Kindes (beweinen und) betrauern. Schenke ihnen Trost in der Zuversicht, dass ihr Kind bei dir geborgen ist.

bei einem **getauften** Kind betet er weiter:

Gott, unser Vater, in der Taufe hast du dieses Kind als dein eigenes angenommen und ihm Anteil an deinem göttlichen Leben gegeben. *Wie du Jesus Christus, deinen Sohn, von den Toten auferweckt hast, so nimm unseren kleinen N. in deine Arme, und stärke uns in der Hoffnung auf ein Wiedersehen bei dir.* *Darum bitten wir durch Christus, unseren Herrn.* **A.:** *Amen.*	*Gott, unser Vater, in der Taufe hast du dieses Kind als dein eigenes angenommen und ihm Anteil an deinem göttlichen Leben gegeben.* *Wie du Jesus Christus, deinen Sohn, von den Toten auferweckt hast, so nimm unsere kleine N. in deine Arme, und stärke uns in der Hoffnung auf ein Wiedersehen bei dir.* *Darum bitten wir durch Christus, unseren Herrn.* **A.:** *Amen.*

Begräbnis eines Kindes

C VERKÜNDIGUNG

V.: Verehrte Trauergemeinde!
Christus hat den Tod überwunden. Er schenkt uns Worte ewigen Lebens. So hören wir jetzt, was Gott uns in dieser Stunde sagt:

Aus dem heiligen Evangelium nach Markus. Mk 10,13–16
In jener Zeit brachte man Kinder zu Jesus, damit er ihnen die Hände auflegte. Die Jünger aber wiesen die Leute schroff ab.[13] **Als Jesus das sah, wurde er unwillig und sagte zu ihnen: Lasst die Kinder zu mir kommen; hindert sie nicht daran! Denn Menschen wie ihnen gehört das Reich Gottes.**[14] **Amen, das sage ich euch: Wer das Reich Gottes nicht so annimmt, wie ein Kind, der wird nicht hineinkommen.**[15] **Und er nahm die Kinder in seine Arme; dann legte er ihnen die Hände auf und segnete sie.**[16]

Weitere Auswahl von Schriftlesungen: siehe ANHANG I, Nummer 36–49, Seite 112–114 bzw. „Schriftlesungen für die Messfeier für Verstorbene" (Beim Begräbnis eines Kindes) im Lektionar, Band VII (Ausgabe 1986, frühere Ausgabe: Band VI/2)

Ansprache

Die Ansprache endet in etwa mit folgenden Worten:
Ich lade Sie ein, dieses Kind in stillem Gebet Gott anzuvertrauen.

Stille

V.: Mitten in unserem Leid richten wir unseren Blick auf Gott, unsere einzige Hoffnung.

Gesang

D FÜRBITTEN

V.: Gott, unser Vater. Wir wissen, dass N. bei dir lebt. Gemeinsam mit ihm bitten wir: **S.: Tröste *die Eltern* (*die Mutter, den Vater*) und gib *ihnen* (*ihr, ihm*) Kraft und Zuversicht aus dem Glauben.** **A.: Wir bitten dich, erhöre uns.**	**V.: Gott, unser Vater. Wir wissen, dass N. bei dir lebt. Gemeinsam mit ihr bitten wir:** **S.: Tröste *die Eltern* (*die Mutter, den Vater*) und gib *ihnen* (*ihr, ihm*) Kraft und Zuversicht aus dem Glauben.** **A.: Wir bitten dich, erhöre uns.**

S.: Schenke *ihnen* (ihr, ihm) Menschen, die *ihnen* (ihr, ihm) in diesen schweren Tagen beistehen und sie begleiten.
A.: Wir bitten dich, erhöre uns.
S.: Nimm alle Kinder, die krank und gefährdet sind, in deinen besonderen Schutz.
A.: Wir bitten dich, erhöre uns.
S.: Schenke uns allen, die wir unserem kleinen N. einmal folgen werden, in deinem Reich jene Vollendung, die du uns zugedacht hast.
A.: Wir bitten dich, erhöre uns.

S.: Schenke *ihnen* (ihr, ihm) Menschen, die *ihnen* (ihr, ihm) in diesen schweren Tagen beistehen und sie begleiten.
A.: Wir bitten dich, erhöre uns.
S.: Nimm alle Kinder, die krank und gefährdet sind, in deinen besonderen Schutz.
A.: Wir bitten dich, erhöre uns.
S.: Schenke uns allen, die wir unserer kleinen N. einmal folgen werden, in deinem Reich jene Vollendung, die du uns zugedacht hast.
A.: Wir bitten dich, erhöre uns.

V.: Beten wir nun gemeinsam, wie Jesus uns zu beten gelehrt hat:
V./A.: **Vater unser** (siehe Seite 19)

Bei einem ungetauften Kind besprengt der Vorsteher **wortlos** den Sarg mit Weihwasser.

Bei einem getauften Kind spricht er:
N., im Wasser und im Heiligen Geist wurdest du getauft.
Der Herr vollende an dir, was er in der Taufe begonnen hat.

und besprengt den Sarg mit Weihwasser, dann wendet er sich zur Trauergemeinde, besprengt sie mit Weihwasser und spricht:

V.: Durch die Taufe bleiben auch wir mit N. verbunden im Namen des Vaters und des Sohnes und des Heiligen Geistes.

Der Vorsteher beräuchert gegebenenfalls den Sarg und spricht dazu:
V.: Dein Leib war Gottes Wohnung. Der Herr schenke dir ewige Freude.

Gesang

Begräbnis eines Kindes 51

E VERABSCHIEDUNG

V.: Barmherziger Gott,
wir haben auf dein Wort gehört, durch das du uns trösten willst.
Wir danken dir, dass du durch die Auferstehung deines Sohnes in dem Dunkel der Welt und des Todes dein Licht leuchten lässt.
Gib uns die Kraft, in unserem Leben diesem Licht zu folgen, bis wir alle zu dir gelangen.
Durch Christus, unseren Herrn.
A.: Amen.
V.: Im Namen des Vaters und des Sohnes und des Heiligen Geistes.
A.: Amen.

Auszug

F AM GRAB

Sobald die Trauergemeinde am Grab versammelt ist, kann der Vorsteher das Grab segnen und dazu folgendes Gebet sprechen:

V.: Herr, unser Gott,
dein sind wir im Leben und im Tod. Wir bitten dich: Segne ✛ dieses Grab und führe dieses Kind, dessen vergänglichen Leib wir hier bestatten, zur Auferstehung in deinem Reich.
Uns aber stärke im Glauben an das Leben mit dem auferstandenen Jesus Christus, unserem Herrn.
A.: Amen.

Der Sarg wird versenkt.

V.: Wir übergeben den vergänglichen Leib des kleinen N. der Erde und bitten:	**V.:** Wir übergeben den vergänglichen Leib der kleinen N. der Erde und bitten:

Ewiger Gott,
du hast uns durch den Tod und die Auferstehung deines Sohnes, unseres Herrn Jesus Christus, getröstet und gestärkt.
Wende dich uns in Güte zu und bleibe bei uns, bis wir alle zum unvergänglichen Leben bei dir gelangen.
Darum bitten wir durch Christus, unseren Herrn.
A.: Amen.

Der Vorsteher besprengt wortlos den Sarg mit Weihwasser,
dann streut er Erde auf den Sarg und spricht:

**N., dein Leib ist der Sterblichkeit unterworfen, deshalb wird er jetzt in der Erde bestattet.
Der Herr aber nehme dich in seine Herrlichkeit auf.**

Der Vorsteher macht das Kreuzzeichen über das Grab und spricht:

V.: Im Kreuz unseres Herrn Jesus ✝ Christus ist Auferstehung und Heil.

Der Vorsteher weist mit der Hand zum Sarg und spricht:

V.: Der Friede sei mit dir.

V.: Bekennen wir nun unseren Glauben an Gott, der unseren Herrn Jesus Christus von den Toten auferweckt hat und von dem wir hoffen, dass er auch uns an der Auferstehung teilhaben lässt:

V./A.: Ich glaube an Gott (siehe Seite 23)

V.: Zum Schluss unserer Feier empfehlen wir (den kleinen) N. und uns selbst der Mutter unseres Herrn.	**V.: Zum Schluss unserer Feier empfehlen wir (die kleine) N. und uns selbst der Mutter unseres Herrn.**

V./A.: Gegrüßet seist du, Maria (siehe Seite 23)

V.: Herr, gib (dem kleinen) N. und allen Verstorbenen das ewige Leben.	**V.: Herr, gib (der kleinen) N. und allen Verstorbenen das ewige Leben.**

A.: Und das ewige Licht leuchte ihnen.
V.: Lass sie leben in deinem Frieden.
A.: Amen.

V./A.: Im Namen des Vaters und des Sohnes und des Heiligen Geistes. Amen.

FORM VII

Begräbnis eines Ungeborenen (Fehlgeburt)

Der Vorsteher geht im Gespräch mit den Eltern (oder der Mutter bzw. dem Vater) auf ihre Situation ein und bespricht mit ihnen die Trauerfeier.

A EINZUG (siehe Seite 13, Elemente der Begräbnisfeier: Nr. 9.)

B ERÖFFNUNG

V.: Liebe Eltern! *(Sehr geehrte Frau NN. / Sehr geehrter Herr NN.)*
Ich möchte Ihnen zusagen, dass Sie heute vom Gebet der ganzen Gemeinschaft der Kirche begleitet werden.
Der Apostel Paulus sagt ja:
„Wenn ein Glied (der Kirche) leidet, leiden alle Glieder mit; wenn ein Glied geehrt wird, freuen sich alle anderen mit ihm."
Vgl. **1 Kor 12, 26**
So glauben wir, dass alles, was uns im Leben an Freude und Leid widerfährt, von der ganzen Gemeinschaft der Kirche mitgetragen wird.
Was bei Ihnen mit Freude begonnen hat, findet nun ein leidvolles Ende. Die Hoffnungen, die Sie mit Ihrem Kind verbunden haben, werden jetzt begraben.
Doch als Christen leben wir aus dem Glauben, dass Ihr Kind in Gottes Hand aufgehoben ist.
Den sterblichen Leib aber, der der Vergänglichkeit unterworfen ist, bestatten wir im Glauben an Gott, der die Toten zum Leben erweckt.
Beginnen wir nun diesen Trauergottesdienst im Namen des Vaters und des Sohnes und des Heiligen Geistes. Amen.
V.: Der Gott allen Trostes sei mit euch.
A.: Und mit deinem Geiste.
V.: So wollen wir vertrauensvoll rufen:

Der Vorsteher wendet sich zum Kreuz bzw. zum Sarg.

Kyrierufe (siehe auch andere Formen)

K.: Herr Jesus Christus, du kennst unser Kreuz, das wir jetzt zu tragen haben. Herr, erbarme dich unser.
A.: Herr, erbarme dich unser.
K.: Herr Jesus Christus, du kennst den Schmerz, den wir jetzt erleiden müssen. Christus, erbarme dich unser.
A.: Christus, erbarme dich unser.
K.: Herr Jesus Christus, du kennst unsere Verlorenheit, in der wir uns befinden. Herr, erbarme dich unser.
A.: Herr, erbarme dich unser.

Gebet

V.: Herr Jesus Christus, wir bitten dich für dieses Kind. Schenke ihm nun Wohnung und Heimat bei dir, wo jedes Leid in Freude verwandelt wird.

C VERKÜNDIGUNG

V.: Jesus Christus, den Gott von den Toten auferweckt hat, schenkt uns Worte ewigen Lebens.
So hören wir jetzt das Wort Gottes:

Schriftlesung

Auswahl von Kurzfassungen: siehe ANHANG I, Nummer 47–49, Seite 114; bzw. „Schriftlesungen für die Messfeier für Verstorbene" (Beim Begräbnis eines Kindes) im Lektionar, Band VII (Ausgabe 1986, frühere Ausgabe: Band VI/2)

Ansprache

Die Ansprache endet mit der Einladung zum stillen Gebet:

V.: Ich lade Sie ein, dieses Kind in stillem Gebet Gott anzuvertrauen.

Stille

Begräbnis eines Ungeborenen (Fehlgeburt) 55

D FÜRBITTEN

wie beim Kinderbegräbnis (siehe Seite 49 f)
Anschließend Überleitung zum Vaterunser

V.: Beten wir nun in Gemeinschaft mit der ganzen Kirche, wie Jesus uns zu beten gelehrt hat:
V./A.: Vater unser (siehe Seite 19)

Der Vorsteher besprengt wortlos den Sarg bzw. den Behälter mit Weihwasser.

E VERABSCHIEDUNG

wie beim Kinderbegräbnis (siehe Seite 43)

F AM GRAB

Sobald die Trauergemeinde am Grab versammelt ist, kann der Vorsteher das Grab segnen und dazu folgendes Gebet sprechen:

V.: Herr, unser Gott, dein sind wir im Leben und im Tod. Wir bitten dich, segne diese Grabstelle und führe dieses Kind, dessen Leib wir hier bestatten, zur Auferstehung und zum vollendeten Leben bei dir.

Der Sarg wird versenkt.

V.: Wir übergeben den sterblichen Leib dieses Kindes der Erde und bitten:

**Heiliger, ewiger Gott,
du hast uns durch den Tod und die Auferstehung deines Sohnes, unseres Herrn Jesus Christus, getröstet und gestärkt.
Wende dich uns in Güte zu und bleibe bei uns, bis wir alle zum unvergänglichen Leben bei dir gelangen.
Darum bitten wir durch Christus, unseren Herrn.**
A.: Amen.

Der Vorsteher besprengt wortlos den Sarg mit Weihwasser, dann streut er Erde auf den Sarg und spricht:

V.: Dein Leib ist der Sterblichkeit unterworfen, deshalb wird er in der Erde bestattet. Der Herr aber nehme dich in seine Herrlichkeit auf.

Der Vorsteher macht das Kreuzzeichen über das Grab und spricht:
V.: Im Kreuz unseres Herrn Jesus Christus + ist Auferstehung und Heil.

Der Vorsteher weist mit der Hand zum Sarg und spricht:
V.: Der Friede sei mit dir.

V.: Bekennen wir nun unseren Glauben an Gott, der unseren Herrn Jesus Christus von den Toten auferweckt hat und von dem wir erhoffen, dass er dieses Kind und einst auch uns an seiner Auferstehung teilhaben lässt.
V./A.: Ich glaube an Gott (siehe Seite 23)

V.: Zum Schluss unserer Feier empfehlen wir dieses Kind und uns selbst der Mutter unseres Herrn.
V./A.: Gegrüßet seist du, Maria (siehe Seite 23)

V.: Herr, gib diesem Kind und allen Verstorbenen das ewige Leben.
A.: Und das ewige Licht leuchte ihnen.
V.: Lass sie leben in deinem Frieden.
A.: Amen.

V.: Es segne und behüte euch (uns) der barmherzige und liebende Gott. Der Vater und der Sohn und der Heilige Geist.
A.: Amen.
V.: Gehet hin in Frieden.

FORM VIII

Begräbnis nach Drogentod

A EINZUG (siehe Seite 13, Elemente der Begräbnisfeier: Nr. 9.)

B ERÖFFNUNG

Der Vorsteher begrüßt jetzt alle Anwesenden, beginnend mit den nächsten Verwandten, und schließt die Begrüßung in etwa mit folgenden Worten:

Beim Begräbnis eines Mannes:
V.: Wir sind zusammengekommen, um Abschied zu nehmen von (Ihrem z. B. *Gatten, Vater, Großvater, Sohn, Bruder, Onkel, Cousin, Freund, Arbeitskollegen, Bekannten, Nachbarn,)* **Herrn NN.**, *(nur beim Erdbegräbnis:* **dessen vergänglichen Leib wir in Ehren zu Grabe geleiten werden)**. **Ich lade Sie ein, in Gemeinschaft mit der ganzen Kirche für den verstorbenen Herrn NN.** *(Vor- und Nachnamen, gegebenenfalls auch akademischen Grad bzw. Beruf nennen)* **zu beten:**

Beim Begräbnis einer Frau:
V.: Wir sind zusammengekommen, um Abschied zu nehmen von (Ihrer z. B. *Gattin, Mutter, Großmutter, Tochter, Schwester, Tante, Cousine, Freundin, Arbeitskollegin, Bekannten, Nachbarin,)* **Frau NN.** *(nur beim Erdbegräbnis:* **deren vergänglichen Leib wir in Ehren zu Grabe geleiten werden)**. **Ich lade Sie ein, in Gemeinschaft mit der ganzen Kirche für die verstorbene Frau NN.** *(Vor- und Nachnamen, gegebenenfalls auch akademischen Grad bzw. Beruf nennen)* **zu beten:**

Im Namen des Vaters und des Sohnes und des Heiligen Geistes.
A.: Amen.
V.: Der barmherzige und tröstende Gott sei mit euch.
A.: Und mit deinem Geiste.

V.: Erschüttert (voll Trauer und Schmerz) stehen wir vor dem Sarg unseres lieben N., von dem wir heute Abschied nehmen müssen. Wir können heute für N. nichts Besseres mehr tun, als für ihn zu beten.

V.: Erschüttert (voll Trauer und Schmerz) stehen wir vor dem Sarg unserer lieben N., von der wir heute Abschied nehmen müssen. Wir können heute für N. nichts Besseres mehr tun, als für sie zu beten.

So rufen wir voll Vertrauen:

Der Vorsteher wendet sich zum Kreuz bzw. zum Sarg.

Kyrierufe (siehe auch Seite 62)

K.: Herr Jesus Christus, du hast vor deinem Tod Leid und Einsamkeit, Verlassenheit und Gottesferne durchlitten.
Herr, erbarme dich unser.
A.: Herr, erbarme dich unser.
K.: Dem Schächer zu deiner Rechten hast du am Kreuz das Paradies versprochen, als er dich darum gebeten hat.
Christus, erbarme dich unser.
A.: Christus, erbarme dich unser.
K.: Du hast am Kreuz im Sterben noch gebetet: Vater, in deine Hände lege ich meinen Geist.
Herr, erbarme dich unser.
A.: Herr, erbarme dich unser.

Gebet (siehe auch Seite 44, Seite 62 oder Seite 91, Nr. 1)

V.: Heiliger Gott,
du allein kennst den Menschen; du hast ihn erschaffen, und was in ihm verborgen ist, liegt offen vor dir. Wenn das Herz uns anklagt, so bist du noch größer als unser Herz!
Wir bitten dich für N.: Sei ihm ein gnädiger Richter und verzeih, was er in seinem Leben gefehlt hat. *(Öffne uns die Augen und lass uns erkennen, was wir an dem Verstorbenen versäumt haben.)* Erhöre in deiner Güte unser Gebet und führe

V.: Heiliger Gott,
du allein kennst den Menschen; du hast ihn erschaffen, und was in ihm verborgen ist, liegt offen vor dir. Wenn das Herz uns anklagt, so bist du noch größer als unser Herz!
Wir bitten dich für N.: Sei ihr ein gnädiger Richter und verzeih, was sie in ihrem Leben gefehlt hat. *(Öffne uns die Augen und lass uns erkennen, was wir an der Verstorbenen versäumt haben.)* Erhöre in deiner Güte unser Gebet und führe uns

Begräbnis nach Drogentod

uns durch alles menschliche Versagen hindurch zu dir, dem Ziel unseres Lebens.
So bitten wir durch Christus, unseren Herrn. **A.:** Amen.

durch alles menschliche Versagen hindurch zu dir, dem Ziel unseres Lebens.
So bitten wir durch Christus, unseren Herrn. **A.:** Amen.

C VERKÜNDIGUNG

V.: Liebe Angehörige!
Liebe Trauergemeinde!

Gott, der Jesus von den Toten auferweckt hat, schenkt uns Worte ewigen Lebens. So hören wir jetzt, was Gott uns in dieser Stunde sagt:

Schriftlesung

Auswahl der Kurzfassungen: siehe ANHANG I, Nummer 1–35, Seite 101–112
Weitere Auswahl: siehe „Schriftlesungen für die Messfeier für Verstorbene" im Lektionar, Band VII (Ausgabe 1986, frühere Ausgabe: Band VI/2)

Ansprache

Die Ansprache endet mit der Einladung zum stillen Gebet für den Verstorbenen / die Verstorbene, z. B.:

V.: Beten wir nun in Stille für (unseren lieben) **N.**. So zeigen wir, dass wir mit ihm über den Tod hinaus verbunden bleiben.

V.: Beten wir nun in Stille für (unsere liebe) **N.**. So zeigen wir, dass wir mit ihr über den Tod hinaus verbunden bleiben.

Stille

Die Stille wird beendet mit den Worten:
V.: Mitten in unserem Leid richten wir unseren Blick auf Gott, unsere einzige Hoffnung.

Gesang / Volksgesang

Auswahl von Psalmen und Liedern: siehe ANHANG II: GESÄNGE (Seite 119–130)
Wenn kein Gesang vorgesehen ist, dann spricht der Vorsteher:
Der Herr vergibt die Schuld und rettet unser Leben.
Barmherzig und gnädig ist der Herr, langmütig und reich an Güte.

Vgl. **Psalm 103**

D FÜRBITTEN

Der Vorsteher kündigt an, welche Antwort die Trauergemeinde auf die Fürbitten geben soll:

V.: Wir richten jetzt unsere Anliegen und Bitten an Gott und antworten auf jede Anrufung: Wir bitten dich, erhöre uns.

S.: Barmherziger, ewiger Gott, komm auf die Fürsprache der ganzen Kirche (unserem) **N.** voll Liebe entgegen und verzeih ihm Schuld und Sünde, unter deren Folgen er und seine Umgebung zu leiden hatten. **A.:** Wir bitten dich, erhöre uns. **S.:** Du hast **N.** durch die Taufe als dein Kind angenommen. Schenke ihm das vollendete Leben bei dir in Freude und Frieden. **A.:** Wir bitten dich, erhöre uns. **S.:** Verzeihe auch uns, was wir **N.** an Liebe und Dankbarkeit schuldig geblieben sind. **A.:** Wir bitten dich, erhöre uns. **S.:** Tröste die trauernden Angehörigen und alle, die um ihn trauern, durch die Hoffnung auf ein Wiedersehen in deinem Reich. **A.:** Wir bitten dich, erhöre uns.	**S.:** Barmherziger, ewiger Gott, komm auf die Fürsprache der ganzen Kirche (unserer) **N.** voll Liebe entgegen und verzeih ihr Schuld und Sünde, unter deren Folgen sie und ihre Umgebung zu leiden hatten. **A.:** Wir bitten dich, erhöre uns. **S.:** Du hast **N.** durch die Taufe als dein Kind angenommen. Schenke ihr das vollendete Leben bei dir in Freude und Frieden. **A.:** Wir bitten dich, erhöre uns. **S.:** Verzeihe auch uns, was wir **N.** an Liebe und Dankbarkeit schuldig geblieben sind. **A.:** Wir bitten dich, erhöre uns. **S.:** Tröste die trauernden Angehörigen und alle, die um sie trauern, durch die Hoffnung auf ein Wiedersehen in deinem Reich. **A.:** Wir bitten dich, erhöre uns.

V.: Vereint mit allen, die zur Kirche gehören: mit Maria und allen Heiligen, mit den Lebenden und Verstorbenen, beten wir, wie Jesus uns zu beten gelehrt hat:
V./A.: Vater unser (siehe Seite 19)

E VERABSCHIEDUNG

entsprechend dem Trauerfall anpassen (siehe Seite 19 und 31).

F AM GRAB siehe Seite 21 ff.

FORM IX

Begräbnis nach einem Suizid

A   EINZUG (siehe Seite 13, Elemente der Begräbnisfeier: Nr. 9.)

B   ERÖFFNUNG

Der Vorsteher begrüßt jetzt alle Anwesenden, beginnend mit den nächsten Verwandten, und schließt die Begrüßung in etwa mit folgenden Worten:

Beim Begräbnis eines Mannes:

V.: Wir sind zusammengekommen, um Abschied zu nehmen von (Ihrem z. B. **Gatten, Vater, Großvater, Sohn, Bruder, Onkel, Cousin, Freund, Arbeitskollegen, Bekannten, Nachbarn,) Herrn NN.** *(nur beim Erdbegräbnis:* **dessen vergänglichen Leib wir in Ehren zu Grabe geleiten werden). Ich lade Sie ein, in Gemeinschaft mit der ganzen Kirche für den verstorbenen Herrn NN.** (Vor- und Nachnamen, gegebenenfalls auch akademischen Grad bzw. Beruf nennen) **zu beten:**

Beim Begräbnis einer Frau:

V.: Wir sind zusammengekommen, um Abschied zu nehmen von (Ihrer z. B. **Gattin, Mutter, Großmutter, Tochter, Schwester, Tante, Cousine, Freundin, Arbeitskollegin, Bekannten, Nachbarin,) Frau NN.** *(nur beim Erdbegräbnis:* **deren vergänglichen Leib wir in Ehren zu Grabe geleiten werden). Ich lade Sie ein, in Gemeinschaft mit der ganzen Kirche für die verstorbene Frau NN.** (Vor- und Nachnamen, gegebenenfalls auch akademischen Grad bzw. Beruf nennen) **zu beten:**

Im Namen des Vaters und des Sohnes und des Heiligen Geistes.
A.: Amen.

V.: Der barmherzige und tröstende Gott sei mit euch.
A.: Und mit deinem Geiste.

V.: In unserer Trauer und Betroffenheit wenden wir uns an Gott, um für Herrn N. zu beten. Als Christen leben wir aus dem Glauben, dass Gott stärker ist als der Tod, und dass er Herrn N. und einst auch uns an der Auferstehung Jesu Christi teilhaben lässt. Aus diesem Glauben schöpfen wir Trost und Zuversicht, und so rufen wir:	V.: In unserer Trauer und Betroffenheit wenden wir uns an Gott, um für Frau N. zu beten. Als Christen leben wir aus dem Glauben, dass Gott stärker ist als der Tod, und dass er Frau N. und einst auch uns an der Auferstehung Jesu Christi teilhaben lässt. Aus diesem Glauben schöpfen wir Trost und Zuversicht, und so rufen wir:

Der Vorsteher wendet sich zum Kreuz bzw. zum Sarg.

Kyrierufe (siehe auch Seite 58)

K.: Herr Jesus Christus, du bist vom Vater gesandt, zu heilen, was verwundet ist. Herr, erbarme dich unser.
A.: Herr, erbarme dich unser.
K.: Du bist gekommen, zu retten, was verloren ist. Christus, erbarme dich unser.
A.: Christus, erbarme dich unser.
K.: Du bist zum Vater heimgekehrt, um uns bei Gott eine Wohnung zu bereiten. Herr, erbarme dich unser.
A.: Herr, erbarme dich unser.

Gebet (siehe auch Seite 44, Seite 58 oder Seite 91, Nr. 1)

V.: Gütiger Vater aller Menschen, wir bitten dich für N., dessen Leben durch Dunkelheit geführt hat. Befreie ihn von allem Leid und führe ihn zu Glück und Freude in deinem Reich. *(Vergib uns, was wir durch Unverständnis an ihm gesündigt haben, und hilf uns verstehen, was du uns durch dieses Menschenleben sagen wolltest.)* Erhalte uns den Glauben, der die Welt überwindet, und führe	V.: Gütiger Vater aller Menschen, wir bitten dich für N., deren Leben durch Dunkelheit geführt hat. Befreie sie von allem Leid und führe sie zu Glück und Freude in deinem Reich. *(Vergib uns, was wir durch Unverständnis an ihr gesündigt haben, und hilf uns verstehen, was du uns durch dieses Menschenleben sagen wolltest.)* Erhalte uns den Glauben, der die Welt überwindet, und führe

Begräbnis nach einem Suizid 63

den Tag herauf, der alles Stückwerk vollendet. Durch Christus, unseren Herrn. **A.:** **Amen.**	den Tag herauf, der alles Stückwerk vollendet. Durch Christus, unseren Herrn. **A.:** **Amen.**

C VERKÜNDIGUNG

**V.: Liebe Angehörige!
Liebe Trauergemeinde!
Einer seiner Freunde sagte zu Jesus: „Du hast Worte ewigen Lebens".** So ein Wort habe ich Ihnen in dieser Stunde zu verkünden:

Schriftlesung

Auswahl der Kurzfassungen: siehe ANHANG I, Nummer 1–35, Seite 101–112
Weitere Auswahl: siehe „Schriftlesungen für die Messfeier für Verstorbene" im Lektionar, Band VII (Ausgabe 1986, frühere Ausgabe: Band VI/2)

Ansprache

Die Ansprache endet mit der Einladung zum stillen Gebet für den Verstorbenen / die Verstorbene, z. B.:

V.: Im Gebet können wir nun unsere Verbundenheit mit Herrn NN. über den Tod hinaus zum Ausdruck bringen und seiner in Stille gedenken.	**V.: Im Gebet können wir nun unsere Verbundenheit mit Frau NN. über den Tod hinaus zum Ausdruck bringen und ihrer in Stille gedenken.**

Stille

Die Stille wird beendet mit den Worten:

V.: Mitten in unserem Leid richten wir unseren Blick auf Gott, unsere einzige Hoffnung.

Gesang / Volksgesang

Auswahl von Psalmen und Liedern: siehe ANHANG II: GESÄNGE (Seite 119–130)
Wenn kein Gesang vorgesehen ist, dann spricht der Vorsteher:

**V.: *Der Herr vergibt die Schuld und rettet unser Leben.
Barmherzig und gnädig ist der Herr,
langmütig und reich an Güte.*** Vgl. **Psalm 103**

D FÜRBITTEN

Zu der Trauergemeinde gewendet:

V.: Im gemeinsamen Fürbittgebet vertrauen wir Herrn **N.** Gott an und antworten auf jede Anrufung Gottes mit: Wir bitten dich, erhöre uns.
S.: Barmherziger Gott, komm Herrn **NN.** voll Liebe entgegen und gib ihm den Frieden, den die Welt nicht geben kann.
A.: Wir bitten dich, erhöre uns.
S.: Verzeih ihm alle Schuld und Sünde und vergib alles, woraus Leid entstand.
A.: Wir bitten dich, erhöre uns.
S.: Du hast Herrn **N.** durch die Taufe als dein Kind angenommen. Schenke ihm Glück und Vollendung, wonach er sich gesehnt hat.
A.: Wir bitten dich, erhöre uns.
S.: Verzeihe auch uns, was wir ihm schuldig geblieben sind.
A.: Wir bitten dich, erhöre uns.
S.: Tröste die trauernden Angehörigen durch die Hoffnung auf ein Wiedersehen in deinem Reich.
A.: Wir bitten dich, erhöre uns.

V.: Im gemeinsamen Fürbittgebet vertrauen wir Frau **N.** Gott an und antworten auf jede Anrufung Gottes mit: Wir bitten dich, erhöre uns.
S.: Barmherziger Gott, komm Frau **NN.** voll Liebe entgegen und gib ihr den Frieden, den die Welt nicht geben kann.
A.: Wir bitten dich, erhöre uns.
S.: Verzeih ihr alle Schuld und Sünde und vergib alles, woraus Leid entstand.
A.: Wir bitten dich, erhöre uns.
S.: Du hast Frau **N.** durch die Taufe als dein Kind angenommen. Schenke ihr Glück und Vollendung, wonach sie sich gesehnt hat.
A.: Wir bitten dich, erhöre uns.
S.: Verzeihe auch uns, was wir ihr schuldig geblieben sind.
A.: Wir bitten dich, erhöre uns.
S.: Tröste die trauernden Angehörigen durch die Hoffnung auf ein Wiedersehen in deinem Reich.
A.: Wir bitten dich, erhöre uns.

V.: Vereint mit allen, die zur Kirche gehören: mit Maria und allen Heiligen, mit den Lebenden und Verstorbenen, beten wir, wie Jesus uns zu beten gelehrt hat:
V./A.: Vater unser (siehe Seite 19)

E VERABSCHIEDUNG

entsprechend dem Trauerfall anpassen (siehe Seite 19 und 31)

F AM GRAB siehe Seite 21 ff.

FORM X

Begräbnis eines Priesters oder Diakons

A EINZUG (siehe Seite 13, Elemente der Begräbnisfeier: Nr. 9.)

B ERÖFFNUNG

Der Vorsteher spricht die Verwandten, die Mitbrüder im Priesteramt, die Diakone, die Pfarrgemeinde bzw. die Menschen, die der Verstorbene seelsorglich betreut hat, und alle anwesenden Begräbnisteilnehmer an.
Er schließt die Anrede in etwa mit folgenden Worten:

Beim Begräbnis eines Priesters:	*Beim Begräbnis eines Diakons:*
V.: Schwestern und Brüder! Wir haben uns versammelt, um den vergänglichen Leib unseres verstorbenen Priesters (eventuell Titel nennen) **NN.**, in Ehren zu Grabe zu geleiten.	**V.: Schwestern und Brüder!** Wir haben uns versammelt, um den vergänglichen Leib unseres verstorbenen Diakons (eventuell Titel nennen) **NN.**, in Ehren zu Grabe zu geleiten.

Wir beten für ihn in Verbundenheit mit seiner Gemeinde und der ganzen Kirche und beginnen den Gottesdienst im Namen des Vaters und des Sohnes und des Heiligen Geistes.
A.: Amen.

V.: Gepriesen sei der Gott und Vater Jesu Christi, unseres Herrn, der Vater des Erbarmens und der Gott allen Trostes. Er tröstet uns in all unserer Not. 2 Kor 1,3–4a

V.: Dieser Tod (erfüllt uns mit Trauer und) macht uns betroffen. Doch als Christen leben wir aus dem Glauben, dass Gott unseren Mitbruder und einst auch uns in seine Gemeinschaft aufnimmt. So wollen wir gemeinsam rufen:

Der Vorsteher wendet sich zum Kreuz bzw. zum Sarg.

Kyrierufe (siehe auch andere Formen)

K.: Herr Jesus Christus! Du hast uns den Weg zum Vater gezeigt. Herr, erbarme dich unser.
A.: Herr, erbarme dich unser.
K.: Du hast Jünger in deine Nachfolge gerufen, um dein Werk fortzuführen. Christus, erbarme dich unser.
A.: Christus, erbarme dich unser.
K.: In deiner Auferstehung gibst du uns Anteil am Leben in Fülle. Herr, erbarme dich unser.
A.: Herr, erbarme dich unser.

Gebet

V.: Gott, unser Vater. Du hast **N.** zum priesterlichen Dienst berufen. Als Seelsorger war er für die Menschen tätig, die du ihm anvertraut hast. Wir danken dir, dass er den Menschen dein Wort verkündet und in der Feier der Eucharistie das Brot des Lebens gebrochen hat. Du kennst sein Bemühen und seine Erfolge, seine Kämpfe und Leiden, du kennst auch sein Versagen. In der Gemeinschaft der Kirche vertrauen wir ihn deiner Liebe und deiner Barmherzigkeit an. Lass ihn nun in Herrlichkeit schauen, was er uns im Glauben verkündet hat. Darum bitten wir durch Christus, unseren Herrn. **A.:** Amen.	**V.:** Gott, unser Vater. Du hast **N.** zum Dienst als Diakon berufen. Als Seelsorger war er für die Menschen tätig, die du ihm anvertraut hast. Wir danken dir, dass er den Menschen dein Wort verkündet und in der Feier der Eucharistie das Brot des Lebens gereicht hat. Du kennst sein Bemühen und seine Erfolge, seine Kämpfe und Leiden, du kennst auch sein Versagen. In der Gemeinschaft der Kirche vertrauen wir ihn deiner Liebe und deiner Barmherzigkeit an. Lass ihn nun in Herrlichkeit schauen, was er uns im Glauben verkündet hat. Darum bitten wir durch Christus, unseren Herrn. **A.:** Amen.

Begräbnis eines Priesters oder Diakons

C VERKÜNDIGUNG

V.: **Liebe Verwandte!**	V.: **Liebe Familie!**
Liebe Mitbrüder!	**Liebe Mitbrüder!**
Liebe Trauergemeinde!	**Liebe Trauergemeinde!**

Gott hat Jesus Christus von den Toten auferweckt, er schenkt uns Worte ewigen Lebens. So wollen wir hören, was Gott uns in dieser Stunde sagt.

Lesung / Evangelium

Das Evangelium soll von einem der anwesenden Diakone vorgetragen werden.
Auswahl der Kurzfassungen: siehe ANHANG I, Nummer 1–35, Seite 101–112
Weitere Auswahl: siehe „Schriftlesungen für die Messfeier für Verstorbene" im Lektionar, Band VII (Ausgabe 1986, frühere Ausgabe: Band VI/2)

Ansprache

Die Ansprache endet mit der Einladung zum stillen Gebet für den Verstorbenen, z. B.:

V.: **In stillem Gebet gedenken wir jetzt unseres verstorbenen Mitbruders** *(Ihres* z. B. *Sohnes, Bruders, Onkels)* **und unseres** *Seelsorgers* **und geben damit zum Ausdruck, dass wir in Gott mit N. über den Tod hinaus verbunden bleiben.**

V.: **In stillem Gebet gedenken wir jetzt unseres verstorbenen Mitbruders** *(Ihres* z. B. *Gatten, Vaters, Bruders)* **und unseres** *Seelsorgers* **und geben damit zum Ausdruck, dass wir in Gott mit N. über den Tod hinaus verbunden bleiben.**

Stille

Die Stille wird beendet mit den Worten:

V.: **Mitten in unserer Trauer wenden wir unseren Blick auf Gott, unsere einzige Hoffnung.**

Gesang / Volksgesang

Auswahl von Psalmen und Liedern: siehe ANHANG II: GESÄNGE (Seite 119–130)

D FÜRBITTEN

V.: Alles, was uns bewegt, tragen wir vor Gott, den Herrn über Leben und Tod. So beten wir voll Vertrauen:

Gott, unser Vater,
wir bitten dich für deinen Diener N., der uns zu dir vorausgegangen ist.
Wenn auch unsere Herzen von Trauer (und Schmerz) erfüllt sind, so danken wir dir nun für alles Gute, alle Begabungen und Talente, mit denen du unseren verstorbenen Mitbruder beschenkt hast.
Auf jede Anrufung antworten wir: Gott, wir danken dir.

S.: Für die Jahre, in denen NN. zu deinem Lob und zum Wohl der ihm anvertrauten Menschen als Priester gewirkt hat.
A.: Gott, wir danken dir.
S.: Für sein Wort, durch das er die Menschen aufgerichtet, gestärkt und getröstet hat.
A.: Gott, wir danken dir.
S.: Für die Sakramente, in denen die Menschen deine Liebe, Güte und Barmherzigkeit durch ihn erfahren durften.
A.: Gott, wir danken dir.
S.: Für sein Leben und Wirken für die Kirche, im besonderen als *(z. B. Pfarrer von XY. oder Seelsorger in XY.).*
A.: Gott, wir danken dir.

Gott, unser Vater,
wir bitten dich für deinen Diener N., der uns zu dir vorausgegangen ist.
Wenn auch unsere Herzen von Trauer (und Schmerz) erfüllt sind, so danken wir dir nun für alles Gute, alle Begabungen und Talente, mit denen du unseren verstorbenen Mitbruder beschenkt hast.
Auf jede Anrufung antworten wir: Gott, wir danken dir.

S.: Für die Jahre, in denen NN. zu deinem Lob und zum Wohl der ihm anvertrauten Menschen als Diakon gewirkt hat.
A.: Gott, wir danken dir.
S.: Für sein Wort, durch das er die Menschen aufgerichtet, gestärkt und getröstet hat.
A.: Gott, wir danken dir.
S.: Für die Sakramente, in denen die Menschen deine Liebe, Güte und Barmherzigkeit durch ihn erfahren durften.
A.: Gott, wir danken dir.
S.: Für sein Leben und Wirken für die Kirche, im besonderen als Diakon in XY..
A.: Gott, wir danken dir.

Begräbnis eines Priesters oder Diakons

V.: Lasst uns Gott bitten, dass er den verstorbenen Priester N. in sein Reich aufnimmt und ihm jene Vollendung schenkt, auf die er stets verwiesen hat. Auf jede Bitte antworten wir: Wir bitten dich, erhöre uns.
S.: Möge sein priesterlicher Dienst für uns und für die ganze Kirche gute Früchte tragen.
A.: Wir bitten dich, erhöre uns.
S.: Möge sein Tun und Wirken mit unserer Hilfe fortgeführt und durch dich vollendet werden.
A.: Wir bitten dich, erhöre uns.
S.: Verzeih ihm Schuld und Sünde und ergänze und heile, was seinem Wirken fehlt.
A.: Wir bitten dich, erhöre uns.
S.: Tröste *(die Eltern, Geschwister, Verwandten und)* unsere Gemeinde durch die Hoffnung auf ein Wiedersehen in deinem Reich, wo du alle Tränen trocknest.
A.: Wir bitten dich, erhöre uns.
S.: Hilf uns, die gute Erinnerung an ihn in unseren Herzen wach zu halten.
A.: Wir bitten dich, erhöre uns.
S.: Lass sein priesterliches Wirken zum guten Samen für neue geistliche und kirchliche Berufe sein.
A.: Wir bitten dich, erhöre uns.

V.: Lasst uns Gott bitten, dass er den verstorbenen Diakon N. in sein Reich aufnimmt und ihm jene Vollendung schenkt, auf die er stets verwiesen hat. Auf jede Bitte antworten wir: Wir bitten dich, erhöre uns.
S.: Möge sein Dienst als Diakon für uns und für die ganze Kirche gute Früchte tragen.
A.: Wir bitten dich, erhöre uns.
S.: Möge sein Tun und Wirken mit unserer Hilfe fortgeführt und durch dich vollendet werden.
A.: Wir bitten dich, erhöre uns.
S.: Verzeih ihm Schuld und Sünde und ergänze und heile, was seinem Wirken fehlt.
A.: Wir bitten dich, erhöre uns.
S.: Tröste *(die Gattin, die Kinder, Eltern, Geschwister, Verwandten und)* unsere Gemeinde durch die Hoffnung auf ein Wiedersehen in deinem Reich, wo du alle Tränen trocknest.
A.: Wir bitten dich, erhöre uns.
S.: Hilf uns, die gute Erinnerung an ihn in unseren Herzen wach zu halten.
A.: Wir bitten dich, erhöre uns.
S.: Lass sein Wirken als Diakon zum guten Samen für neue geistliche und kirchliche Berufe sein.
A.: Wir bitten dich, erhöre uns.

V.: Vereint in der Gemeinschaft der Kirche, zusammen mit Maria und allen Heiligen, mit den Lebenden und Verstorbenen, beten wir, wie Jesus uns zu beten gelehrt hat:
V./A.: **Vater unser** (siehe Seite 19)

E VERABSCHIEDUNG

V.: Nachdem wir für den Verstorbenen vertrauensvoll gebetet haben, müssen wir nun von seinem vergänglichen Leib Abschied nehmen. Wir tun dies in der Hoffnung, dass Gott ihn an der Auferstehung Jesu Christi teilhaben lässt und ihn in den ewigen Wohnungen mit allen Heiligen zur Vollendung führt.

Der Vorsteher legt Weihrauch ein.

V.: N., im Wasser und im Heiligen Geist wurdest du getauft.
Der Herr vollende an dir, was er in der Taufe begonnen hat.

Er besprengt den Sarg mit Weihwasser, dann wendet er sich zur Trauergemeinde, besprengt sie mit Weihwasser und spricht:

V.: Durch die Taufe bleiben auch wir mit **NN.** verbunden im Namen des Vaters und des Sohnes und des Heiligen Geistes.

Der Vorsteher beräuchert gegebenenfalls den Sarg und spricht dazu:

V.: Dein Leib war Gottes Wohnung. Der Herr schenke dir ewige Freude.

V.: Heiliger, starker Gott,
wir danken dir, dass du durch die Auferstehung Jesu Christi in dem Dunkel der Welt und des Todes ein Licht leuchten lässt.
Gib uns die Kraft, in unserem Leben diesem Licht zu folgen, bis wir alle zu dir gelangen.
Durch Christus, unseren Herrn.
A.: Amen.

V./A.: Im Namen des Vaters und des Sohnes und des Heiligen Geistes. Amen.

Orgel / Gesang / Volksgesang

Auszug

Begräbnis eines Priesters oder Diakons

F AM GRAB

Sobald die Trauergemeinde am Grab versammelt ist, kann der Vorsteher das Grab segnen und dazu folgendes Gebet sprechen:

V.: *Herr, unser Gott, dein sind wir im Leben und im Tod.*
Wir bitten dich, segne ✝ dieses Grab und führe deinen Diener N., dessen Leib wir hier bestatten, zur Auferstehung, zum Leben in deinem Reich.
Uns aber stärke im Glauben an das Geheimnis des Lebens in Jesus Christus, unserem Herrn.
A.: *Amen.*

V.: *Christus spricht: Ich bin die Auferstehung und das Leben. Wer an mich glaubt, wird leben, auch wenn er stirbt.* Joh 11,25

V.: *Wir übergeben den Leib der Erde. Wir hoffen, dass Gott, der Jesus von den Toten auferweckt hat, auch unseren Mitbruder N. an der Auferstehung Jesu Christi teilhaben lässt.*
Der Sarg wird versenkt.

V.: *N., Gott wird an dir vollenden, was er in der Taufe begonnen hat, denn er ist treu.*
Der Vorsteher besprengt den Sarg mit Weihwasser.

V.: *Dein Leib war Gottes Wohnung.*
Der Herr schenke dir ewige Freude.
Der Vorsteher beräuchert den Sarg mit Weihrauch.

Der Vorsteher streut Erde auf den Sarg und spricht:

V.: *N., dein Leib ist der Vergänglichkeit unterworfen, daher kehrt er zur Erde zurück.*
Gott wird dir helfen und deine Wege ebnen. Vgl. Sir 2,6

Der Vorsteher macht das Kreuzzeichen über das Grab und spricht:

V.: *Im Kreuz unseres Herrn Jesus ✝ Christus ist Auferstehung und Heil.*

Der Vorsteher weist mit der Hand zum Sarg und spricht:
V.: **Der Friede sei mit dir.**

V.: **Gütiger Gott,**
dein Sohn Jesus Christus hat sich im Leiden erniedrigt und dadurch die gefallene Welt wieder aufgerichtet; er hat den Tod überwunden und uns den Zugang zum ewigen Leben eröffnet.
Schenke unserem Mitbruder und einst auch uns allen die Freude des Lebens in der Gemeinschaft mit dir.
Darum bitten wir durch Christus, unseren Herrn.
A.: **Amen.**

V.: **Bekennen wir nun unseren Glauben an Gott, der die Toten zum Leben erweckt, indem wir das Apostolische Glaubensbekenntnis sprechen:**
V./A.: **Ich glaube an Gott** (siehe Seite 23)

V.: **Zum Schluss dieser Trauerfeier empfehlen wir unseren verstorbenen Mitbruder N. und uns selbst Maria, der Mutter unseres Herrn.**
V./A.: **Gegrüßet seist du, Maria** (siehe Seite 23)
oder die Marianische Schlussantiphon **Salve Regina** (siehe Seite 128 f)

V.: *Herr, gib unserem verstorbenen Mitbruder N. und allen Verstorbenen das ewige Leben.*
A.: *Und das ewige Licht leuchte ihnen.*
V.: *Lass sie leben in deinem Frieden.*
A.: *Amen.*

oder ein anderes **Segenswort** (siehe auch Seite 79 f), z. B.:

V.: *Es segne euch der Vater unseres Herrn Jesus Christus, der Gott allen Trostes, der uns tröstet in jeder Trübsal!*
A.: *Amen.*
V.: *Den Lebenden gewähre er Verzeihung der Sünden, den Verstorbenen schenke er seinen Frieden!*
A.: *Amen.*
V.: *Ob wir leben oder sterben, über uns alle erbarme sich Christus, der wahrhaft vom Tod erstanden ist.*
A.: *Amen.*
V.: *Das gewähre euch der dreieinige Gott, der Vater und* ✚ *der Sohn und der Heilige Geist.*
A.: *Amen.*

FORM XI

Begräbnis eines/einer Angehörigen geistlicher Gemeinschaften

A EINZUG (siehe Seite 13, Elemente der Begräbnisfeier: Nr. 9.)

B ERÖFFNUNG

Der Vorsteher spricht die Verwandten, die Mitglieder der geistlichen Gemeinschaft, die Pfarrgemeinde bzw. die Menschen, die der/die Verstorbene im Auftrag der Kirche betreut hat, und alle anwesenden Begräbnisteilnehmer an.
Er schließt die Anrede in etwa mit folgenden Worten:

Beim Begräbnis eines Ordensmannes:	*Beim Begräbnis einer Ordensfrau:*
V.: Brüder und Schwestern! Wir haben uns versammelt, um den vergänglichen Leib unseres verstorbenen Bruders NN. in Ehren zu Grabe zu geleiten. Wir beten für ihn in Verbundenheit mit seiner Gemeinschaft und der ganzen Kirche und beginnen den Gottesdienst im Namen des Vaters und des Sohnes und des Heiligen Geistes. **A.: Amen.**	**V.: Schwestern und Brüder! Wir haben uns versammelt, um den vergänglichen Leib unserer verstorbenen Schwester NN. in Ehren zu Grabe zu geleiten. Wir beten für sie in Verbundenheit mit ihrer Gemeinschaft und der ganzen Kirche und beginnen den Gottesdienst im Namen des Vaters und des Sohnes und des Heiligen Geistes.** **A.: Amen.**

V.: Gepriesen sei der Gott und Vater Jesu Christi, unseres Herrn, der Vater des Erbarmens und der Gott allen Trostes. Er tröstet uns in all unserer Not. *2 Kor 1,3–4a*

Dieser Tod *(erfüllt uns mit Trauer und)* macht uns betroffen. Doch als Christen leben wir aus dem Glauben, dass Gott unseren Mitbruder und einst auch uns in seine Gemeinschaft aufnimmt. So rufen wir:

Dieser Tod *(erfüllt uns mit Trauer und)* macht uns betroffen. Doch als Christen leben wir aus dem Glauben, dass Gott unsere Mitschwester und einst auch uns in seine Gemeinschaft aufnimmt. So rufen wir:

Der Vorsteher wendet sich zum Kreuz bzw. zum Sarg.

Kyrierufe (siehe auch andere Formen)

K.: Herr Jesus Christus, du hast uns den Weg zum Vater gezeigt: Herr, erbarme dich unser.
A.: Herr, erbarme dich unser.

K.: Du hast ihn zum Leben nach den evangelischen Räten berufen, um dein Werk fortzuführen.
Christus, erbarme dich unser.

K.: Du hast sie zum Leben nach den evangelischen Räten berufen, um dein Werk fortzuführen.
Christus, erbarme dich unser.

A.: Christus, erbarme dich unser.
K.: In deiner Auferstehung gibst du uns Anteil am Leben in Fülle. Herrn, erbarme dich unser.
A.: Herr, erbarme dich unser.

Gebet

V.: Herr Jesus Christus, du hast allen, die um deinetwillen auf eigenen Besitz und eine Familie verzichten, das Hundertfache in dieser Zeit und in der kommenden Welt das ewige Leben versprochen. Wir bitten dich für unseren Bruder N.. Gläubig hat er deinen Ruf vernommen und ist dir nachgefolgt. Verzeih ihm, was in seinem Leben dieser Berufung nicht entsprochen hat. Und da er den Willen hatte, in der Gemeinschaft seiner Brüder

V.: Herr Jesus Christus, du hast allen, die um deinetwillen auf eigenen Besitz und eine Familie verzichten, das Hundertfache in dieser Zeit und in der kommenden Welt das ewige Leben versprochen. Wir bitten dich für unsere Schwester N.. Gläubig hat sie deinen Ruf vernommen und ist dir nachgefolgt. Verzeih ihr, was in ihrem Leben dieser Berufung nicht entsprochen hat. Und da sie den Willen hatte, in der Gemeinschaft ihrer Schwestern

Angehörige geistlicher Gemeinschaften

dir treu und standhaft zu dienen, so lass ihn nun eingehen in deine Freude, die alle Vorstellungen übertrifft. Denn du bist gut und menschenfreundlich; dich preisen wir mit dem Vater und dem lebenspendenden Heiligen Geist in alle Ewigkeit.
A.: Amen.

dir treu und standhaft zu dienen, so lass sie nun eingehen in deine Freude, die alle Vorstellungen übertrifft. Denn du bist gut und menschenfreundlich; dich preisen wir mit dem Vater und dem lebenspendenden Heiligen Geist in alle Ewigkeit.
A.: Amen.

C VERKÜNDIGUNG

V.: **Liebe Brüder!**
Liebe Verwandte!
Liebe Trauergemeinde!

V.: **Liebe Schwestern!**
Liebe Verwandte!
Liebe Trauergemeinde!

Gott hat Jesus Christus von den Toten auferweckt, er schenkt uns Worte ewigen Lebens. So wollen wir hören, was Gott uns in dieser Stunde sagt.

Lesung / Evangelium

Auswahl der Kurzfassungen: siehe ANHANG I, Nummer 1–35, Seite 101–112
Weitere Auswahl: siehe „Schriftlesungen für die Messfeier für Verstorbene" im Lektionar, Band VII (Ausgabe 1986, frühere Ausgabe: Band VI/2)

Ansprache

Die Ansprache endet mit der Einladung zum stillen Gebet für den Verstorbenen / die Verstorbene, z. B.:

V.: **In stillem Gebet gedenken wir jetzt unseres verstorbenen Bruders und geben damit zum Ausdruck, dass wir in Gott mit NN. über den Tod hinaus verbunden bleiben.**

V.: **In stillem Gebet gedenken wir jetzt unserer verstorbenen Schwester und geben damit zum Ausdruck, dass wir in Gott mit NN. über den Tod hinaus verbunden bleiben.**

Stille

Die Stille wird beendet mit den Worten:
V.: Mitten in unserer Trauer wenden wir unseren Blick auf Gott, unsere einzige Hoffnung.

Gesang / Volksgesang

Auswahl von Psalmen und Liedern: siehe ANHANG II: GESÄNGE (Seite 119–130)

D FÜRBITTEN

V.: Alles, was uns bewegt, tragen wir vor Gott, den Herrn über Leben und Tod. So beten wir voll Vertrauen:

Gott, unser Vater, wir bitten dich für deinen Diener **NN.**, der uns zu dir vorausgegangen ist.	Gott, unser Vater, wir bitten dich für deine Dienerin **NN.**, die uns zu dir vorausgegangen ist.
Wenn auch unsere Herzen von Trauer erfüllt sind, so danken wir dir nun für alles Gute, alle Begabungen und Talente, mit denen du unseren verstorbenen Bruder beschenkt hast. (Auf jede Anrufung antworten wir: Gott, wir danken dir.)	Wenn auch unsere Herzen von Trauer erfüllt sind, so danken wir dir nun für alles Gute, alle Begabungen und Talente, mit denen du unsere verstorbene Schwester beschenkt hast. (Auf jede Anrufung antworten wir: Gott, wir danken dir.)
S.: Für die Jahre in unserem Orden (unserer Gemeinschaft), in denen **NN.** zu deinem Lob und zum Wohl der ihm anvertrauten Menschen gewirkt hat: **A.:** Gott, wir danken dir.	**S.:** Für die Jahre in unserem Orden (unserer Gemeinschaft), in denen **NN.** zu deinem Lob und zum Wohl der ihr anvertrauten Menschen gewirkt hat: **A.:** Gott, wir danken dir.
S.: Für sein Wort, durch das er die Mitbrüder (und die Menschen, zu denen er gesandt war) aufgerichtet, gestärkt und getröstet hat: **A.:** Gott, wir danken dir.	**S.:** Für ihr Wort, durch das sie die Mitschwestern (und die Menschen, zu denen sie gesandt war) aufgerichtet, gestärkt und getröstet hat: **A.:** Gott, wir danken dir.
S.: Für das Zeugnis, die Gebete und guten Werke, in denen die Menschen deine Liebe, Güte	**S.:** Für das Zeugnis, die Gebete und guten Werke, in denen die Menschen deine Liebe, Güte

Angehörige geistlicher Gemeinschaften

und Barmherzigkeit durch ihn erfahren durften:
A.: Gott, wir danken dir.
S.: Für sein Leben und Wirken für die Kirche (im besonderen als X in Y):
A.: Gott, wir danken dir.
V.: Lasst uns Gott bitten, dass er den verstorbenen Mitbruder NN. in sein Reich aufnimmt und ihm jene Vollendung schenkt, auf die er stets verwiesen hat.

(Auf jede Bitte antworten wir: Wir bitten dich, erhöre uns.)

S.: Möge sein Dienst für uns und für die ganze Kirche gute Früchte tragen.
A.: Wir bitten dich, erhöre uns.
S.: Möge sein Tun und Wirken mit unserer Hilfe fortgeführt und durch dich vollendet werden.
A.: Wir bitten dich, erhöre uns.
S.: Verzeih ihm Schuld und Sünde, und ergänze und heile, was seinem Wirken fehlt.
A.: Wir bitten dich, erhöre uns.
S.: Verzeih uns, was wir unserem Verstorbenen schuldig geblieben sind.
A.: Wir bitten dich, erhöre uns.
S.: Tröste die trauernden (Eltern, Geschwister, Verwandten) und unsere Gemeinschaft durch die Hoffnung auf ein Wiedersehen in deinem Reich, wo du alle Tränen trocknest.
A.: Wir bitten dich, erhöre uns.
S.: Lass sein geistliches Wirken zum guten Samen für neue

und Barmherzigkeit durch sie erfahren durften:
A.: Gott, wir danken dir.
S.: Für ihr Leben und Wirken für die Kirche (im besonderen als X in Y):
A.: Gott, wir danken dir.
V.: Lasst uns Gott bitten, dass er die verstorbene Mitschwester NN. in sein Reich aufnimmt und ihr jene Vollendung schenkt, auf die sie stets verwiesen hat.

(Auf jede Bitte antworten wir: Wir bitten dich, erhöre uns.)

S.: Möge ihr Dienst für uns und für die ganze Kirche gute Früchte tragen.
A.: Wir bitten dich, erhöre uns.
S.: Möge ihr Tun und Wirken mit unserer Hilfe fortgeführt und durch dich vollendet werden.
A.: Wir bitten dich, erhöre uns.
S.: Verzeih ihr Schuld und Sünde, und ergänze und heile, was ihrem Wirken fehlt.
A.: Wir bitten dich, erhöre uns.
S.: Verzeih uns, was wir unserer Verstorbenen schuldig geblieben sind.
A.: Wir bitten dich, erhöre uns.
S.: Tröste die trauernden (Eltern, Geschwister, Verwandten) und unsere Gemeinschaft durch die Hoffnung auf ein Wiedersehen in deinem Reich, wo du alle Tränen trocknest.
A.: Wir bitten dich, erhöre uns.
S.: Lass ihr geistliches Wirken zum guten Samen für neue

geistliche und kirchliche Berufe sein.
A.: Wir bitten dich, erhöre uns.
S.: Hilf uns, die gute Erinnerung an ihn in unseren Herzen wach zu halten.
A.: Wir bitten dich, erhöre uns.

geistliche und kirchliche Berufe sein.
A.: Wir bitten dich, erhöre uns.
S.: Hilf uns, die gute Erinnerung an sie in unseren Herzen wach zu halten.
A.: Wir bitten dich, erhöre uns.

V.: Vereint in der Gemeinschaft der Kirche, zusammen mit Maria und allen Heiligen, mit den Lebenden und Verstorbenen beten wir, wie Jesus uns zu beten gelehrt hat:
V./A.: Vater unser (siehe Seite 19)

E VERABSCHIEDUNG

V.: Nachdem wir für unseren Mitbruder vertrauensvoll gebetet haben, müssen wir nun von seinem vergänglichen Leib Abschied nehmen. Wir tun dies in der Hoffnung, dass Gott ihn an der Auferstehung Jesu Christi teilhaben lässt und ihn in den ewigen Wohnungen mit den Heiligen zur Vollendung führt.

V.: Nachdem wir für unsere Mitschwester vertrauensvoll gebetet haben, müssen wir nun von ihrem vergänglichen Leib Abschied nehmen. Wir tun dies in der Hoffnung, dass Gott sie an der Auferstehung Jesu Christi teilhaben lässt und sie in den ewigen Wohnungen mit den Heiligen zur Vollendung führt.

Der Vorsteher legt Weihrauch ein.

V.: N., im Wasser und im Heiligen Geist wurdest du getauft. Der Herr vollende an dir, was er in der Taufe begonnen hat.

Er besprengt den Sarg mit Weihwasser, dann wendet er sich zur Trauergemeinde, besprengt sie mit Weihwasser und spricht:

V.: Durch die Taufe bleiben auch wir mit **NN.** verbunden im Namen des Vaters und des Sohnes und des Heiligen Geistes.

Der Vorsteher beräuchert gegebenenfalls den Sarg und spricht dazu:

V.: Dein Leib war Gottes Wohnung. Der Herr schenke dir ewige Freude.

Angehörige geistlicher Gemeinschaften

V.: Heiliger, starker Gott,
wir danken dir, dass du durch die Auferstehung Jesu Christi in dem Dunkel der Welt und des Todes ein Licht leuchten lässt.
Gib uns die Kraft, in unserem Leben diesem Licht zu folgen, bis wir alle zu dir gelangen.
Durch Christus, unseren Herrn.
A.: Amen.

V./A.: Im Namen des Vaters und des Sohnes und des Heiligen Geistes. Amen.

Orgel / Gesang / Volksgesang

Auszug

F AM GRAB

Sobald die Trauergemeinde am Grab versammelt ist, kann der Vorsteher das Grab segnen und dazu folgendes Gebet sprechen:

V.: Herr, unser Gott, dein sind wir im Leben und im Tod. Wir bitten dich, segne ✛ dieses Grab und führe deinen Diener N., dessen Leib wir hier bestatten, zur Auferstehung, zum Leben in deinem Reich. Uns aber stärke im Glauben an das Geheimnis des Lebens in Jesus Christus, unserem Herrn. **A.:** Amen.	**V.:** Herr, unser Gott, dein sind wir im Leben und im Tod. Wir bitten dich, segne ✛ dieses Grab und führe deine Dienerin N., deren Leib wir hier bestatten, zur Auferstehung, zum Leben in deinem Reich. Uns aber stärke im Glauben an das Geheimnis des Lebens in Jesus Christus, unserem Herrn. **A.:** Amen.

V.: Christus spricht: Ich bin die Auferstehung und das Leben. Wer an mich glaubt, wird leben, auch wenn er stirbt.   **Joh 11,25**

V.: Wir übergeben den Leib der Erde. Wir hoffen, dass Gott, der Jesus von den Toten auferweckt hat, auch unseren Mitbruder N. an der Auferstehung Jesu Christi teilhaben lässt.	**V.:** Wir übergeben den Leib der Erde. Wir hoffen, dass Gott, der Jesus von den Toten auferweckt hat, auch unsere Mitschwester N. an der Auferstehung Jesu Christi teilhaben lässt.

Der Sarg wird versenkt.

V.: N., im Wasser und im Heiligen Geist wurdest du getauft. Gott wird an dir vollenden, was er in der Taufe begonnen hat, denn Gott ist treu.
Der Vorsteher besprengt den Sarg mit Weihwasser.

**V.: Dein Leib war Gottes Wohnung.
Der Herr schenke dir ewige Freude.**
Der Vorsteher beräuchert den Sarg mit Weihrauch.
Der Vorsteher streut Erde auf den Sarg und spricht:

**V.: N., dein Leib ist der Vergänglichkeit unterworfen, daher kehrt er zur Erde zurück.
Gott wird dir helfen und deine Wege ebnen.** Vgl. Sir 2,6

Der Vorsteher macht das Kreuzzeichen über das Grab und spricht:

V.: Im Kreuz unseres Herrn Jesus ✝ Christus ist Auferstehung und Heil.

Der Vorsteher weist mit der Hand zum Sarg und spricht:

V.: Der Friede sei mit dir.

V.: Gütiger Gott, dein Sohn Jesus Christus hat sich im Leiden erniedrigt und dadurch die gefallene Welt wieder aufgerichtet; er hat den Tod überwunden und uns den Zugang zum ewigen Leben eröffnet. Schenke unserem Mitbruder und einst auch uns allen die Freude des Lebens in der Gemeinschaft mit dir. Darum bitten wir durch Christus, unseren Herrn. **A.: Amen.**	**V.: Gütiger Gott, dein Sohn Jesus Christus hat sich im Leiden erniedrigt und dadurch die gefallene Welt wieder aufgerichtet; er hat den Tod überwunden und uns den Zugang zum ewigen Leben eröffnet. Schenke unserer Mitschwester und einst auch uns allen die Freude des Lebens in der Gemeinschaft mit dir. Darum bitten wir durch Christus, unseren Herrn.** **A.: Amen.**

V.: Bekennen wir nun unseren Glauben an Gott, der die Toten zum Leben erweckt, indem wir das Apostolische Glaubensbekenntnis sprechen:
V./A.: Ich glaube an Gott (siehe Seite 23)

Angehörige geistlicher Gemeinschaften

V.: Zum Schluss dieser Trauerfeier empfehlen wir unseren verstorbenen Bruder N. und uns selbst Maria, der Mutter unseres Herrn.	**V.:** Zum Schluss dieser Trauerfeier empfehlen wir unsere verstorbene Schwester N. und uns selbst Maria, der Mutter unseres Herrn.

V./A.: Gegrüßet seist du, Maria (siehe Seite 23)
oder die Marianische Schlussantiphon **Salve Regina** (siehe Seite 128 f)

V.: *Herr, gib unserem verstorbenen Bruder N. die Erfüllung seiner Sehnsucht und vollende sein Leben in dir.* *Lass ihn dein Angesicht schauen und leben in deinem Frieden.* **A.:** *Amen.*	**V.:** *Herr, gib unserer verstorbenen Schwester N. die Erfüllung ihrer Sehnsucht und vollende ihr Leben in dir.* *Lass sie dein Angesicht schauen und leben in deinem Frieden.* **A.:** *Amen.*

oder ein anderes **Segenswort** (siehe Seite 71 f)

FORM XII
Begräbnis eines/einer Pfarrassistenten/Pfarrassistentin Pastoralassistenten/Pastoralassistentin Religionslehrers/Religionslehrerin

A EINZUG (siehe Seite 13, Elemente der Begräbnisfeier: Nr. 9.)

B ERÖFFNUNG

Der Vorsteher spricht die Familie und die Verwandten, die Pfarrgemeinde bzw. die Menschen, die der/die Verstorbene seelsorglich betreut hat, und alle anwesenden Begräbnisteilnehmer an.
Er schließt die Anrede in etwa mit folgenden Worten:

Beim Begräbnis eines Mannes:

V.: Brüder und Schwestern! Wir haben uns versammelt, um den vergänglichen Leib unseres verstorbenen *Pfarrassistenten (Pastoralassistenten, Religionslehrers)* **NN.** in Ehren zu Grabe zu geleiten.
Wir beten für ihn in Verbundenheit mit seiner Gemeinde und der Kirche von Wien und beginnen den Gottesdienst im Namen des Vaters und des Sohnes und des Heiligen Geistes.
A.: Amen.

Beim Begräbnis einer Frau:

V.: Schwestern und Brüder! Wir haben uns versammelt, um den vergänglichen Leib unserer verstorbenen *Pfarrassistentin (Pastoralassistentin, Religionslehrerin)* **NN.** in Ehren zu Grabe zu geleiten.
Wir beten für sie in Verbundenheit mit ihrer Gemeinde und der Kirche von Wien und beginnen den Gottesdienst im Namen des Vaters und des Sohnes und des Heiligen Geistes.

V.: Gepriesen sei der Gott und Vater Jesu Christi, unseres Herrn, der Vater des Erbarmens und der Gott allen Trostes. Er tröstet uns in all unserer Not.   2 Kor 1,3–4a

Pastoralassistenten/Religionslehrer

V.: Dieser Tod (erfüllt uns mit Trauer und) macht uns betroffen. Doch als Christen leben wir aus dem Glauben, dass Gott unseren Mitbruder und einst auch uns in seine Gemeinschaft aufnimmt.
So rufen wir gemeinsam:

V.: Dieser Tod (erfüllt uns mit Trauer und) macht uns betroffen. Doch als Christen leben wir aus dem Glauben, dass Gott unsere Mitschwester und einst auch uns in seine Gemeinschaft aufnimmt.
So rufen wir gemeinsam:

Der Vorsteher wendet sich zum Kreuz bzw. zum Sarg.

Kyrierufe (siehe auch andere Formen)
K.: Herr Jesus Christus! Du hast uns den Weg zum Vater gezeigt. Herr, erbarme dich unser.
A.: Herr, erbarme dich unser.
K.: Du hast Menschen in deinen Dienst gerufen, um dein Werk fortzuführen. Christus, erbarme dich unser.
A.: Christus, erbarme dich unser.
K.: In deiner Auferstehung gibst du uns Anteil am Leben in Fülle. Herr, erbarme dich unser.
A.: Herr, erbarme dich unser.

Gebet

V.: Gott, unser Vater.
Du hast N. zum Dienst als *Pfarrassistenten* (Pastoralassistenten, Religionslehrer) **berufen. Er war für die Menschen tätig, die du ihm anvertraut hast. Wir danken wir, dass er den Menschen dein Wort verkündet und durch sein Leben bezeugt hat. Du kennst sein Bemühen und seine Erfolge, seine Kämpfe und Leiden, du kennst auch sein Versagen. In der Gemeinschaft der Kirche vertrauen wir ihn deiner Liebe und deiner Barmherzigkeit an.**

V.: Gott, unser Vater.
Du hast N. zum Dienst als *Pfarrassistentin* (Pastoralassistentin, Religionslehrerin) **berufen. Sie war für die Menschen tätig, die du ihr anvertraut hast. Wir danken dir, dass sie den Menschen dein Wort verkündet und durch ihr Leben bezeugt hat. Du kennst ihr Bemühen und ihre Erfolge, ihre Kämpfe und Leiden, du kennst auch ihr Versagen. In der Gemeinschaft der Kirche vertrauen wir sie deiner Liebe und deiner Barmherzigkeit an.**

Lass ihn nun in Herrlichkeit schauen, was er uns im Glauben verkündet hat. Darum bitten wir durch Christus, unseren Herrn. **A.:** Amen.	Lass sie nun in Herrlichkeit schauen, was sie uns im Glauben verkündet hat. Darum bitten wir durch Christus, unseren Herrn. **A.:** Amen.

C VERKÜNDIGUNG

**V.: Liebe Familie und Verwandte! Liebe Mitbrüder! Liebe Mitschwestern! Liebe Trauergemeinde!
Gott hat Jesus Christus von den Toten auferweckt, er schenkt uns Worte ewigen Lebens. So wollen wir hören, was Gott uns in dieser Stunde sagt.**

Lesung / Evangelium

Auswahl der Kurzfassungen: siehe ANHANG I, Nummer 1–35, Seite 101–112
Weitere Auswahl: siehe „Schriftlesungen für die Messfeier für Verstorbene" im Lektionar, Band VII (Ausgabe 1986, frühere Ausgabe: Band VI/2)

Ansprache

Die Ansprache endet mit der Einladung zum stillen Gebet für den Verstorbenen / die Verstorbene, z. B.:

V.: In stillem Gebet gedenken wir jetzt *(Ihres z. B. Gatten, Vaters, Sohnes, Bruders und)* **unseres** *Pfarrassistenten (Pastoralassistenten, Religionslehrers)* **und bringen damit zum Ausdruck, dass wir in Gott mit NN. über den Tod hinaus verbunden bleiben.**	**V.: In stillem Gebet gedenken wir jetzt** *(Ihrer z. B. Gattin, Mutter, Tochter, Schwester und)* **unserer** *Pfarrassistentin (Pastoralassistentin, Religionslehrerin)* **und bringen damit zum Ausdruck, dass wir in Gott mit NN. über den Tod hinaus verbunden bleiben.**

Stille

V.: Mitten in unserer Trauer wenden wir unseren Blick auf Gott, unsere einzige Hoffnung.

Pastoralassistenten/Religionslehrer

Gesang / Volksgesang

Auswahl von Psalmen und Liedern: siehe ANHANG II: GESÄNGE (Seite 119–130)

FÜRBITTEN

V.: Alles, was uns bewegt, tragen wir vor Gott, den Herrn über Leben und Tod. So beten wir voll Vertrauen:
Gott, unser Vater,
wir bitten dich für deinen Diener N., der uns zu dir vorausgegangen ist.
Wenn auch unsere Herzen von Trauer (und Schmerz) erfüllt sind, so danken wir dir nun für alles Gute, alle Begabungen und Talente, mit denen du unseren verstorbenen Bruder beschenkt hast.
Auf jede Anrufung antworten wir: Gott, wir danken dir.
S.: Für die Jahre, in denen NN. zu deinem Lob und zum Wohl der ihm anvertrauten Menschen gewirkt hat:
A.: Gott, wir danken dir.
S.: Für sein Wort, durch das er die Menschen aufgerichtet, gestärkt und getröstet hat:
A.: Gott, wir danken dir.
S.: Für die Zeichen, in denen die Menschen deine Liebe, Güte und Barmherzigkeit durch ihn erfahren durften:
A.: Gott, wir danken dir.
S.: Für sein Leben und sein pastorales Wirken in der Kirche.
A.: Gott, wir danken dir.

V.: Alles, was uns bewegt, tragen wir vor Gott, den Herrn über Leben und Tod. So beten wir voll Vertrauen:
Gott, unser Vater,
wir bitten dich für deine Dienerin N., die uns zu dir vorausgegangen ist.
Wenn auch unsere Herzen von Trauer (und Schmerz) erfüllt sind, so danken wir dir nun für alles Gute, alle Begabungen und Talente, mit denen du unsere verstorbene Schwester beschenkt hast.
Auf jede Anrufung antworten wir: Gott, wir danken dir.
S.: Für die Jahre, in denen NN. zu deinem Lob und zum Wohl der ihr anvertrauten Menschen gewirkt hat:
A.: Gott, wir danken dir.
S.: Für ihr Wort, durch das sie die Menschen aufgerichtet, gestärkt und getröstet hat:
A.: Gott, wir danken dir.
S.: Für die Zeichen, in denen die Menschen deine Liebe, Güte und Barmherzigkeit durch sie erfahren durften:
A.: Gott, wir danken dir.
S.: Für ihr Leben und ihr pastorales Wirken in der Kirche.
A.: Gott, wir danken dir.

V.: Lasst uns Gott bitten, dass er den verstorbenen *Pfarrassistenten (Pastoralassistenten, Religionslehrer)* **NN.** in sein Reich aufnimmt und ihm jene Vollendung schenkt, auf die er stets verwiesen hat.
Auf jede Bitte antworten wir.
Wir bitten dich, erhöre uns.
S.: Möge sein pastoraler Dienst für uns und für die ganze Kirche gute Früchte tragen.
A.: Wir bitten dich, erhöre uns.
S.. Möge sein Tun und Wirken mit unserer Hilfe fortgeführt und durch dich vollendet werden.
A.: Wir bitten dich, erhöre uns.
S.: Verzeih ihm Schuld und Sünde, und ergänze und heile, was seinem Wirken fehlt.
A.: Wir bitten dich, erhöre uns.
S.: Verzeih uns, was wir ihm schuldig geblieben sind.
A.: Wir bitten dich, erhöre uns.
S.: Tröste *(die Gattin, die Kinder, Eltern, Geschwister, Verwandten und)* **unsere Gemeinde** durch die Hoffnung auf ein Wiedersehen in deinem Reich, wo du alle Tränen trocknest.
A.: Wir bitten dich, erhöre uns.
S.: Hilf uns, die gute Erinnerung an ihn in unseren Herzen wach zu halten.
A.: Wir bitten dich, erhöre uns.
S.: Lass sein pastorales Wirken zum guten Samen für neue geistliche und kirchliche Berufe sein.
A.: Wir bitten dich, erhöre uns.

V.: Lasst uns Gott bitten, dass er die verstorbene *Pfarrassistentin (Pastoralassistentin, Religionslehrerin)* **NN.** in sein Reich aufnimmt und ihr jene Vollendung schenkt, auf die sie stets verwiesen hat.
Auf jede Bitte antworten wir:
Wir bitten dich, erhöre uns.
S.: Möge ihr pastoraler Dienst für uns und für die ganze Kirche gute Früchte tragen.
A.: Wir bitten dich, erhöre uns.
S.: Möge ihr Tun und Wirken mit unserer Hilfe fortgeführt und durch dich vollendet werden.
A.: Wir bitten dich, erhöre uns.
S.: Verzeih ihr Schuld und Sünde, und ergänze und heile, was ihrem Wirken fehlt.
A.: Wir bitten dich, erhöre uns.
S.: Verzeih uns, was wir ihr schuldig geblieben sind.
A.: Wir bitten dich, erhöre uns.
S.: Tröste *(den Gatten, die Kinder, Eltern, Geschwister, Verwandten und)* **unsere Gemeinde** durch die Hoffnung auf ein Wiedersehen in deinem Reich, wo du alle Tränen trocknest.
A.: Wir bitten dich, erhöre uns.
S.: Hilf uns, die gute Erinnerung an sie in unseren Herzen wach zu halten.
A.: Wir bitten dich, erhöre uns.
S.: Lass ihr pastorales Wirken zum guten Samen für neue geistliche und kirchliche Berufe sein.
A.: Wir bitten dich, erhöre uns.

Pastoralassistenten/Religionslehrer 87

V.: Vereint in der Gemeinschaft der Kirche, zusammen mit Maria und allen Heiligen, mit den Lebenden und Verstorbenen beten wir, wie Jesus uns zu beten gelehrt hat:
V./A.: **Vater unser** (siehe Seite 19)

E VERABSCHIEDUNG

V.: Nachdem wir für unseren *Pfarrassistenten (Pastoralassistenten, Religionslehrer)* **vertrauensvoll gebetet haben, müssen wir nun von seinem vergänglichen Leib Abschied nehmen. Wir tun dies in der Hoffnung, dass Gott ihn an der Auferstehung Jesu Christi teilhaben lässt und ihn in den ewigen Wohnungen mit den Heiligen zur Vollendung führt.**

V.: Nachdem wir für unsere *Pfarrassistentin (Pastoralassistentin, Religionslehrerin)* **vertrauensvoll gebetet haben, müssen wir nun von ihrem vergänglichen Leib Abschied nehmen. Wir tun dies in der Hoffnung, dass Gott sie an der Auferstehung Jesu Christi teilhaben lässt und sie in den ewigen Wohnungen mit den Heiligen zur Vollendung führt.**

Der Vorsteher legt Weihrauch ein.

V.: N., im Wasser und im Heiligen Geist wurdest du getauft. Der Herr vollende an dir, was er in der Taufe begonnen hat.

Er besprengt den Sarg mit Weihwasser, dann wendet er sich zur Trauergemeinde, besprengt sie mit Weihwasser und spricht:

V.: Durch die Taufe bleiben auch wir mit **NN.** verbunden im Namen des Vaters und des Sohnes und des Heiligen Geistes.

Der Vorsteher beräuchert gegebenenfalls den Sarg und spricht dazu:

V.: Dein Leib war Gottes Wohnung. Der Herr schenke dir ewige Freude.

V.: Heiliger, starker Gott,
wir danken dir, dass du durch die Auferweckung Jesu Christi in dem Dunkel der Welt und des Todes ein Licht leuchten lässt. Gib uns die Kraft, in unserem Leben diesem Licht zu folgen, bis wir alle zu dir gelangen.
Durch Christus, unseren Herrn.
A.: Amen.

V./A.: Im Namen des Vaters und des Sohnes und des Heiligen Geistes. Amen.

Orgel / Gesang / Volksgesang

Auszug

F AM GRAB

Sobald die Trauergemeinde am Grab versammelt ist, kann der Vorsteher das Grab segnen und dazu folgendes Gebet sprechen:

V.: Herr, unser Gott, dein sind wir im Leben und im Tod. Wir bitten dich, segne ✠ dieses Grab und führe deinen Diener N., dessen Leib wir hier bestatten, zur Auferstehung und zum Leben in deinem Reich. Uns aber stärke im Glauben an das Geheimnis des Lebens in Jesus Christus, unserem Herrn. **A.:** Amen.	**V.:** Herr, unser Gott, dein sind wir im Leben und im Tod. Wir bitten dich, segne ✠ dieses Grab und führe deine Dienerin N., deren Leib wir hier bestatten, zur Auferstehung und zum Leben in deinem Reich. Uns aber stärke im Glauben an das Geheimnis des Lebens in Jesus Christus, unserem Herrn. **A.:** Amen.

V.: Christus spricht: Ich bin die Auferstehung und das Leben. Wer an mich glaubt, wird leben, auch wenn er stirbt. Joh 11,25

V.: Wir übergeben den Leib der Erde. Wir hoffen, dass Gott, der Jesus von den Toten auferweckt hat, auch unseren Mitbruder N. an der Auferstehung Jesu Christi teilhaben lässt.	**V.:** Wir übergeben den Leib der Erde. Wir hoffen, dass Gott, der Jesus von den Toten auferweckt hat, auch unsere Mitschwester N. an der Auferstehung Jesu Christi teilhaben lässt.

Der Sarg wird versenkt.

Der Vorsteher besprengt den Sarg mit Weihwasser und spricht:

V.: N., im Wasser und im Heiligen Geist wurdest du getauft. Gott wird an dir vollenden, was er in der Taufe begonnen hat, denn Gott ist treu.

Pastoralassistenten/Religionslehrer

Der Vorsteher beräuchert den Sarg mit Weihrauch und spricht:
V.: Dein Leib war Gottes Wohnung.
Der Herr schenke dir ewige Freude.

Der Vorsteher streut Erde auf den Sarg und spricht:
V.: N., dein Leib ist der Vergänglichkeit unterworfen, daher kehrt er zur Erde zurück.
Gott wird dir helfen und deine Wege ebnen. Vgl. Sir 2,6

Der Vorsteher macht das Kreuzzeichen über das Grab und spricht:
V.: Im Kreuz unseres Herrn Jesus ✚ Christus ist Auferstehung und Heil.

Der Vorsteher weist mit der Hand zum Sarg und spricht:
V.: Der Friede sei mit dir.

V.: Gütiger Gott, dein Sohn Jesus Christus hat sich im Leiden erniedrigt und dadurch die gefallene Welt wieder aufgerichtet; er hat den Tod überwunden und uns den Zugang zum ewigen Leben eröffnet. Schenke unserem Verstorbenen und einst auch uns allen die Freude des Lebens in der Gemeinschaft mit dir. Darum bitten wir durch Christus, unseren Herrn.
A.: Amen.

V.: Gütiger Gott, dein Sohn Jesus Christus hat sich im Leiden erniedrigt und dadurch die gefallene Welt wieder aufgerichtet; er hat den Tod überwunden und uns den Zugang zum ewigen Leben eröffnet. Schenke unserer Verstorbenen und einst auch uns allen die Freude des Lebens in der Gemeinschaft mit dir. Darum bitten wir durch Christus, unseren Herrn.

V.: Bekennen wir nun unseren Glauben an Gott, der die Toten zum Leben erweckt, indem wir das Apostolische Glaubensbekenntnis sprechen:
V./A.: Ich glaube an Gott (siehe Seite 23)

V.: Zum Schluss dieser Trauerfeier empfehlen wir unseren verstorbenen *Pfarrassistenten (Pastoralassistenten, Religionslehrer)* **N.** und uns selbst Maria, der Mutter unseres Herrn.

V.: Zum Schluss dieser Trauerfeier empfehlen wir unsere verstorbene *Pfarrassistentin (Pastoralassistentin, Religionslehrerin)* **N.** und uns selbst Maria, der Mutter unseres Herrn.

V./A.: Gegrüßet seist du, Maria (siehe Seite 23)

oder die Marianische Schlussantiphon **Salve Regina** (siehe Seite 128 f)

V.: *Herr, gib unserem verstorbenen Bruder N. und allen Verstorbenen das ewige Leben.*

V.: *Herr, gib unserer verstorbenen Schwester N. und allen Verstorbenen das ewige Leben.*

A.: *Und das ewige Licht leuchte ihnen.*
V.: *Lass sie leben in deinem Frieden.*
A.: *Amen.*

oder

V.: *Herr, gib deinem verstorbenen Diener N. die Erfüllung seiner Sehnsucht und vollende sein Leben in dir.*
Lass ihn dein Angesicht schauen und leben in deinem Frieden.
A.: *Amen.*

V.: *Herr, gib deiner verstorbenen Dienerin N. die Erfüllung ihrer Sehnsucht und vollende ihr Leben in dir.*
Lass sie dein Angesicht schauen und leben in deinem Frieden.
A.: *Amen.*

oder

A.: *Es segne und behüte euch (uns) der barmherzige und gütige Gott, der Vater und der Sohn und der Heilige Geist.*
A.: *Amen.*
V.: *Gehet hin in Frieden.*

oder ein anderes **Segenswort** (siehe Seite 71 f)

GEBETE IN BESONDEREN SITUATIONEN

I **V.:** Barmherziger Gott, hilflos stehen wir dem Sterben unserer Lieben gegenüber. Es fällt uns schwer, den Tod zu akzeptieren, denn alles in uns schreit nach Leben und Liebe, nach Geborgenheit und Frieden. Nur du kannst diese Sehnsucht in uns vollkommen stillen. So führe **N.** in dein Reich der Freude und des Friedens. Durch Christus, unseren Herrn.
A.: Amen.

V.: Barmherziger Gott, hilflos stehen wir dem Sterben unserer Lieben gegenüber. Es fällt uns schwer, den Tod zu akzeptieren, denn alles in uns schreit nach Leben und Liebe, nach Geborgenheit und Frieden. Nur du kannst diese Sehnsucht in uns vollkommen stillen. So führe **N.** in dein Reich der Freude und des Friedens. Durch Christus, unseren Herrn.
A.: Amen.

II Wenn es allgemein bekannt ist, dass der/die Verstorbene den trauernden Hinterbliebenen oder anderen Menschen etwas Schwerwiegendes angetan hat, dann kann folgendes Gebet genommen werden:

V.: Gütiger Gott, wir bringen alles, was uns mit unserem verstorbenen **N.** verbindet, vor dein Angesicht, auch das, was der Verstorbene uns oder auch anderen angetan hat. Wir können es nicht vergessen, wir wollen ihm aber verzeihen und vertrauen es deiner Barmherzigkeit an. Durch Christus, unseren Herrn.
A.: Amen.

V.: Gütiger Gott, wir bringen alles, was uns mit unserer verstorbenen **N.** verbindet, vor dein Angesicht, auch das, was die Verstorbene uns oder auch anderen angetan hat. Wir können es nicht vergessen, wir wollen ihr aber verzeihen und vertrauen es deiner Barmherzigkeit an. Durch Christus, unseren Herrn.
A.: Amen.

FORM XIII

Grabsegnung nach einer Exhumierung und Beisetzung in einem neuen Grab

Der Vorsteher spricht alle Anwesenden an und begrüßt sie:
V.: Sehr geehrte ...

Bei der Beisetzung eines Mannes:	*Bei der Beisetzung einer Frau:*
Wir sind zusammengekommen, um den vergänglichen Leib des verstorbenen **NN.** hier in diesem Grab in Ehre zu bestatten.	Wir sind zusammengekommen, um den vergänglichen Leib der verstorbenen **NN.** hier in diesem Grab in Ehre zu bestatten.

So beginnen wir diese Feier im Namen des Vaters und des Sohnes und des Heiligen Geistes.
A.: Amen.

V.: Gepriesen sei der Gott und Vater Jesu Christi, unseres Herrn, der Vater des Erbarmens und der Gott allen Trostes. Er tröstet uns in all unserer Not, damit auch wir die Kraft haben, alle zu trösten, die in Not sind, durch den Trost, mit dem auch wir von Gott getröstet werden.   *2 Kor 1,3–4*

V.: Lasset uns beten:	**V.: Lasset uns beten:**
Herr, unser Gott, dein sind wir im Leben und im Tod.	Herr, unser Gott, dein sind wir im Leben und im Tod.
Wir bitten dich, segne dieses Grab und führe den verstorbenen Herrn **N.**, dessen sterbliche Überreste wir in aller Ehrfurcht hier bestatten, zur Auferstehung und zum Leben.	Wir bitten dich, segne dieses Grab und führe die verstorbene Frau **N.**, deren sterbliche Überreste wir in aller Ehrfurcht hier bestatten, zur Auferstehung und zum Leben.
Uns aber stärke im Glauben an das unfassbare Geheimnis des Lebens in Jesus Christus, unserem Herrn.	Uns aber stärke im Glauben an das unfassbare Geheimnis des Lebens in Jesus Christus, unserem Herrn.
A.: Amen.	**A.: Amen.**

Beisetzung in einem neuen Grab

Das Grab bzw. der Sarg wird mit Weihwasser besprengt.

V.: Der verstorbene Herr **NN.** war getauft und gehört damit Christus an. Was Gott in der Taufe begonnen hat, das wird er auch vollenden.	**V.:** Die verstorbene Frau **NN.** war getauft und gehört damit Christus an. Was Gott in der Taufe begonnen hat, das wird er auch vollenden.

So lasst uns als getaufte Christen beten, wie Jesus uns zu beten gelehrt hat:
V./A.: **Vater unser** (siehe Seite 19)

V.: Bekennen wir nun gemeinsam unseren Glauben an Gott, der Jesus Christus von den Toten auferweckt hat, indem wir das Apostolische Glaubensbekenntnis sprechen:
V./A.: **Ich glaube an Gott** (siehe Seite 23)

V.: Zum Schluss unserer Feier empfehlen wir unseren Verstorbenen und uns selbst Maria, der Mutter unseres Herrn.	**V.:** Zum Schluss unserer Feier empfehlen wir unsere Verstorbene und uns selbst Maria, der Mutter unseres Herrn.

V./A.: **Gegrüßet seist du, Maria** (siehe Seite 23)

V.: Herr, gib ihm und allen Verstorbenen das ewige Leben.	**V.:** Herr, gib ihr und allen Verstorbenen das ewige Leben.

A.: Und das ewige Licht leuchte ihnen.
V.: Lass sie leben in deinem Frieden.
A.: Amen.

FORM XIV

Verabschiedung im Anatomischen Institut

Bei einer Verabschiedung im Anatomischen Institut wird im Aufbahrungsraum der gleiche Ritus verwendet wie bei einem Erdbegräbnis. Jedoch am Schluss spricht der Vorsteher zur Trauergemeinde gewendet.

Bei der Verabschiedung eines Mannes:

V.: Herr **NN.** hat seinen Körper für die medizinische Forschung zur Verfügung gestellt. Damit hat Herr **N.** das Letzte hergegeben, was ein Mensch als Dienst an anderen schenken kann. So ist sein Körper über seinen Tod hinaus Hilfe für seine Mitmenschen.
Aber auch er wird an der Auferstehung Jesu Christi teilhaben. So wollen wir vertrauensvoll beten:

Gebet

V.: Ewiger, gütiger Gott, du hast den Menschen als dein Ebenbild geschaffen. Der Leib des Menschen ist der Vergänglichkeit unterworfen; und er kehrt zum Staub zurück.
Erwecke in Herrn **N.** durch die Auferstehung deines Sohnes das Ebenbild, das du von Anfang an in ihm angelegt hast.
Lass den Verstorbenen (**N.**) in

Bei der Verabschiedung einer Frau:

V.: Frau **NN.** hat ihren Körper für die medizinische Forschung zur Verfügung gestellt. Damit hat Frau **N.** das Letzte hergegeben, was ein Mensch als Dienst an anderen schenken kann. So ist ihr Körper über ihren Tod hinaus Hilfe für ihre Mitmenschen.
Aber auch sie wird an der Auferstehung Jesu Christi teilhaben. So wollen wir vertrauensvoll beten:

V.: Ewiger, gütiger Gott, du hast den Menschen als dein Ebenbild geschaffen. Der Leib des Menschen ist der Vergänglichkeit unterworfen; und er kehrt zum Staub zurück.
Erwecke in Frau **N.** durch die Auferstehung deines Sohnes das Ebenbild, das du von Anfang an in ihr angelegt hast.
Lass die Verstorbene (**N.**) in den

Verabschiedung im Anatomischen Institut

den ewigen Wohnungen mit dir und allen Heiligen vereint sein.
Darum bitten wir durch Christus, unseren Herrn.
A.: Amen.

ewigen Wohnungen mit dir und allen Heiligen vereint sein.
Darum bitten wir durch Christus, unseren Herrn.
A.: Amen.

Zum Abschied sagt der Vorsteher:

Ich wünsche Ihnen Stärkung durch den Glauben und Trost in der Gemeinschaft von guten Menschen.
(Es segne und behüte uns der barmherzige und gütige Gott, der Vater, der Sohn und der Heilige Geist.
A.: *Amen.)*
V.: Gehet hin in Frieden.

LOBPREIS

V.: Gelobt seist du, ewiger Gott, du bist der König der Welt und herrschst über alle deine Geschöpfe.

Gelobt seist du, heiliger Richter aller Menschen, dein Urteil bleibt für immer, weil es gesprochen ist in Gerechtigkeit und Barmherzigkeit.

Gelobt seist du, allmächtiger und gnädiger Herr. Du führst in das Reich des Todes und wieder heraus.

Wir danken dir, dreieiniger Gott, dass wir samt allen deinen Gläubigen im Leben wie im Tode bei dir geborgen sind.
Gepriesen sei dein heiliger Name in Ewigkeit.
A.: Amen.

FORM XV

Trost für die Trauernden beim Begräbnis eines/einer Verstorbenen ohne religiöses Bekenntnis

Diese Trauerfeier ist ganz auf die Tröstung der Hinterbliebenen ausgerichtet.
Der/die Verstorbene hat von der Kirche nichts erwartet, daher wird auch keine Einsegnung mit Predigt gehalten.
Die Hinterbliebenen wollen aber von ihm/ihr Abschied nehmen und haben um den Trost der Kirche gebeten.
Der **Vorsteher** leitet diese Begräbnisfeier **ohne liturgische Kleidung** (siehe Seite 12, Vorbereitung der Begräbnisfeier, Nr. 6).

A EINZUG

Der Vorsteher verneigt sich vor dem Kreuz bzw. vor dem Sarg und wendet sich den Anwesenden zu.

EINLEITENDE WORTE

Beim Begräbnis eines Mannes:

V.: Da der verstorbene Herr **NN.** nicht der Kirche angehört, können wir dieses Begräbnis nicht nach dem kirchlichen Ritus halten.

Beim Begräbnis einer Frau:

V.: Da die verstorbene Frau **NN.** nicht der Kirche angehört, können wir dieses Begräbnis nicht nach dem kirchlichen Ritus halten.

Die trauernden Hinterbliebenen (Angehörigen),

– *die ich persönlich kenne (und die praktizierende Katholiken sind)*
– *die in unserer Pfarrei aktiv mitarbeiten*
– *die römisch-katholisch sind und die mit dem Beistand und mit dem Trost der Kirche gestärkt werden möchten,*

haben mich gebeten, sie in ihrer Trauer mit dem Trost der Kirche zu begleiten.

Verstorbene ohne religiöses Bekenntnis

B ERÖFFNUNG

Der Vorsteher spricht jetzt alle Anwesenden an, beginnend mit den nächsten Verwandten, und schließt die Anrede in etwa so:

V.: Uns wird heute sehr schmerzlich bewusst, dass wir nur Gast auf Erden sind, dass unser Leben in dieser Welt ein Ende hat.

Mann	*Frau*
Der Tod des (lieben) verstorbenen NN. erinnert uns daran.	**Der Tod der (lieben) verstorbenen NN. erinnert uns daran.**

Als Christen leben wir aber aus dem Glauben und aus der Hoffnung, dass Gott den Menschen im Tod voll Barmherzigkeit aufnimmt. Dieser Glaube hilft uns, das Leben mit Freude und Leid anzunehmen im Vertrauen auf Gott, der unser Leben zur Vollendung führt. Unser Glaube gründet auf Jesus Christus, den Gott von den Toten auferweckt hat.

C VERKÜNDIGUNG

**V.: Hören wir jetzt einen Text aus der Heiligen Schrift und lassen wir ihn auf uns wirken.
Er bringt unsere Situation, in der wir leben, treffend zur Sprache:**
(Dieser Text könnte auch von einem Trauergast gelesen werden.)
L.: Lesung aus dem Buch Kohelet.   Koh 3,1–4.5b–8
**Alles hat seine Stunde.
Für jedes Geschehen unter dem Himmel gibt es eine bestimmte Zeit:[1]
eine Zeit zum Gebären und eine Zeit zum Sterben,
eine Zeit zum Pflanzen und eine Zeit zum Abernten der Pflanzen,[2]
eine Zeit zum Töten und eine Zeit zum Heilen,
eine Zeit zum Niederreißen und eine Zeit zum Bauen,[3]
eine Zeit zum Weinen und eine Zeit zum Lachen,
eine Zeit für die Klage und eine Zeit für den Tanz,[4]
eine Zeit zum Umarmen und eine Zeit, die Umarmung zu lösen,[5b]
eine Zeit zum Suchen und eine Zeit zum Verlieren,
eine Zeit zum Behalten und eine Zeit zum Wegwerfen,[6]
eine Zeit zum Zerreißen und eine Zeit zum Zusammennähen,
eine Zeit zum Schweigen und eine Zeit zum Reden,[7]
eine Zeit zum Lieben und eine Zeit zum Hassen,
eine Zeit für den Krieg und eine Zeit für den Frieden.[8]**

Pause

V.: Jetzt haben wir eine Zeit für die Trauer.

Stille

(Orgel / Gesang)

V.: Im Brief an die Römer stellt uns der Apostel Paulus die Tatsache vor Augen, dass wir durch die Taufe Kinder Gottes geworden sind.

L.: Lesung aus dem Brief an die Römer. Röm 8,14–18

Alle, die sich vom Geist Gottes leiten lassen, sind Söhne Gottes. [14] **Denn ihr habt nicht einen Geist empfangen, der euch zu Sklaven macht, so dass ihr euch immer noch fürchten müsstet, sondern ihr habt den Geist empfangen, der euch zu Söhnen macht, den Geist, in dem wir rufen: Abba, Vater!** [15] **So bezeugt der Geist selber unserem Geist, dass wir Kinder Gottes sind.** [16] **Sind wir aber Kinder, dann auch Erben; wir sind Erben Gottes und sind Miterben Christi, wenn wir mit ihm leiden, um mit ihm auch verherrlicht zu werden.** [17] **Ich bin überzeugt, dass die Leiden der gegenwärtigen Zeit nichts bedeuten im Vergleich zu der Herrlichkeit, die an uns offenbar werden soll.** [18]

Stille

(Orgel / Gesang)

V.: Liebe Trauergemeinde!
Gott hat Jesus von den Toten auferweckt. Er schenkt uns Worte ewigen Lebens. So hören wir, was Gott uns in dieser Stunde sagt:

Aus dem Evangelium nach Matthäus. Mt 25,31–32.34–40

Jesus sprach: Wenn der Menschensohn in seiner Herrlichkeit kommt und alle Engel mit ihm, dann wird er sich auf den Thron seiner Herrlichkeit setzen.[31] Und alle Völker werden vor ihm zusammengerufen werden, und er wird sie voneinander scheiden, wie der Hirt die Schafe von den Ziegen scheidet.[32] Dann wird der König denen auf der rechten Seite sagen: Kommt her, die ihr von meinem Vater gesegnet seid, nehmt das Reich in Besitz, das seit Erschaffung der Welt für euch bestimmt ist.[34] Denn ich war hungrig, und ihr habt mir zu essen gegeben; ich war durstig, und ihr

Verstorbene ohne religiöses Bekenntnis

habt mir zu trinken gegeben; ich war fremd und obdachlos, und ihr habt mich aufgenommen;[35] ich war nackt, und ihr habt mir Kleidung gegeben; ich war krank, und ihr habt mich besucht; ich war im Gefängnis, und ihr seid zu mir gekommen.[36] Dann werden ihm die Gerechten antworten: Herr, wann haben wir dich hungrig gesehen und dir zu essen gegeben, oder durstig und dir zu trinken gegeben?[37] Und wann haben wir dich fremd und obdachlos gesehen und aufgenommen, oder nackt und dir Kleidung gegeben?[38] Und wann haben wir dich krank oder im Gefängnis gesehen und sind zu dir gekommen?[39] Darauf wird der König ihnen antworten: Amen, ich sage euch: Was ihr für einen meiner geringsten Brüder getan habt, das habt ihr mir getan.[40]

Statt einer Predigt, *(der Verstorbene hat von der Kirche nichts erwartet!)* könnten einige Gedanken zur Sprache gebracht werden:

Liebe Angehörige!
Werte Trauergemeinde!
Wir haben verschiedene Möglichkeiten, unser Leben zu deuten. Entweder wir glauben, dass Gott die Welt geschaffen hat, oder wir glauben, dass alles, auch das Leben, aus dem Nichts kommt und einmal im Nichts verschwindet.

Als Christen begleiten wir unseren Verstorbenen im Glauben an Gott und in der Hoffnung auf Gottes Liebe und Barmherzigkeit. Die Quelle unserer Hoffnung gründet in den Worten Jesu:
„Alles, was ihr einem meiner geringsten Brüder getan habt, das habt ihr auch mir getan."
So wissen wir, dass alles, was Ihr Verstorbener Ihnen und anderen Menschen getan hat, er auch Christus getan hat.
Da aber kein Mensch den Willen Gottes vollkommen erfüllt, deshalb bedarf jeder der liebenden Fürbitte.

Als Christen begleiten wir unsere Verstorbene im Glauben an Gott und in der Hoffnung auf Gottes Liebe und Barmherzigkeit. Die Quelle unserer Hoffnung gründet in den Worten Jesu:
„Alles, was ihr einem meiner geringsten Brüder getan habt, das habt ihr auch mir getan."
So wissen wir, dass alles, was Ihre Verstorbene Ihnen und anderen Menschen getan hat, sie auch Christus getan hat.
Da aber kein Mensch den Willen Gottes vollkommen erfüllt, deshalb bedarf jeder der liebenden Fürbitte.

D FÜRBITTEN

V.: So wollen wir als Christen für den verstorbenen Herrn NN. und füreinander vertrauensvoll beten, indem wir auf jede Bitte antworten:
Wir bitten dich, erhöre uns.
S.: Gott, unser Vater:
Tröste die trauernden Hinterbliebenen durch die Hoffnung, dass der Verstorbene nicht verloren ist, sondern bei dir auf Liebe und Barmherzigkeit vertrauen kann.
A.: Wir bitten dich, erhöre uns.
S.: Lass alles Gute, das unser Verstorbener in seinem irdischen Leben getan hat, bei dir Belohnung finden.
A.: Wir bitten dich, erhöre uns.
S.: Vergib ihm Sünde und Schuld und alles, was er in seinem Leben aus Schwäche oder durch Unterlassung gefehlt hat.
A.: Wir bitten dich, erhöre uns.
S.: Schenke ihm in deiner Liebe und Barmherzigkeit deinen Frieden.
A.: Wir bitten dich, erhöre uns.
S.: Nimm auch uns, die wir einmal sterben werden, in dein Reich auf.
A.: Wir bitten dich, erhöre uns.
V.: Lasst uns nun für den verstorbenen Herrn NN. beten, wie Jesus uns zu beten gelehrt hat:

V./A.: **Vater unser** (siehe Seite 19)

V.: So wollen wir als Christen für die verstorbene Frau NN. und füreinander vertrauensvoll beten, indem wir auf jede Bitte antworten:
Wir bitten dich, erhöre uns.
S.: Gott, unser Vater:
Tröste die trauernden Hinterbliebenen durch die Hoffnung, dass die Verstorbene nicht verloren ist, sondern bei dir auf Liebe und Barmherzigkeit vertrauen kann.
A.: Wir bitten dich, erhöre uns.
S.: Lass alles Gute, das unsere Verstorbene in ihrem irdischen Leben getan hat, bei dir Belohnung finden.
A.: Wir bitten dich, erhöre uns.
S.: Vergib ihr Sünde und Schuld und alles, was sie in ihrem Leben aus Schwäche oder durch Unterlassung gefehlt hat.
A.: Wir bitten dich, erhöre uns.
S.: Schenke ihr in deiner Liebe und Barmherzigkeit deinen Frieden.
A.: Wir bitten dich, erhöre uns.
S.: Nimm auch uns, die wir einmal sterben werden, in dein Reich auf.
A.: Wir bitten dich, erhöre uns.
V.: Lasst uns nun für die verstorbene Frau NN. beten, wie Jesus uns zu beten gelehrt hat:

Verstorbene ohne religiöses Bekenntnis

E VERABSCHIEDUNG

V.: Wir haben hier keine bleibende Stätte auf Erden. Lasst uns aber den vergänglichen Leib unseres verstorbenen Herrn NN. zu Grabe tragen in der Hoffnung auf Gottes Liebe und Barmherzigkeit.

V.: Wir haben hier keine bleibende Stätte auf Erden. Lasst uns aber den vergänglichen Leib unserer verstorbenen Frau NN. zu Grabe tragen in der Hoffnung auf Gottes Liebe und Barmherzigkeit.

Auszug

Trauerzug

Der **Vorsteher** geht nicht dem Sarg voraus, sondern begleitet die trauernden Hinterbliebenen **hinter dem Sarg**.

F AM GRAB

V.: Wir übergeben den Leib der Erde, denn der Leib des Menschen ist der Vergänglichkeit unterworfen.

N.: Dein Leib kehrt zur Erde zurück. Wir aber vertrauen auf Gott und haben die Hoffnung, dass er sich deiner annimmt.

V.: Wir wollen nun unseren Glauben an Gott bekennen in der Gewissheit, dass Jesus Christus durch seinen Tod und seine Auferstehung auch ihn erlösen wollte:

V.: Wir wollen nun unseren Glauben an Gott bekennen in der Gewissheit, dass Jesus Christus durch seinen Tod und seine Auferstehung auch sie erlösen wollte:

V./A.: **Ich glaube an Gott** (siehe Seite 23)

V.: Zum Schluss unserer Feier empfehlen wir unseren Verstorbenen und uns selbst Maria, der Mutter unseres Herrn.

V.: Zum Schluss unserer Feier empfehlen wir unsere Verstorbene und uns selbst Maria, der Mutter unseres Herrn.

V./A.: **Gegrüßet seist du, Maria** (siehe Seite 23)

V./A.: Im Namen des Vaters und des Sohnes und des Heiligen Geistes. Amen.

ANHANG I

Schriftlesungen

Die Schriftlesungen für die Begräbnisfeier sind im Lektionar, Ausgabe 1986: Band VII (frühere Ausgabe: Band VI/2) „Die Schriftlesungen für die Messfeier für Verstorbene" enthalten. Es kann auch die folgende Auswahl von Kurzfassungen verwendet werden.

A BEIM BEGRÄBNIS EINES ERWACHSENEN

LESUNGEN AUS DEM ALTEN TESTAMENT

1 Lesung aus dem Buch Ijob.   Ijob 19,1.25–27

Ijob sprach:[1] Ich weiß, mein Erlöser lebt, als Letzter erhebt er sich über dem Staub![25] Ohne meine Haut, die so zerfetzte, und ohne mein Fleisch werde Gott ich schauen.[26] Ihn selber werde ich dann für mich schauen; meine Augen werden ihn sehen, nicht mehr fremd. Danach sehnt sich mein Herz in meiner Brust.[27]

2 Lesung aus dem Buch der Weisheit.   Weish 3,1–2.3b.4b–9a

Die Seelen der Gerechten sind in Gottes Hand; und keine Qual kann sie berühren.[1] In den Augen der Toren sind sie gestorben, ihr Heimgang gilt als Unglück;[2] sie aber sind in Frieden,[3b] ihre Hoffnung ist voll Unsterblichkeit.[4b] Ein wenig nur werden sie gezüchtigt; doch sie empfangen große Wohltat. Denn Gott hat sie geprüft und fand sie seiner würdig.[5] Wie Gold im Schmelzofen hat er sie erprobt und sie angenommen als vollgültiges Opfer.[6] Alle, die auf ihn vertrauen, werden die Wahrheit erkennen, und die Treuen werden bei ihm bleiben in Liebe.[9a]

3 Lesung aus dem Buch der Weisheit.   Weish 4,7–10a.13.14a.15

Der Gerechte, kommt auch sein Ende früh, geht in Gottes Ruhe ein.[7] Denn ehrenvolles Alter besteht nicht in einem langen Leben

Schriftlesungen beim Erwachsenenbegräbnis

und wird nicht an der Zahl der Jahre gemessen.[8] Mehr als graues Haar bedeutet für die Menschen die Klugheit, und mehr als Greisenalter wiegt ein Leben ohne Tadel.[9] Er gefiel Gott und wurde von ihm geliebt.[10a] Früh vollendet, hat der Gerechte doch ein volles Leben gehabt;[13] da seine Seele dem Herrn gefiel, enteilte sie aus der Mitte des Bösen.[14a] Gnade und Erbarmen wird seinen Auserwählten zuteil, Belohnung seinen Heiligen.[15]

4 Lesung aus dem Buch Jesaja. Jes 25,8–9

Gott der Herr beseitigt den Tod für immer, er wischt die Tränen ab von jedem Angesicht. Auf der ganzen Erde nimmt er von seinem Volk die Schande hinweg. Ja, der Herr hat gesprochen.[8] An jenem Tag wird man sagen: Seht, das ist unser Gott, auf ihn haben wir unsere Hoffnung gesetzt, er wird uns retten. Das ist der Herr, auf ihn setzen wir unsere Hoffnung. Wir wollen jubeln und uns freuen über seine rettende Tat.[9]

5 Lesung aus dem Buch der Klagelieder. Klgl 3,21–25

Das will ich mir zu Herzen nehmen, darauf darf ich harren:[21] Die Huld des Herrn ist nicht erschöpft, sein Erbarmen ist nicht zu Ende.[22] Neu ist es an jedem Morgen; groß ist deine Treue.[23] Mein Anteil ist der Herr, sagt meine Seele, darum harre ich auf ihn.[24] Gut ist der Herr zu dem, der auf ihn hofft, zur Seele, die ihn sucht.[25]

6 Lesung aus dem Buch Daniel. Dan 12,2–3

Von denen, die im Land des Staubes schlafen, werden viele erwachen, die einen zum ewigen Leben, die andern zur Schmach, zu ewigem Abscheu.[2] Die Verständigen werden strahlen, wie der Himmel strahlt; und die Männer, die viele zum rechten Tun geführt haben, werden immer und ewig wie die Sterne leuchten.[3]

LESUNGEN AUS DEM NEUEN TESTAMENT

7 Lesung aus der Apostelgeschichte. Apg 10,34–36.42–43

In jenen Tagen begann Petrus zu reden und sagte: Wahrhaftig, jetzt begreife ich, dass Gott nicht auf die Person sieht,[34] sondern dass ihm in jedem Volk ist willkommen, wer ihn fürchtet und tut, was recht ist.³⁵ Er hat das Wort den Israeliten gesandt, indem er den Frieden verkündete durch Jesus Christus; dieser ist der Herr aller.³⁶ Und er hat uns geboten, dem Volk zu verkündigen und zu bezeugen: Das ist der von Gott eingesetzte Richter der Lebenden und der Toten.⁴² Von ihm bezeugen alle Propheten, dass jeder, der an ihn glaubt, durch seinen Namen die Vergebung der Sünden empfängt.⁴³

8 Lesung aus dem Brief an die Römer. Röm 5,6–10

Christus ist schon zu der Zeit, da wir noch schwach und gottlos waren, für uns gestorben.⁶ Dabei wird nur schwerlich jemand für einen Gerechten sterben; vielleicht wird er jedoch für einen guten Menschen sein Leben wagen.⁷ Gott aber hat seine Liebe zu uns darin erwiesen, dass Christus für uns gestorben ist, als wir noch Sünder waren.⁸ Nachdem wir jetzt durch sein Blut gerecht gemacht sind, werden wir durch ihn erst recht vor dem Gericht Gottes gerettet werden.⁹ Da wir mit Gott versöhnt wurden durch den Tod seines Sohnes, als wir noch Gottes Feinde waren, werden wir erst recht, nachdem wir versöhnt sind, gerettet werden durch sein Leben.¹⁰

9 Lesung aus dem Brief an die Römer. Röm 6,3–4.8

Wir alle, die wir auf Christus Jesus getauft wurden, sind auf seinen Tod getauft worden?³ Wir wurden mit ihm begraben durch die Taufe auf den Tod; und wie Christus durch die Herrlichkeit des Vaters von den Toten auferweckt wurde, so sollen auch wir als neue Menschen leben.⁴ Sind wir nun mit Christus gestorben, so glauben wir, dass wir auch mit ihm leben werden.⁸

10 Lesung aus dem Brief an die Römer. Röm 8,14–18

Alle, die sich vom Geist Gottes leiten lassen, sind Söhne Gottes.¹⁴ Denn ihr habt nicht einen Geist empfangen, der euch zu Sklaven macht, so dass ihr euch immer noch fürchten müsstet, sondern ihr habt den Geist empfangen, der euch zu Söhnen macht, den Geist, in dem wir rufen: Abba, Vater!¹⁵ So bezeugt der Geist selber unserem Geist, dass wir Kinder Gottes sind.¹⁶ Sind wir aber Kinder, dann auch Erben: wir sind Erben Gottes und sind Miterben Christi, wenn wir mit ihm leiden, um mit ihm auch verherrlicht zu werden.¹⁷ Ich bin überzeugt, dass die Leiden der gegenwärtigen Zeit nichts bedeuten im Vergleich zu der Herrlichkeit, die an uns offenbar werden soll.¹⁸

Schriftlesungen beim Erwachsenenbegräbnis

11 Lesung aus dem Brief an die Römer.   Röm 8,31b–35.37–39

Ist Gott für uns, wer ist dann gegen uns?[31b] Er hat seinen eigenen Sohn nicht verschont, sondern ihn für uns alle hingegeben – wie sollte er uns mit ihm nicht alles schenken?[32] Wer kann die Auserwählten Gottes anklagen? Gott ist es, der gerecht macht.[33] Wer kann sie verurteilen? Christus Jesus, der gestorben ist, mehr noch: der auferweckt worden ist, sitzt zur Rechten Gottes und tritt für uns ein.[34] Was kann uns scheiden von der Liebe Christi? Bedrängnis oder Not oder Verfolgung, Hunger oder Kälte, Gefahr oder Schwert?[35] All das überwinden wir durch den, der uns geliebt hat.[37] Denn ich bin gewiss: Weder Tod noch Leben, weder Engel noch Mächte, weder Gegenwärtiges noch Zukünftiges,[38] weder Gewalten der Höhe oder Tiefe noch irgendeine andere Kreatur können uns scheiden von der Liebe Gottes, die in Christus Jesus ist, unserem Herrn.[39]

12 Lesung aus dem Brief an die Römer.   Röm 14,7–9.12

Keiner von uns lebt sich selber, und keiner stirbt sich selber: Leben wir, so leben wir dem Herrn, sterben wir, so sterben wir dem Herrn. Ob wir leben oder ob wir sterben, wir gehören dem Herrn.[8] Denn Christus ist gestorben und lebendig geworden, um Herr zu sein über Tote und Lebende.[9] Also wird jeder von uns vor Gott Rechenschaft über sich selbst ablegen.[12]

13 Lesung aus dem ersten Brief an die Korinther.   1 Kor 15,20–22.26.28

Christus ist von den Toten auferweckt worden als der Erste der Entschlafenen.[20] Da nämlich durch *einen* Menschen der Tod gekommen ist, kommt durch *einen* Menschen auch die Auferstehung der Toten.[21.] Denn wie in Adam alle sterben, so werden in Christus einst alle lebendig gemacht werden.[22] Der letzte Feind, der entmachtet wird, ist der Tod.[26] Wenn ihm dann alles unterworfen ist, wird auch er, der Sohn, sich dem unterwerfen, der ihm alles unterworfen hat, damit Gott herrscht über alles und in allem.[28]

14 Lesung aus dem ersten Brief an die Korinther.   1 Kor 15,51.53.54b–57

Seht, ich enthülle euch ein Geheimnis: Wir werden nicht alle entschlafen, aber wir werden alle verwandelt werden.[51] Denn dieses Vergängliche muss sich mit Unvergänglichkeit bekleiden und dieses Sterbliche mit Unsterblichkeit.[53] Dann erfüllt sich das Wort der

Schrift: Verschlungen ist der Tod vom Sieg.[54b] Tod, wo ist dein Sieg? Tod, wo ist dein Stachel?[55] Der Stachel des Todes aber ist die Sünde, die Kraft der Sünde ist das Gesetz.[56] Gott aber sei Dank, der uns den Sieg geschenkt hat durch Jesus Christus, unseren Herrn.[57]

15 **Lesung aus dem zweiten Brief an die Korinther.**   2 Kor 5,1.6–7.9a.10

Wir wissen: wenn unser irdisches Zelt abgebrochen wird, dann haben wir eine Wohnung von Gott, ein nicht von Menschenhand errichtetes ewiges Haus im Himmel.[1] Wir sind also immer zuversichtlich, auch wenn wir wissen, dass wir fern vom Herrn in der Fremde leben, solange wir in diesem Leib zu Hause sind;[6] denn als Glaubende gehen wir unsern Weg, nicht als Schauende.[7] Deswegen suchen wir unsere Ehre darin, dem Herrn zu gefallen.[9a] Denn wir alle müssen vor dem Richterstuhl Christi offenbar werden, damit jeder seinen Lohn empfängt für das Gute oder Böse, das er im irdischen Leben getan hat.[10]

16 **Lesung aus dem Brief an die Philipper.**   Phil 3,20–21

Unsere Heimat ist im Himmel. Von dorther erwarten wir auch Jesus Christus, den Herrn, als Retter,[20] der unseren armseligen Leib verwandeln wird in die Gestalt seines verherrlichten Leibes, in der Kraft, mit der er sich alles unterwerfen kann.[21]

17 **Lesung aus dem ersten Brief an die Thessalonicher.**

1 Thess 4,13–14.17b–18

Brüder und Schwestern, wir wollen euch über die Verstorbenen nicht in Unkenntnis lassen, damit ihr nicht trauert wie die anderen, die keine Hoffnung haben.[13] Wenn Jesus – und das ist unser Glaube – gestorben und auferstanden ist, dann wird Gott durch Jesus auch die Verstorbenen zusammen mit ihm zur Herrlichkeit führen.[14] Dann werden wir immer beim Herrn sein.[17b] Tröstet also einander mit diesen Worten![18]

18 **Lesung aus dem zweiten Brief an Timotheus.**   2 Tim 2,8.11–13

Denk daran, dass Jesus Christus, der Nachkomme Davids, von den Toten auferstanden ist; so lautet mein Evangelium.[8] Das Wort ist glaubwürdig: Wenn wir mit Christus gestorben sind, werden wir auch mit ihm leben;[11] wenn wir standhaft bleiben, werden wir auch mit ihm herrschen; wenn wir ihn verleugnen, wird auch er

Schriftlesungen beim Erwachsenenbegräbnis

uns verleugnen.[12] Wenn wir untreu sind, so bleibt er doch treu, denn er kann sich selbst nicht verleugnen.[13]

19 Lesung aus dem ersten Johannesbrief.   1 Joh 3,1a.2

Der Vater hat uns so große Liebe geschenkt, dass wir Kinder Gottes genannt werden, und wir sind es.[1a] Liebe Brüder, jetzt sind wir Kinder Gottes, aber was wir sein werden, ist noch nicht offenbar geworden. Wir wissen, dass wir ihm ähnlich sein werden, wenn er offenbar wird; denn wir werden ihn sehen, wie er ist.[2]

20 Lesung aus dem ersten Johannesbrief.   1 Joh 3,14–16

Wir wissen, dass wir aus dem Tod in das Leben hinübergegangen sind, weil wir die Brüder lieben. Wer nicht liebt, bleibt im Tod.[14] Jeder, der seinen Bruder hasst, ist ein Mörder, und ihr wisst: Kein Mörder hat ewiges Leben, das in ihm bleibt.[15] Daran haben wir die Liebe erkannt, dass Er sein Leben für uns hingegeben hat. So müssen auch wir für die Brüder das Leben hingeben.[16]

21 Lesung aus der Offenbarung des Johannes.   Offb 14,13

Ich, Johannes, hörte eine Stimme vom Himmel her rufen: Schreibe! Selig sind die Toten, die im Herrn sterben, von jetzt an; ja, spricht der Geist, sie sollen ausruhen von ihren Mühen; denn ihre Werke begleiten sie.[13]

22 Lesung aus der Offenbarung des Johannes.   Offb 20,11–12; 21,1a

Ich, Johannes, sah einen großen weißen Thron und den, der auf ihm saß; vor seinem Anblick flohen Erde und Himmel, und es gab keinen Platz mehr für sie.[11] Ich sah die Toten vor dem Thron stehen, die Großen und die Kleinen. Und Bücher wurden aufgeschlagen; auch das Buch des Lebens wurde aufgeschlagen. Die Toten wurden nach ihren Werken gerichtet, nach dem, was in den Büchern aufgeschrieben war.[12] Dann sah ich einen neuen Himmel und eine neue Erde; denn der erste Himmel und die erste Erde sind vergangen.[1a]

23 Lesung aus der Offenbarung des Johannes.   Offb 21,2–5a.6b–7

Ich, Johannes, sah die heilige Stadt, das neue Jerusalem, von Gott her aus dem Himmel herabkommen; sie war bereit wie eine Braut, die sich für ihren Mann geschmückt hat.[2] Da hörte ich eine laute

Stimme vom Thron her rufen: Seht, die Wohnung Gottes unter den Menschen! Er wird in ihrer Mitte wohnen, und sie werden sein Volk sein; und er, Gott, wird bei ihnen sein.[3] Er wird alle Tränen von ihren Augen abwischen: Der Tod wird nicht mehr sein, keine Trauer, keine Klage, keine Mühsal. Denn was früher war, ist vergangen.[4] Er, der auf dem Thron saß, sprach: Seht, ich mache alles neu.[5a] Ich bin das Alpha und das Omega, der Anfang und das Ende. Wer durstig ist, den werde ich umsonst aus der Quelle trinken lassen, aus der das Wasser des Lebens strömt.[6b] Wer siegt, wird dies als Anteil erhalten: Ich werde sein Gott sein, und er wird mein Sohn sein.[7]

EVANGELIEN

24 Aus dem Evangelium nach Matthäus. Mt 5,1–12a

In jener Zeit, als Jesus die vielen Menschen sah, die ihm folgten, stieg er auf einen Berg. Er setzte sich, und seine Jünger traten zu ihm.[1] Dann begann er zu reden und lehrte sie.[2] Er sagte: Selig, die arm sind vor Gott; denn ihnen gehört das Himmelreich.[3] Selig die Trauernden; denn sie werden getröstet werden.[4] Selig, die keine Gewalt anwenden; denn sie werden das Land erben.[5] Selig, die hungern und dürsten nach der Gerechtigkeit; denn sie werden satt werden.[6] Selig die Barmherzigen; denn sie werden Erbarmen finden.[7] Selig, die ein reines Herz haben; denn sie werden Gott schauen.[8] Selig, die Frieden stiften; denn sie werden Söhne Gottes genannt werden.[9] Selig, die um der Gerechtigkeit willen verfolgt werden; denn ihnen gehört das Himmelreich.[10] Selig seid ihr, wenn ihr um meinetwillen beschimpft und verfolgt und auf alle mögliche Weise verleumdet werdet.[11] Freut euch und jubelt: Euer Lohn im Himmel wird groß sein.[12a]

25 Aus dem Evangelium nach Matthäus. Mt 25,31–40

In jener Zeit sprach Jesus zu seinen Jüngern: Wenn der Menschensohn in seiner Herrlichkeit kommt und alle Engel mit ihm, dann wird er sich auf den Thron seiner Herrlichkeit setzen.[31] Und alle Völker werden vor ihm zusammengerufen werden, und er wird sie voneinander scheiden, wie der Hirt die Schafe von den Böcken scheidet.[32] Er wird die Schafe zu seiner Rechten versammeln, die Böcke aber zur Linken.[33] Dann wird der König denen auf der rechten Seite sagen: Kommt her, die ihr von meinem Vater gesegnet

Schriftlesungen beim Erwachsenenbegräbnis

seid, nehmt das Reich in Besitz, das seit Erschaffung der Welt für euch bestimmt ist. ³⁴ Denn ich war hungrig, und ihr habt mir zu essen gegeben; ich war durstig, und ihr habt mir zu trinken gegeben; ich war fremd und obdachlos, und ihr habt mich aufgenommen; ³⁵ ich war nackt, und ihr habt mir Kleidung gegeben; ich war krank, und ihr habt mich besucht; ich war im Gefängnis, und ihr seid zu mir gekommen. ³⁶ Dann werden ihm die Gerechten antworten: Herr, wann haben wir dich hungrig gesehen und dir zu essen gegeben, oder durstig und dir zu trinken gegeben? ³⁷ Und wann haben wir dich fremd und obdachlos gesehen und aufgenommen, oder nackt und dir Kleidung gegeben? ³⁸ Und wann haben wir dich krank oder im Gefängnis gesehen und sind zu dir gekommen? ³⁹ Darauf wird der König ihnen antworten: Amen, ich sage euch: Was ihr für einen meiner geringsten Brüder getan habt, das habt ihr mir getan.⁴⁰

26 Aus dem Evangelium nach Lukas.   Lk 7,11a.12a.13–16

In jener Zeit ging Jesus in eine Stadt namens Naïn. ¹¹ᵃ Als er in die Nähe des Stadttors kam, trug man gerade einen Toten heraus. Es war der einzige Sohn seiner Mutter, einer Witwe. ¹²ᵃ Als der Herr die Frau sah, hatte er Mitleid mit ihr und sagte zu ihr: Weine nicht! ¹³ Dann ging er zu der Bahre hin und fasste sie an. Die Träger blieben stehen, und er sagte: Ich befehle dir, junger Mann: Steh auf! ¹⁴ Da richtete sich der Tote auf und begann zu sprechen, und Jesus gab ihn seiner Mutter zurück. ¹⁵ Alle wurden von Furcht ergriffen; sie priesen Gott und sagten: Ein großer Prophet ist unter uns aufgetreten; Gott hat sich seines Volkes angenommen.¹⁶

27 Aus dem Evangelium nach Lukas.   Lk 12,36–37

In jener Zeit sprach Jesus zu seinen Jüngern: Seid wie Menschen, die auf die Rückkehr ihres Herrn warten, der auf einer Hochzeit ist, und die ihm öffnen, sobald er kommt und anklopft. ³⁶ Selig die Knechte, die der Herr wach findet, wenn er kommt! Amen, ich sage euch: Er wird sich gürten, sie am Tisch Platz nehmen lassen und sie der Reihe nach bedienen.³⁷

28 Aus dem Evangelium nach Lukas.   Lk 23,33.39a.42b–43

Sie kamen zur Schädelhöhe; dort kreuzigten sie Jesus und die Verbrecher, den einen rechts von ihm, den andern links.³³ Einer der Verbrecher, die neben ihm hingen,³⁹ᵃ sagte: Jesus, denk an mich, wenn du in dein Reich kommst![42b] Jesus antwortete ihm: Amen, ich sage dir: Heute noch wirst du mit mir im Paradies sein.[43]

29 Aus dem Evangelium nach Lukas.   Lk 23,44.46; 24,1–5

Es war um die sechste Stunde, als eine Finsternis über das ganze Land hereinbrach. Sie dauerte bis zur neunten Stunde.[44] Da rief Jesus laut: Vater, in deine Hände lege ich meinen Geist. Nach diesen Worten hauchte er den Geist aus.[46] Am ersten Tag der Woche gingen die Frauen mit den wohlriechenden Salben, die sie zubereitet hatten, in aller Frühe zum Grab.[1] Da sahen sie, dass der Stein vom Grab weggewälzt war;[2] sie gingen hinein, aber den Leichnam Jesu, des Herrn, fanden sie nicht.[3] Während sie ratlos dastanden, traten zwei Männer in leuchtenden Gewändern zu ihnen.[4] Die Frauen erschraken und blickten zu Boden. Die Männer aber sagten zu ihnen: Was sucht ihr den Lebenden bei den Toten?[5]

30 Aus dem Evangelium nach Johannes.   Joh 6,37.39–40

In jener Zeit sprach Jesus zu der Menge: Alles, was der Vater mir gibt, wird zu mir kommen, und wer zu mir kommt, den werde ich nicht abweisen;[37] denn ich bin nicht vom Himmel herabgekommen, um meinen Willen zu tun, sondern den Willen dessen, der mich gesandt hat. Es ist aber der Wille dessen, der mich gesandt hat, dass ich keinen von denen, die er mir gegeben hat, zugrunde gehen lasse, sondern dass ich sie auferwecke am Letzten Tag.[39] Denn es ist der Wille meines Vaters, dass alle, die den Sohn sehen und an ihn glauben, das ewige Leben haben und dass ich sie auferwecke am Letzten Tag.[40]

31 Aus dem Evangelium nach Johannes.   Joh 11,21–27

Marta sagte zu Jesus: Herr, wärst du hier gewesen, dann wäre mein Bruder nicht gestorben.[21] Aber auch jetzt weiß ich: Alles, worum du Gott bittest, wird Gott dir geben.[22] Jesus sagte zu ihr: Dein Bruder wird auferstehen.[23] Marta sagte zu ihm: Ich weiß, dass er auferstehen wird bei der Auferstehung am Letzten Tag.[24] Jesus erwiderte ihr: Ich bin die Auferstehung und das Leben. Wer an mich glaubt, wird leben, auch wenn er stirbt,[25] und jeder, der lebt und an mich glaubt, wird auf ewig nicht sterben. Glaubst du das?[26] Marta antwortete ihm: Ja, Herr, ich glaube, dass du der Messias bist, der Sohn Gottes, der in die Welt kommen soll.[27]

Schriftlesungen beim Erwachsenenbegräbnis

32 Aus dem Evangelium nach Johannes.   Joh 11,32–38.40

In jener Zeit, als Maria, die Schwester des Lázarus dorthin kam, wo Jesus war, und ihn sah, fiel sie ihm zu Füßen und sagte zu ihm: Herr, wärst du hier gewesen, dann wäre mein Bruder nicht gestorben.³² Als Jesus sah, wie sie weinte und wie auch die Juden weinten, die mit ihr gekommen waren, war er im Innersten erregt und erschüttert.³³ Er sagte: Wo habt ihr ihn bestattet? Sie antworteten ihm: Herr, komm und sieh!³⁴ Da weinte Jesus.³⁵ Die Juden sagten: Seht, wie lieb er ihn hatte!³⁶ Einige aber sagten: Wenn er dem Blinden die Augen geöffnet hat, hätte er dann nicht verhindern können, dass dieser hier starb?³⁷ Da wurde Jesus wiederum innerlich erregt, und er ging zum Grab. Es war eine Höhle, die mit einem Stein verschlossen war.³⁸ Jesus sagte zu Marta: Habe ich dir nicht gesagt: Wenn du glaubst, wirst du die Herrlichkeit Gottes sehen?⁴⁰

33 Aus dem Evangelium nach Johannes.   Joh 12,24–26

In jener Zeit sprach Jesus zu seinen Jüngern: Amen, Amen, ich sage euch: Wenn das Weizenkorn nicht in die Erde fällt und stirbt, bleibt es allein; wenn es aber stirbt, bringt es reiche Frucht.²⁴ Wer an seinem Leben hängt, verliert es; wer aber sein Leben in dieser Welt gering achtet, wird es bewahren bis ins ewige Leben.²⁵ Wenn einer mir dienen will, folge er mir nach; und wo ich bin, dort wird auch mein Diener sein. Wenn einer mir dient, wird der Vater ihn ehren.²⁶

34 Aus dem Evangelium nach Johannes.   Joh 14,1–6

In jener Zeit sprach Jesus zu seinen Jüngern: Euer Herz lasse sich nicht verwirren. Glaubt an Gott und glaubt an mich!¹ Im Haus meines Vaters gibt es viele Wohnungen. Wenn es nicht so wäre, hätte ich euch dann gesagt: Ich gehe, um einen Platz für euch vorzubereiten?² Wenn ich gegangen bin und einen Platz für euch vorbereitet habe, komme ich wieder und werde euch zu mir holen, damit auch ihr dort seid, wo ich bin.³ Und wohin ich gehe, den Weg dorthin kennt ihr.⁴ Thomas sagte zu ihm: Herr, wir wissen nicht, wohin du gehst. Wie sollen wir dann den Weg kennen?⁵ Jesus sagte zu ihm: Ich bin der Weg und die Wahrheit und das Leben; niemand kommt zum Vater außer durch mich.⁶

35 Aus dem Evangelium nach Johannes.   Joh 17,24–26

In jener Zeit erhob Jesus seine Augen zum Himmel und sprach: Vater, ich will, dass alle, die du mir gegeben hast, dort bei mir sind, wo ich bin. Sie sollen meine Herrlichkeit sehen, die du mir gegeben hast, weil du mich schon geliebt hast vor der Erschaffung der Welt.[24] Gerechter Vater, die Welt hat dich nicht erkannt, ich aber habe dich erkannt, und sie haben erkannt, dass du mich gesandt hast.[25] Ich habe ihnen deinen Namen bekannt gemacht und werde ihn bekannt machen, damit die Liebe, mit der du mich geliebt hast, in ihnen ist und damit ich in ihnen bin.[26]

B BEIM BEGRÄBNIS EINES GETAUFTEN KINDES

LESUNGEN AUS DEM ALTEN TESTAMENT

36 Lesung aus dem Buch Jesaja.   Jes 25,8–9

siehe Nr. 4, Seite 103.

37 Lesung aus dem Buch der Klagelieder.   Klgl 3,21–25

siehe Nr. 5, Seite 103.

LESUNGEN AUS DEM NEUEN TESTAMENT

38 Lesung aus dem Brief an die Römer.   Röm 6,3–4.8

siehe Nr. 9, Seite 104.

39 Lesung aus dem Brief an die Römer.   Röm 14,7–9.12

siehe Nr. 12, Seite 105.

40 Lesung aus dem ersten Brief an die Korinther.   1 Kor 15,20–22

siehe Nr. 13, Seite 105.

41 Lesung aus dem Brief an die Epheser.   Eph 1,3a.4–5

Gepriesen sei Gott, der Vater unseres Herrn Jesus Christus.[3a] Denn in ihm hat er uns erwählt vor der Erschaffung der Welt, da-

Schriftlesungen beim Kinderbegräbnis

mit wir heilig und untadelig leben vor Gott;⁴ er hat uns aus Liebe im Voraus dazu bestimmt, seine Söhne zu werden durch Jesus Christus und zu ihm zu gelangen nach seinem gnädigen Willen.⁵

42 Lesung aus dem ersten Brief an die Thessalonicher. 1 Thess 4,13–14

siehe Nr. 17, Seite 106.

43 Lesung aus der Offenbarung des Johannes. Offb 7,9–10.17

Ich, Johannes, sah: eine große Schar aus allen Nationen und Stämmen, Völkern und Sprachen; niemand konnte sie zählen. Sie standen in weißen Gewändern vor dem Thron und vor dem Lamm und trugen Palmzweige in den Händen.⁹ Sie riefen mit lauter Stimme: Die Rettung kommt von unserm Gott, der auf dem Thron sitzt, und von dem Lamm.¹⁰ Denn das Lamm in der Mitte vor dem Thron wird sie weiden und zu den Quellen führen, aus denen das Wasser des Lebens strömt, und Gott wird alle Tränen von ihren Augen abwischen.¹⁷

EVANGELIEN

44 Aus dem Evangelium nach Matthäus. Mt 19,13–15

Man brachte Kinder zu Jesus, damit er ihnen die Hände auflegte und für sie betete. Die Jünger aber wiesen die Leute ab.¹³ Doch Jesus sagte: Lasst die Kinder und hindert sie nicht daran, zu mir zu kommen! Denn Menschen wie ihnen gehört das Himmelreich.¹⁴ Dann legte er ihnen die Hände auf und zog weiter.¹⁵

45 Aus dem Evangelium nach Johannes. Joh 6,37.39–40

siehe Nr. 30, Seite 110.

46 Aus dem Evangelium nach Johannes. Joh 11,32–38.40

siehe Nr. 32, Seite 111.

C BEIM BEGRÄBNIS EINES KINDES, DAS DIE TAUFE NICHT EMPFANGEN KONNTE

47 Lesung aus dem Buch Jesaja.   Jes 25,8–9

    siehe Nr. 4, Seite 103.

48 Lesung aus dem Buch der Klagelieder.   Klgl 3,21–25

    siehe Nr. 5, Seite 103.

49 Aus dem Evangelium nach Lukas.   Lk 23,44.46; 24,1–5

    siehe Nr. 29, Seite 110.

Schriftworte

Die folgende Auswahl an Schriftworten ist als Anregung für persönliche Worte oder für die Ansprache gedacht:

1 Denn wir sind nur Gäste bei dir, Fremdlinge, wie alle unsere Väter. Wie ein Schatten sind unsere Tage auf Erden und ohne Hoffnung.   1 Chr 29,15

2 Du zeigst mir den Pfad zum Leben. Vor deinem Angesicht herrscht Freude in Fülle, zu deiner Rechten Wonne für alle Zeit.   Ps 16,11

3 Ich aber will in Gerechtigkeit dein Angesicht schauen, mich satt sehen an deiner Gestalt, wenn ich erwache.   Ps 17,15

4 Ich aber bin gewiss, zu schauen die Güte des Herrn im Land der Lebenden. Hoffe auf den Herrn, und sei stark! Hab festen Mut, und hoffe auf den Herrn!   Ps 27,13f

5 In deine Hände lege ich voll Vertrauen meinen Geist; du hast mich erlöst, Herr, du treuer Gott.   Ps 31,6

6 Nahe ist der Herr den zerbrochenen Herzen, er hilft denen auf, die zerknirscht sind.   Ps 34,19

Schriftworte

7 Gott, richte uns wieder auf! Lass dein Angesicht leuchten, dann ist uns geholfen. Ps 80,4

8 Ich sättige ihn mit langem Leben und lasse ihn schauen mein Heil. Ps 91,16

9 Des Menschen Tage sind wie Gras, er blüht wie die Blume des Feldes. Fährt der Wind darüber, ist sie dahin; der Ort, wo sie stand, weiß von ihr nichts mehr. Doch die Huld des Herrn währt immer und ewig für alle, die ihn fürchten und ehren; sein Heil erfahren noch Kinder und Enkel; alle, die seinen Bund bewahren, an seine Gebote denken und danach handeln. Ps 103,15–18

10 Bei voller Kraft steigst du ins Grab, wie man Garben einbringt zu ihrer Zeit. Ijob 5,26

11 Bei allem, was du tust, denk an das Ende, so wirst du niemals sündigen. Sir 7,36

12 Kann denn eine Frau ihr Kindlein vergessen, eine Mutter ihren leiblichen Sohn? Und selbst wenn sie ihn vergessen würde: ich vergesse dich nicht. Jes 49,15

13 Meine Gedanken sind nicht eure Gedanken, und eure Wege sind nicht meine Wege – Spruch des Herrn. So hoch der Himmel über der Erde ist, so hoch erhaben sind meine Wege über eure Wege und meine Gedanken über eure Gedanken. Jes 55,8f

14 Aus der Ferne ist ihm der Herr erschienen: Mit ewiger Liebe habe ich dich geliebt, darum habe ich dir so lange die Treue bewahrt. Jer 31,3

15 Selig die Trauernden; denn sie werden getröstet werden. Mt 5,4

16 Ich bin der Gott Abrahams, der Gott Isaaks und der Gott Jakobs! Er ist doch nicht der Gott der Toten, sondern der Gott der Lebenden. Mt 22,32

17 Seid also wachsam! Denn ihr wisst nicht, an welchem Tag euer Herr kommt. Mt 24,42

18 Amen, amen, ich sage euch: Wenn jemand an meinem Wort festhält, wird er auf ewig den Tod nicht schauen. Joh 8,51

19 Ich bin das Licht, das in die Welt gekommen ist, damit jeder, der an mich glaubt, nicht in der Finsternis bleibt. Joh 12,46

20 Wenn die Frau gebären soll, ist sie bekümmert, weil ihre Stunde da ist; aber wenn sie das Kind geboren hat, denkt sie nicht mehr an ihre Not über der Freude, dass ein Mensch zur Welt gekommen ist. So seid auch ihr jetzt bekümmert, aber ich werde euch wiedersehen; dann wird euer Herz sich freuen, und niemand nimmt euch eure Freude. Joh 16,21f

21 Wir wissen, dass Gott bei denen, die ihn lieben, alles zum Guten führt. Röm 8,28a

22 Wenn der Geist dessen in euch wohnt, der Jesus von den Toten auferweckt hat, dann wird er, der Christus Jesus von den Toten auferweckt hat, auch euren sterblichen Leib lebendig machen durch seinen Geist, der in euch wohnt. Röm 8,11

23 Wie unergründlich sind seine Entscheidungen, wie unerforschlich seine Wege! Denn wer hat die Gedanken des Herrn erkannt? Oder wer ist sein Ratgeber gewesen? Wer hat ihm etwas gegeben, so dass Gott ihm etwas zurückgeben müsste? Denn aus ihm und durch ihn und auf ihn hin ist die ganze Schöpfung. Ihm sei Ehre in Ewigkeit! Amen. Röm 11,33b–36

24 Jetzt schauen wir in einen Spiegel und sehen nur rätselhafte Umrisse, dann aber schauen wir von Angesicht zu Angesicht. Jetzt erkenne ich unvollkommen, dann aber werde ich durch und durch erkennen, so wie ich auch durch und durch erkannt worden bin. 1 Kor 13,12

25 Er ist aber für alle gestorben, damit die Lebenden nicht mehr für sich leben, sondern für den, der für sie starb und auferweckt wurde. 2 Kor 5,15

26 Lasst uns nicht müde werden, das Gute zu tun; denn wenn wir darin nicht nachlassen, werden wir ernten, sobald die Zeit dafür gekommen ist. Gal 6,9

Schriftworte

27 Denn für mich ist Christus das Leben, und Sterben Gewinn.
   Phil 1,21

28 Denn ihr seid gestorben, und euer Leben ist mit Christus verborgen in Gott. Wenn Christus, unser Leben, offenbar wird, dann werdet auch ihr mit ihm offenbar werden in Herrlichkeit. **Kol 3,3f**

29 Ich weiß, wem ich Glauben geschenkt habe, und ich bin überzeugt, dass er die Macht hat, das mir anvertraute Gut bis zu jenem Tag zu bewahren. **2 Tim 1,12b**

30 Heiligen Geist hat er in reichem Maß über uns ausgegossen durch Jesus Christus, unseren Retter, damit wir durch seine Gnade gerecht gemacht werden und das ewige Leben erben, das wir erhoffen. Dieses Wort ist glaubwürdig, und ich will, dass du dafür eintrittst, damit alle, die zum Glauben an Gott gekommen sind, sich nach Kräften bemühen, das Gute zu tun. So ist es gut und für alle Menschen nützlich. **Tit 3,6–8**

31 Glücklich der Mann, der in der Versuchung standhält. Denn wenn er sich bewährt, wird er den Kranz des Lebens erhalten, der denen verheißen ist, die Gott lieben. **Jak 1,12**

32 Gepriesen sei der Gott und Vater unseres Herrn Jesus Christus: Er hat uns in seinem großen Erbarmen neu geboren, damit wir durch die Auferstehung Jesu Christi von den Toten eine lebendige Hoffnung haben. **1 Petr 1,3**

33 Der Gott aller Gnade aber, der euch in (der Gemeinschaft mit) Christus zu seiner ewigen Herrlichkeit berufen hat, wird euch, die ihr kurze Zeit leiden müsst, wiederaufrichten, stärken, kräftigen und auf festen Grund stellen. Sein ist die Macht in Ewigkeit. Amen. **1 Petr 5,10f**

34 Denn wenn das Herz uns auch verurteilt – Gott ist größer als unser Herz, und er weiß alles. **1 Joh 3,20**

35 Denn alles, was von Gott stammt, besiegt die Welt. Und das ist der Sieg, der die Welt besiegt hat: unser Glaube. **1 Joh 5,4**

36 Sei treu bis in den Tod; dann werde ich dir den Kranz des Lebens geben.   Offb 2,10c

37 Wer siegt, wird mit weißen Gewändern bekleidet werden. Nie werde ich seinen Namen aus dem Buch des Lebens streichen, sondern ich werde mich vor meinem Vater und vor seinen Engeln zu ihm bekennen.   Offb 3,5

38 Ich stehe vor der Tür und klopfe an. Wer meine Stimme hört und die Tür öffnet, bei dem werde ich eintreten, und wir werden Mahl halten, ich mit ihm und er mit mir.   Offb 3,20

39 Selig, wer zum Hochzeitsmahl des Lammes eingeladen ist.   Offb 19,9

40 Ich bin das Alpha und das Omega, der Anfang und das Ende. Wer durstig ist, den werde ich umsonst aus der Quelle trinken lassen, aus der das Wasser des Lebens strömt.   Offb 21,6

ANHANG II

Gesänge

PSALMEN

1 Psalm 51   (Bitte um Vergebung und Neuschaffung)

Verse 3–6a.11–14.17

Kehrvers (siehe GL 85/1):
Ewiges Leben schenke ihnen, o Herr;*
es leuchte ihnen das ewige Licht.

Psalm (vgl. GL 190):
Gott, sei mir gnädig nach deiner Huld,*
tilge meine Frevel nach deinem reichen Erbarmen!³
    Wasch meine Schuld von mir ab,*
    und mach mich rein von meiner Sünde!⁴
Denn ich erkenne meine bösen Taten,*
meine Sünde steht mir immer vor Augen.⁵
    Gegen dich allein habe ich gesündigt,*
    ich habe getan, was dir missfällt.⁶ᵃ
Verbirg dein Gesicht vor meinen Sünden,*
tilge all meine Frevel!¹¹
    Erschaffe mir, Gott, ein reines Herz,*
    und gib mir einen neuen, beständigen Geist!¹²
Verwirf mich nicht vor deinem Angesicht,*
und nimm deinen heiligen Geist nicht von mir!¹³
    Mach mich wieder froh mit deinem Heil;*
    mit einem willigen Geist rüste mich aus!¹⁴
Herr, öffne mir die Lippen,*
und mein Mund wird deinen Ruhm verkünden!¹⁷
    Ehre sei dem Vater und dem Sohn*
    und dem Heiligen Geist.
Wie im Anfang, so auch jetzt und alle Zeit*
und in Ewigkeit. Amen.

2 Psalm 23 (Der Herr mein Hirte)

Kehrvers (siehe GL 718/1):
Der Herr ist mein Hirt, er führt mich an Wasser des Lebens.

Psalm (siehe GL 718/2):
Der Herr ist mein Hirte,*
nichts wird mir fehlen.[1]
 Er lässt mich lagern auf grünen Auen*
 und führt mich zum Ruheplatz am Wasser.[2]
Er stillt mein Verlangen;*
er leitet mich auf rechten Pfaden, treu seinem Namen.[3]
 Muss ich auch wandern in finsterer Schlucht,*
 ich fürchte kein Unheil;
denn du bist bei mir,*
dein Stock und dein Stab geben mir Zuversicht.[4]
 Du deckst mir den Tisch*
 vor den Augen meiner Feinde.
Du salbst mein Haupt mit Öl,*
du füllst mir reichlich den Becher.[5]
 Lauter Güte und Huld werden mir folgen mein Leben lang,*
 und im Haus des Herrn darf ich wohnen für lange Zeit.[6]
Ehre sei dem Vater und dem Sohn*
und dem Heiligen Geist.
 Wie im Anfang, so auch jetzt und alle Zeit*
 und in Ewigkeit. Amen.

3 Psalm 27 (Vertrauen in Gefahr)   Verse 1.4a.8.9a.13–14

Kehrvers (siehe GL 719/1):
Der Herr ist mein Licht und mein Heil.

Psalm (vgl. GL 719/2):
Der Herr ist mein Licht und mein Heil:*
Vor wem sollte ich mich fürchten?
 Der Herr ist die Kraft meines Lebens:*
 Vor wem sollte ich bangen?[1]
Nur eines erbitte ich vom Herrn,*
danach verlangt mich:
 Im Haus des Herrn zu wohnen*
 alle Tage meines Lebens.[4a]

Gesänge – Psalmen

Mein Herz denkt an dein Wort: „Sucht mein Angesicht!"*
Dein Angesicht, Herr, will ich suchen.[8]
    Verbirg nicht dein Gesicht vor mir;*
    weise deinen Knecht im Zorn nicht ab![9a]
Ich aber bin gewiss, zu schauen*
die Güte des Herrn im Land der Lebenden.[13]
    Hoffe auf den Herrn, und sei stark!*
    Habe festen Mut, und hoffe auf den Herrn![14]
Ehre sei dem Vater und dem Sohn*
und dem Heiligen Geist.
    Wie im Anfang, so auch jetzt und alle Zeit*
    und in Ewigkeit. Amen.

4 Psalm 42/43 (Sehnsucht nach dem lebendigen Gott)
                              Psalm 42,2–3.5 und Psalm 43,3–4

Kehrvers (siehe GL 726/1):
Meine Seele dürstet allezeit nach Gott.

Psalm (vgl. GL 726/2):
Wie der Hirsch lechzt nach frischem Wasser,*
so lechzt meine Seele, Gott, nach dir.[2]
    Meine Seele dürstet nach Gott,*
    nach dem lebendigen Gott.
Wann darf ich kommen*
und Gottes Antlitz schauen?[3]
    Das Herz geht mir über, wenn ich daran denke:/
    wie ich einherschritt in festlicher Schar zum Hause Gottes,*
    mit Jubel und Dank in feiernder Menge.[5]
Sende dein Licht und deine Wahrheit,*
damit sie mich leiten,
    sie sollen mich führen zu deinem heiligen Berg*
    und zu deiner Wohnung.[3]
So will ich zum Altar Gottes treten, zum Gott meiner Freude.*
Jauchzend will ich dich auf der Harfe loben, Gott, mein Gott.[4]
    Ehre sei dem Vater und dem Sohn*
    und dem Heiligen Geist.
Wie im Anfang, so auch jetzt und alle Zeit*
und in Ewigkeit. Amen.

5 **Psalm 116A** (Dank für die Befreiung) Verse 1–9

Kehrvers (siehe GL 746/2):
Ich weiß, dass mein Erlöser lebt,
er schafft mich neu am Jüngsten Tag.

Psalm (siehe GL 746/3):
Ich liebe den Herrn;*
denn er hat mein lautes Flehen gehört[1]
    und sein Ohr zu mir geneigt*
    an dem Tag, als ich zu ihm rief:[2]
Mich umfingen die Fesseln des Todes,/
mich befielen die Ängste der Unterwelt,*
mich trafen Bedrängnis und Kummer.[3]
    Da rief ich den Namen des Herrn an:*
    „Ach Herr, rette mein Leben!"[4]
Der Herr ist gnädig und gerecht,*
unser Gott ist barmherzig.[5]
    Der Herr behütet die schlichten Herzen;*
    ich war in Not, und er brachte mir Hilfe.[6]
Komm wieder zur Ruhe, mein Herz!*
Denn der Herr hat dir Gutes getan.[7]
    Ja, du hast mein Leben dem Tod entrissen,/
    meine Tränen getrocknet,*
    meinen Fuß bewahrt vor dem Gleiten.[8]
So geh' ich meinen Weg vor dem Herrn*
im Land der Lebenden.[9]
    Ehre sei dem Vater und dem Sohn*
    und dem Heiligen Geist.
Wie im Anfang, so auch jetzt und alle Zeit*
und in Ewigkeit. Amen.

6 **Psalm 116B** (Danksagung) Verse 10–19

Kehrvers (siehe GL 528/3)
Ich gehe meinen Weg vor Gott im Lande der Lebenden.

Psalm (siehe GL 747/2):
Voll Vertrauen war ich, auch wenn ich sagte:*
Ich bin so tief gebeugt.[10]
    In meiner Bestürzung sagte ich:*
    Die Menschen lügen alle.[11]

Gesänge – Psalmen

Wie kann ich dem Herrn all das vergelten,*
was er mir Gutes getan hat?¹²
 Ich will den Kelch des Heils erheben*
 und anrufen den Namen des Herrn.¹³
Ich will dem Herrn meine Gelübde erfüllen*
offen vor seinem ganzen Volk.¹⁴
 Kostbar ist in den Augen des Herrn*
 das Sterben seiner Frommen.¹⁵
Ach Herr, ich bin doch dein Knecht,/
dein Knecht bin ich, der Sohn deiner Magd.*
Du hast meine Fesseln gelöst.¹⁶
 Ich will dir ein Opfer des Dankes bringen*
 und anrufen den Namen des Herrn.¹⁷
Ich will dem Herrn meine Gelübde erfüllen*
offen vor seinem ganzen Volk,¹⁸
 in den Vorhöfen am Hause des Herrn,*
 in deiner Mitte, Jerusalem.¹⁹
Ehre sei dem Vater und dem Sohn*
und dem Heiligen Geist.
 Wie im Anfang, so auch jetzt und alle Zeit*
 und in Ewigkeit. Amen.

7 Psalm 150 (Der große Lobpreis) Verse 1–6

Kehrvers (siehe GL 678/1):
Alles, was atmet, lobe den Herrn!

Psalm (siehe GL 678/2):
Lobet Gott in seinem Heiligtum,*
lobt ihn in seiner mächtigen Feste!¹
 Lobt ihn für seine großen Taten,*
 lobt ihn in seiner gewaltigen Größe!²
Lobt ihn mit dem Schall der Hörner,*
lobt ihn mit Harfe und Zither!³
 Lobt ihn mit Pauken und Tanz,*
 lobt ihn mit Flöten und Saitenspiel!⁴
Lobt ihn mit hellen Zimbeln,*
lobt ihn mit klingenden Zimbeln!⁵
 Alles, was atmet,*
 lobe den Herrn!⁶

Ehre sei dem Vater und dem Sohn*
und dem Heiligen Geist.
>Wie im Anfang, so auch jetzt und alle Zeit*
und in Ewigkeit. Amen.

8 Gesang aus dem Alten Testament   Jes 38,10–12.16.20

Kehrvers (siehe GL 734/1):
Ich suche dich, Gott; höre mein Rufen.

Psalmodie:
>Ich sagte: In der Mitte meiner Tage /
>muss ich hinab zu den Pforten der Unterwelt,*
>man raubt mir den Rest meiner Jahre.¹⁰

Ich darf den Herrn nicht mehr schauen im Land der Lebenden,*
keinen Menschen mehr sehen bei den Bewohnern der Erde.¹¹
>Meine Hütte bricht man über mir ab,*
>man schafft sie weg wie das Zelt eines Hirten.

Wie ein Weber hast du mein Leben zu Ende gewoben,*
du schneidest mich ab wie ein fertig gewobenes Tuch.¹²
>Herr, ich vertraue auf dich; du hast mich geprüft.*
>Mach mich gesund, und lass mich wieder genesen!¹⁶

Der Herr war bereit, mir zu helfen;*
wir wollen singen und spielen im Haus des Herrn, solange wir leben.²⁰
>Ehre sei dem Vater und dem Sohn*
>und dem Heiligen Geist.

Wie im Anfang, so auch jetzt und alle Zeit*
und in Ewigkeit. Amen.

9 Gesang aus dem Neuen Testament   Phil 2,6–11

Kehrvers (siehe GL 176/3):
Christus war für uns gehorsam bis zum Tod,
bis zum Tod am Kreuz.

Psalmodie (vgl. GL 174):
Er war Gott gleich;*
hielt aber nicht daran fest, wie Gott zu sein,⁶
>sondern er entäußerte sich*
>und wurde wie ein Sklave und den Menschen gleich.

Sein Leben war das eines Menschen;⁷ /
er erniedrigte sich und war gehorsam bis zum Tod,*
bis zum Tod am Kreuz.⁸
Darum hat ihn Gott über alle erhöht*
und ihm den Namen verliehen, der größer ist als alle Namen,⁹
damit alle im Himmel, auf der Erde und unter der Erde /
ihre Knie beugen vor dem Namen Jesu*¹⁰
und jeder Mund bekennt:
„Jesus Christus ist der Herr –"*
zur Ehre Gottes, des Vaters.¹¹
Ehre sei dem Vater und dem Sohn*
und dem Heiligen Geist.
Wie im Anfang, so auch jetzt und alle Zeit*
und in Ewigkeit. Amen.

AUS DER TAGZEITENLITURGIE

10 Lobgesang des Zacharias (Benedictus) Lk 1,68–75.78–79

Kehrvers (siehe GL 528/6):
Der Herr schenkt seinem Volk den Frieden.

Psalmodie (siehe GL 681):
Gepriesen sei der Herr, der Gott Israels!*
Denn er hat sein Volk besucht und ihm Erlösung geschaffen;⁶⁸
 er hat uns einen starken Retter erweckt*
 im Hause seines Knechtes David.⁶⁹
So hat er verheißen von alters her*
durch den Mund seiner heiligen Propheten.⁷⁰
 Er hat uns errettet vor unsern Feinden*
 und aus der Hand aller, die uns hassen;⁷¹
er hat das Erbarmen mit den Vätern an uns vollendet /
und an seinen heiligen Bund gedacht,*⁷²
an den Eid, den er unserm Vater Abraham geschworen hat;⁷³
 er hat uns geschenkt, dass wir, aus Feindeshand befreit, /
 ihm furchtlos dienen⁷⁴ in Heiligkeit und Gerechtigkeit*
 vor seinem Angesicht all unsre Tage.⁷⁵

Durch die barmherzige Liebe unseres Gottes*
wird uns besuchen das aufstrahlende Licht aus der Höhe,[78]
um allen zu leuchten, die in Finsternis sitzen und im Schatten des Todes,*
und unsre Schritte zu lenken auf den Weg des Friedens.[79]
Ehre sei dem Vater und dem Sohn*
und dem Heiligen Geist.
Wie im Anfang, so auch jetzt und alle Zeit*
und in Ewigkeit. Amen.

11 Lobgesang Mariens (Magnificat)   Lk 1,46–55

Kehrvers (siehe GL 194):
So sehr hat Gott die Welt geliebt,
dass er seinen Sohn für uns hingab.
Wer an ihn glaubt, hat teil an seinem Leben. (Vgl. Joh 3,16)

Psalmodie (siehe GL 689):
Meine Seele preist die Größe des Herrn,*[46]
und mein Geist jubelt über Gott, meinen Retter.[47]
    Denn auf die Niedrigkeit seiner Magd hat er geschaut.*
    Siehe, von nun an preisen mich selig alle Geschlechter![48]
Denn der Mächtige hat Großes an mir getan,*
und sein Name ist heilig.[49]
    Er erbarmt sich von Geschlecht zu Geschlecht*
    über alle, die ihn fürchten.[50]
Er vollbringt mit seinem Arm machtvolle Taten:*
er zerstreut, die im Herzen voll Hochmut sind;[51]
    er stürzt die Mächtigen vom Thron*
    und erhöht die Niedrigen.[52]
Die Hungernden beschenkt er mit seinen Gaben*
und lässt die Reichen leer ausgehen.[53]
    Er nimmt sich seines Knechtes Israel an*
    und denkt an sein Erbarmen,[54]
das er unsern Vätern verheißen hat,*
Abraham und seinen Nachkommen auf ewig.[55]
    Ehre sei dem Vater und dem Sohn*
    und dem Heiligen Geist.
Wie im Anfang, so auch jetzt und alle Zeit*
und in Ewigkeit. Amen.

Gesänge – Aus der Tagzeitenliturgie

12 **Lobgesang des Simeon** (Nunc dimittis) Lk 2,29–32

Kehrvers (siehe GL 90/1)
Der Herr ist mein Licht und mein Heil.

Psalmodie (siehe GL 90/2):
Nun lässt du, Herr, deinen Knecht,*
wie du gesagt hast, in Frieden scheiden.²⁹
   Denn meine Augen haben das Heil gesehen,*³⁰
   das du vor allen Völkern bereitet hast,³¹
ein Licht, das die Heiden erleuchtet,*
und Herrlichkeit für dein Volk Israel.³²
   Ehre sei dem Vater und dem Sohn*
   und dem Heiligen Geist.
Wie im Anfang, so auch jetzt und alle Zeit*
und in Ewigkeit. Amen.

13 **Gesang auf dem Weg zum Grab** (siehe GL 84):

Zum Paradies mögen Engel dich geleiten, die heiligen Märtyrer dich begrüßen und dich führen in die heilige Stadt Jerusalem. Die Chöre der Engel mögen dich empfangen, und durch Christus, der für dich gestorben, soll ewiges Leben dich erfreuen.

14 **Marianische Schlussantiphon** (Salve Regina)

Deutsche Version (siehe GL 571):
Sei gegrüßt, o Königin, Mutter der Barmherzigkeit, unser Leben, unsre Wonne und unsre Hoffnung, sei gegrüßt!
Zu dir rufen wir verbannte Kinder Evas; zu dir seufzen wir trauernd und weinend in diesem Tal der Tränen.
Wohlan denn, unsre Fürsprecherin, wende deine barmherzigen Augen uns zu, und nach diesem Elend zeige uns Jesus, die gebenedeite Frucht deines Leibes.
O gütige, o milde, o süße Jungfrau Maria.

Anhang II

Lateinische Version mit Noten (siehe GL 570):

T: 11. Jh.   M: 17. Jh. nach Henri Du Mont

Gesänge – Aus dem „Gotteslob"

LIEDER AUS DEM „GOTTESLOB"

15 „Gotteslob" Nr. 655   Lothar Zenetti 1970

1. Wir sind mitten im Leben
zum Sterben bestimmt;
was da steht, das wird fallen.
Der Herr gibt und nimmt.

2. Wir gehören für immer
dem Herrn, der uns liebt;
was auch soll uns geschehen,
er nimmt und er gibt.

3. Wir sind mitten im Sterben
zum Leben bestimmt;
was da fällt, soll erstehen.
Er gibt, wenn er nimmt.

16 „Gotteslob" Nr. 656   Georg Thurmair 1935

1. Wir sind nur Gast auf Erden
und wandern ohne Ruh
mit mancherlei Beschwerden
der ewigen Heimat zu.

2. Die Wege sind verlassen,
und oft sind wir allein.
In diesen grauen Gassen
will niemand bei uns sein.

3. Nur einer gibt Geleite,
das ist der Herre Christ;
er wandert treu zur Seite,
wenn alles uns vergisst.

4. Gar manche Wege führen
aus dieser Welt hinaus.
O dass wir nicht verlieren
den Weg zum Vaterhaus.

5. Und sind wir einmal müde,
dann stell ein Licht uns aus,
o Gott, in deiner Güte;
dann finden wir nach Haus.

17 „Gotteslob" Nr. 659   Nürnberg 1555

1. O Welt, ich muss dich lassen,
ich fahr' dahin mein' Straßen
ins ewig Vaterland.
Mein'n Geist ich will aufgeben,
dazu mein Leib und Leben
legen in Gottes gnädig Hand.

2. Mein' Zeit ist nun vollendet,
der Tod das Leben endet,
Sterben ist mein Gewinn.
Kein Bleiben ist auf Erden,
das Ew'ge muss mir werden,
mit Fried und Freud' ich fahr'
dahin.

3. Auf Gott steht mein Vertrauen,
sein Antlitz will ich schauen
wahrhaft durch Jesum Christ,
der für mich gestorben,
des Vaters Huld erworben
und so mein Mittler worden ist.

18 „Gotteslob" Nr. 662   Jena 1609

1. Christus, der ist mein Leben,
Sterben ist mein Gewinn.
Ihm will ich mich ergeben;
mit Fried fahr ich dahin.

2. Mit Freud fahr ich von dannen
zu Christ, dem Bruder mein,
auf dass ich zu ihm komme
und ewig bei ihm sei.

3. Ich hab nun überwunden
Kreuz, Leiden, Angst und Not;
durch seine heilgen Wunden
bin ich versöhnt mit Gott.

4. Wenn meine Kräfte brechen,
mein Atem geht schwer aus
und kann kein Wort mehr sprechen:
Herr, nimm mein Seufzen auf.

5. Wenn mein Herz und Gedanken
zergehen wie ein Licht,
das hin und her tut wanken,
wenn ihm die Flamm gebricht,

6. alsdann lass sanft und stille,
o Herr, mich schlafen ein
nach deinem Rat und Willen,
wenn kommt mein Stündelein.

7. In dir, Herr, lass mich leben
und bleiben allezeit,
so wirst du mir einst geben
des Himmels Wonn und Freud.

LITANEI FÜR DIE VERSTORBENEN I

V.: Lasst uns beten für unsere Verstorbenen *(für unsere verstorbene Schwester / für unseren verstorbenen Bruder)* **N.**

K.: Heilige Maria   **A.:** Bitte für sie *(ihn)*.
K.: Du Mutter der Barmherzigkeit
Heiliger Michael
Heiliger Johannes der Täufer
Heiliger Josef

Namenspatron(e) der/des Verstorbenen können hier eingefügt werden.

Alle Heiligen Gottes   **A.:** Bittet für sie *(ihn)*.
K.: Sei ihnen *(ihr/ihm)* gnädig   **A.:** Verschone sie *(ihn)*, o Herr.
K.: Sei ihnen *(ihr/ihm)* gnädig   **A.:** Erhöre sie *(ihn)*, o Herr.
K.: Von den Leiden seiner Läuterung   **A.:** Erlöse sie *(ihn)*, o Herr.
K.: Von aller Schuld und Strafe
Durch den Reichtum deiner Liebe
Durch die gnadenreiche Geburt deines Sohnes
Durch seine Taufe und sein heiliges Fasten
Durch seine Angst und Not am Ölberg
Durch seine grausame Geißelung
Durch seine schmachvolle Krönung
Durch seinen schmerzlichen Kreuzweg
Durch seine heiligen Wunden
Durch seinen bittern Tod
Durch seine glorreiche Auferstehung und Himmelfahrt
Durch die Sendung des Heiligen Geistes
K.: Wir armen Sünder   **A.:** Wir bitten dich, erhöre uns.
K.: Schenke allen Toten deinen Frieden
Führe sie zur Anschauung deiner Herrlichkeit
Rufe sie zum Gastmahl des ewigen Lebens
Erbarme dich jener, an die niemand denkt
Erlöse alle, an deren Sünden wir mitschuldig sind
Lass unsere verstorbenen Eltern, Verwandten und Freunde bei dir die ewige Heimat finden
Führe unsere verstorbenen Seelsorger und Wohltäter in dein ewiges Licht
Nimm die Verstorbenen unserer Gemeinde auf in dein himmlisches Reich

Gib den Opfern der Unfälle, Katastrophen und Kriege das ewige Heil
Lass sie alle auferstehen zur Herrlichkeit
K.: Lamm Gottes, du nimmst hinweg die Sünde der Welt
A.: Erbarme dich unser.
K.: Lamm Gottes, du nimmst hinweg die Sünde der Welt
A.: Erbarme dich unser.
K.: Lamm Gottes, du nimmst hinweg die Sünde der Welt
A.: Gib uns deinen Frieden.
V.: Lasset uns beten:
Himmlischer Vater, wir empfehlen alle Verstorbenen deiner Barmherzigkeit. Schenke ihnen Nachlass aller Schuld und Strafe. Vollende, was du in ihnen begonnen hast, und führe sie in das Reich des Lichtes und des Friedens.
Durch Christus, unseren Herrn. A.: Amen.

LITANEI FÜR DIE VERSTORBENEN II

K.: Herr, erbarme dich.	A.: Herr, erbarme dich.
K.: Christus, erbarme dich.	A.: Christus, erbarme dich.
K.: Christus, höre uns.	A.: Christus, erhöre uns.
K.: Gott Vater im Himmel	A.: Erbarme dich unser.

K.: Gott Sohn, Erlöser der Welt
Gott Heiliger Geist
Heiliger, dreifaltiger Gott
K.: Heilige Maria, aufgenommen in den Himmel
    A.: Bitte(t) für ihn.   A.: Bitte(t) für sie.
K.: **Du unsere Mutter**
Du Zuflucht der Sünder
Du Trost der Trauernden
Heiliger Josef
Heiliger Michael
Heilige(r) N. (Namenspatron der/des Verstorbenen)
Ihr Heiligen unseres Landes
Alle Heiligen Gottes
K./A.: Deinen Tod, o Herr, verkünden wir, und deine Auferstehung preisen wir, bis du kommst in Herrlichkeit.

Litanei für die Verstorbenen II

K.: Jesus, am Kreuz gestorben
    A.: Erbarme dich seiner (ihrer).
K.: Hinabgestiegen zu den Toten
Auferstanden in Herrlichkeit
Du Kraft für die Sterbenden
Du Tür zum Leben und einzige Hoffnung
K.: Wir bitten dich für unsere Toten
    A.: Gib ihnen die ewige Freude.
K.: Reinige sie von ihrer Schuld
Ergänze, was ihrem Leben fehlt
Vollende sie im Reich des Vaters
K./A.: Deinen Tod, o Herr, verkünden wir, und deine Auferstehung preisen wir, bis du kommst in Herrlichkeit.
K.: Jesus, sei uns gnädig.   **A.:** Herr und Gott, verschone uns.
K.: Sei uns barmherzig   **A.:** Herr und Gott, befreie uns.
K.: Von allem Bösen   **A.:** Herr und Gott, erlöse uns.
K.: Von aller Sünde
Von Hass und Feindschaft
Von der Angst vor dem Tod
Von der Angst vor dem Leben
Durch dein Kreuz und Leiden
Durch die Hingabe deines Lebens
Durch dein Blut, das für uns vergossen ist
Durch deine Auferstehung zu neuem Leben
Durch dein Kommen, das wir erwarten
V./A.: Deinen Tod, o Herr, verkünden wir, und deine Auferstehung preisen wir, bis du kommst in Herrlichkeit.
K.: Wir armen Sünder   **A.:** Wir bitten dich, erhöre uns.
K.: Dass wir unsere Sünden bereuen
Dass wir einander verzeihen
Dass wir an dich glauben
Dass wir auf dich hoffen
Dass wir dich lieben
Dass wir in dir leben
Dass unsere Toten bei dir leben

Als Abschluss wird ein Vaterunser oder eine Oration (siehe Seite 25) gebetet.

BIS DU KOMMST IN HERRLICHKEIT

TEIL II

Neue Wege in der Trauerpastoral

Inhalt

Vorwort 139

I. Neue Aspekte 141

Postulate zur Liturgie in der Trauerfeier 143
Aufgaben der Trauerliturgie und der Trauerrituale 145
Das Begräbnis im Wandel der Zeit 148
Selbstdarstellung der Kirche und die Verkündigung des Glaubens . 152
Problemkreis „Begräbnismesse" 153
Trauerarbeit mit den Hinterbliebenen 155
Trauerfeiern in der Dorfgemeinde und in der Großstadt 157
Redewendungen als „Stolpersteine" bei Trauerfeiern 161
Einführung in das Begräbnisrituale der Erzdiözese Wien 1999 ... 165
Tröstung der Trauernden beim Begräbnis von Verstorbenen, die aus
der Kirche ausgetreten sind 177
Die Aufgaben des Begräbnisleiters 177
Emotionale Probleme des Begräbnisleiters bei der Trauerfeier ... 179
„Laien" als Begräbnisleiter 181
Praktische Hinweise für Begräbnisleiter 182
Kirchliche Rechtsfragen 187

II. Tod und Trauer 190

Das Sterben 190
Der Tod 190
Einfluss der Trauer auf die Einzelperson und auf die Gesellschaft . 193
Mechanismen der Trauerbewältigung 197
Fragen zur Trauer 201

III. Beratung im Trauerfall 210

Anhang 217

   Begriffe aus dem Bestattungswesen 217
   Begriffe um die Friedhofskultur 223

Vorwort

Der Tod, die Trauer und das Begräbnis sind mit Erfahrungen verbunden, die sehr betroffen machen. Jede Trauer stellt ein psychisches, kulturelles und nicht zuletzt ein religiöses Problem dar, das sowohl für den einzelnen Menschen als auch für die Gesellschaft mit weitgehenden Implikationen verbunden ist.

Leider sind Menschen in Trauer oft sich selbst überlassen. Sie könnten zwar professionelle Hilfe, wie etwa die eines Psychotherapeuten, in Anspruch nehmen, tun dies aber selten, da sie den seelischen Zustand, in dem sie sich befinden, nicht als Krankheit betrachten.

Das Christentum hat in seiner langen Geschichte einen reichen Erfahrungsschatz in Bezug auf Tod, Begräbnis und Trauer der Menschen gesammelt. Die Kirche hat nicht nur Antworten auf Fragen, die den Tod betreffen, sondern sie bietet den Trauernden in der Begräbnisliturgie mit ihren therapeutisch wirksamen Kräften, wie sonst niemand in der Gesellschaft, auch wertvolle Hilfe bei der Bewältigung der Trauer an.

Im Folgenden kommt einerseits Grundsätzliches zum Thema Trauerpastoral zur Sprache, und anderseits werden menschliche Denk- und Verhaltensweisen im Zusammenhang mit einem Todesfall beleuchtet, um jenen, die mit Trauernden zu tun haben, Hilfe anzubieten.

Jede bewusste Auseinandersetzung mit dem Tod ist ein Gewinn für die seelische Gesundheit. Sie kann zu einer religiösen Überzeugung führen, die das Leben auch angesichts des Todes lebenswert macht.

Alle, die Begräbnisfeiern leiten, finden hier kurze und prägnante Hinweise, wie sie die heilenden Kräfte der Trauerliturgie voll zur Entfaltung bringen und der Trauerpastoral einen neuen Tiefgang verleihen können. Dadurch wird der Dienst der Kirche auf diesem Gebiet bewusst neu dargestellt und kann in der Folge von der Gesellschaft auch neu bewertet und anerkannt werden.

Wien, den 25. September 2000   Mag. Karl Wagner

I. Neue Aspekte

Es ist bislang noch ungewöhnlich, in der Seelsorge gesondert von einer *Trauerpastoral* zu sprechen, obwohl es seit jeher zu den Werken der Barmherzigkeit zählt, die Toten zu begraben und die Trauernden zu trösten. Dieser Bereich der Seelsorge wurde für ein so selbstverständliches Aufgabengebiet gehalten, dass es nicht notwendig zu sein schien, darüber eigens ausführlich zu sprechen.
Die Pastorale Einführung in das Begräbnisrituale: „Die kirchliche Begräbnisfeier in den katholischen Bistümern des deutschen Sprachgebietes", herausgegeben im Auftrag der Bischofskonferenzen Deutschlands, Österreichs und der Schweiz und des Bischofs von Luxemburg, gibt einen Einblick in die verschiedenen Dienste beim Begräbnis, um den Seelsorgern den Stellenwert des Begräbnisses in der Pastoral zu verdeutlichen. Das Praktische Wörterbuch der Pastoral-Anthropologie „Sorge um den Menschen" (Herder, Wien 1975) hat den Begriff „Trauerpastoral" noch nicht. In der neueren Literatur wird dieses Gebiet der Seelsorge als Teil der Pastoral zu den Lebenswenden (Heirat, Geburt, Tod) behandelt.
Die Trauerpastoral greift aber auch in den Bereich der Psychologie, Psychiatrie, Thanatologie und Palliativmedizin, der Krankenseelsorge und der Hospizbewegung über und müsste eigentlich als interdisziplinäres Fach unterrichtet werden.
Umfassende Kenntnisse der menschlichen Denk- und Verhaltensweisen im Trauerfall sind Voraussetzung für eine hilfreiche und fruchtbringende Trauerpastoral.

Es ist bezeichnend, dass die Mitglieder der Kirche, auch jene, die nur gelegentlich die Kirche besuchen, selbstverständlich nach einem kirchlichen Begräbnis verlangen. Sie verzichten auf viele Dienste beziehungsweise Angebote der Kirche, weil sie diese für entbehrlich halten. Der relativ seltene Messbesuch oder der Verzicht auf den Empfang mancher Sakramente deuten darauf hin, dass es der Kirche nicht ausreichend gelungen ist, den Menschen Sinn und Wert dieser Angebote zeitgemäß bewusst zu machen. Das kirchliche Begräbnis dagegen ist für fast alle Christen ein Dienst, den sie für sinnvoll und unverzichtbar halten und von ihrer Kirche mit großer Selbstverständlichkeit und Dankbarkeit in Anspruch nehmen. Deswegen sollte der Stellenwert der Trauerfeiern sowohl im Leben der einzelnen Christen als auch in der Auffassung der Kirche genauer untersucht werden.

Was ist das Begräbnis für den einzelnen Menschen, für die Gesellschaft und für die Kirche?

Das Begräbnis ist zuallererst eine kulturelle und nur vom Menschen ausgeübte Gepflogenheit, den Leichnam eines Verstorbenen würdig im Grab beizusetzen.

Seit Anbeginn spüren die Menschen ihre Einmaligkeit und Einzigartigkeit. Sie erkennen oder erahnen, dass zu ihrem Wesen mehr gehört als nur das, was man sehen oder greifen kann. Dieses geheimnisvolle „Mehr" ist es, was den Menschen veranlasst, seine verstorbenen Artgenossen feierlich und ehrenvoll zu bestatten. Das Begräbnis bringt zum Ausdruck, dass die Verbundenheit mit dem Verstorbenen nicht zerstört werden kann, obwohl der Tod an sich eine Grenze setzt, die massiv auf die Vergänglichkeit hinweist.

Der Tod Jesu und seine Auferweckung von den Toten haben diese Vorahnung bestätigt und deutlich gemacht: Gott kann die Toten zum Leben erwecken. So stellt das Begräbnis eine besondere Annäherung an jene andere Seite der Wirklichkeit dar, die in der Religion angesprochen wird.

Menschen der Moderne, denen die religiöse Dimension des Lebens abhanden gekommen ist, sehen im *Zeitgewinn* den Sinn des Lebens. Die Angst, etwas zu versäumen, treibt sie an, den Ablauf der Zeit zu unterlaufen. Weil aber der Mensch in der Zeit, die ihm zur Verfügung steht, zu viel will, hat er ständig zu wenig von ihr. Selbst wenn er ein biblisches Alter erreicht, ist sein Leben – gemessen an den unzähligen Möglichkeiten des Erlebenkönnens – viel zu kurz. Also kann er nicht beliebig lange warten, um aus sich das zu machen, was er noch nicht im ausreichenden Maß ist, aber sein könnte oder möchte – sonst geht das Leben an ihm vorbei.

Die Konfrontation mit dem „vorzeitigen" Tod, zum Beispiel nach einem Autounfall, wird daher für den modernen Menschen zu einem einschneidenden Erlebnis. Es kann ihm die Einstellung vermitteln, sein „Leben in der Zeit" sei völlig unabgesichert, wie eine Seifenblase. Solch eine Begegnung mit dem allzu frühen Tod lässt die bohrende Frage aufkommen: „Ist das alles?" – „Das kann doch nicht alles gewesen sein!" So bekommt die menschliche Frage nach der Existenz Gottes nicht mehr nur hypothetische und rein theoretische, sondern auch existentielle Bedeutung.

Jedes Begräbnis fordert die anwesende Trauergemeinde zu einer konkreten Stellungnahme heraus. Der Einzelne muss sich bei einem solchen Anlass selbst eingestehen, ob er glaubt, dass der Verstorbene jetzt unwiderruflich ausgelöscht ist oder dass seine Existenz über den Tod hinaus auf eine andere Weise bestehen bleibt. Dieser persönliche Glaube wird bei jedem Begräbnis erneut hinterfragt und durch die Begräbnisfeier entweder bestärkt oder in Zweifel gestellt. Deswegen ist es für die Kirche besonders wichtig, in der Begräbnisfeier den Glauben klar, verständlich und glaubwürdig zum Ausdruck zu bringen. Jedes Wort, jede Geste kann eine sehr nachhaltige Wirkung haben. Mehr noch, der Religionsunterricht in der Schule, die pfarrliche Verkündigung und alle persönlichen Auseinandersetzungen mit dem Glauben werden angesichts des Todes einem Belastungstest unterworfen und auf ihre Glaubwürdigkeit und Tragfähigkeit hin überprüft.

Also lastet auf jedem Begräbnisleiter eine große Verantwortung, weil alles, was er tut, sagt oder unterlässt, den Glauben der Kirche erhellen oder auch verdunkeln kann. Niemand verlässt den Friedhof mit dem gleichen Glauben, mit dem er gekommen ist, weil jede Trauerfeier entweder zur Stärkung oder zur Schwächung des eigenen Glaubens beiträgt.

Die Trauerliturgie und die Trauerrituale sind besonders geeignet, den kirchlichen Glauben darzustellen und die Sinnhaftigkeit des Wirkens der Kirche zum Wohl und Heil der Menschen zu untermauern. All das, worum sich die pfarrliche Verkündigung und Seelsorge bemühen, wird beim Begräbnis sinnfällig und exemplarisch zugespitzt zum Ausdruck gebracht. Deswegen verdient das ganze Umfeld der Trauerseelsorge ungeteilte Aufmerksamkeit und besonderes Engagement.

Postulate zur Liturgie in der Trauerfeier

Wenn Liturgie als inszenierter Glaube eine Teilnahme des Volkes Gottes an der Fortsetzung des Werkes Jesu Christi sein soll, dann muss darauf geachtet werden, dass der Glaube der Kirche auch in der Trauerliturgie

- *zeitgemäß* – mit heute gebräuchlichen Mitteln,
- *unverkürzt* – heil und unversehrt,
- *verständlich* – in einer geläufigen Ausdrucksweise,
- *begreiflich* – plausibel und einleuchtend sowie
- *menschenfreundlich* und
- *einladend*

vermittelt wird, damit er seine ganze Kraft entfalten kann.

Die Werke der Barmherzigkeit – „die Toten begraben" und „die Trauernden trösten" – bilden den Rahmen, die Trauerliturgie und die Trauerrituale das Herzstück der Trauerpastoral. Dabei sind Liturgie und Trauerrituale sowohl *Transportmittel* als auch gleichzeitig *Inhalt* des Glaubens, an dem sich Menschen stärken und aufrichten können. In der Liturgie wird den Menschen das eigene Leben aus der Perspektive des Glaubens erfahrbar gemacht und im Lichte des Glaubens gedeutet.

Die Erwartungen der Hinterbliebenen an die Kirche in Bezug auf Trauerfeiern sind sehr komplex. Jede Beerdigung beziehungsweise Verabschiedung von einem lieben Menschen bringt auf Seiten der Hinterbliebenen starke Gefühle, Verletzlichkeit und besondere Sensibilität mit sich, und die Art und Weise, wie sich die Kirchenvertreter bei Begräbnisfeiern verhalten, entscheidet in sehr hohem Maße über das Urteil, das sich die Hinterbliebenen und die Trauergemeinde von der Kirche allgemein bilden.

Weil der Tod und das Begräbnis einer geliebten Person, zum Beispiel der Mutter, nur einmal stattfindet, sind Verletzungen, die den Hinterbliebenen bei der Trauerfeier zugefügt werden, nie wieder gutzumachen. Solche Fehler bleiben meist ein Leben lang im Gedächtnis haften. Sie können immer wieder bei entsprechender Gelegenheit ins Bewusstsein kommen und jedes Mal den gleichen Unmut und Ärger und die gleiche Enttäuschung wie seinerzeit beim Begräbnis hervorrufen. Dies macht deutlich, wie groß die Verantwortung der Priester, Diakone und Laien, die Begräbnisse leiten, für das Bild der Kirche in der Öffentlichkeit ist.

Mangelnde Kenntnisse über den Menschen und über die *Trauermechanismen* beim Kontakt mit Hinterbliebenen, eine unreflektierte *Einstellung zum Begräbnis* und *unklare Vorstellungen* von der Bedeutung der Trauerpastoral in der Seelsorge können Gründe dafür sein, dass die Erwartungen der Trauernden an die Trauerfeier nicht immer erfüllt werden.

Auch das Festhalten an der Norm von „gültig" und „erlaubt" löst das Problem nicht. Mit dieser Norm wird nur ein Mindestmaß dessen zum Ausdruck gebracht, was erforderlich ist, um von einer kirchlichen Trauerfeier sprechen zu können. Im Einzelfall aber reicht dies bei weitem nicht aus, um auf die Nöte der Hinterbliebenen einzugehen und den Auftrag der Kirche zu erfüllen. Allein die „erlaubte" und „gültige" Anwendung des Begräbnisritus verbürgt noch keinen Trost für die Hinterbliebenen und vermehrt das Ansehen der Kirche nicht. Die Wirkung der Trauerfeier hängt von vielen Faktoren ab, die zu berücksichtigen sind, und nicht nur von dem erlaubten und gültigen Abhalten des Begräbnisritus.

Eine sorgfältige Ausbildung und Weiterbildung für alle jene, die Begräbnisse leiten, würde dazu beitragen, die genannten Mängel zu beheben und der Gesellschaft die Kirche in einem neuen Licht zu präsentieren.

„Tote begraben"

Für die Kirche ist es ein Werk der Barmherzigkeit, die Toten zu begraben. Der Codex Iuris Canonici weist darauf hin, dass die Kirche ihre verstorbenen Mitglieder in einer liturgischen Feier in die Ewigkeit Gottes geleitet, indem sie „für die Verstorbenen geistlichen Beistand erfleht, ihren Leib ehrt und zugleich den Lebenden den Trost der Hoffnung gibt" (Can. 1176, §2). Davon leiten Menschen, die zur Kirche gehören, auch das Recht ab, ihre Verstorbenen mit dem Segen der Kirche zu bestatten.

Yorick Spiegel betont, dass die Situation am Grabe zu ernst ist, als dass sie Dilettantismus gestatten würde. Tote zu begraben ist eine verantwortungsvolle Aufgabe, weil sie in Anwesenheit von Trauernden vollzogen wird.

Bei jedem Begräbnis wird angesichts des Todes die Grundeinstellung der Begräbnisteilnehmer zur Welt auf den Prüfstand gestellt und hinterfragt. Ein seelenloses oder routinemäßiges Abwickeln des Begräbnisritus verdunkelt jede Vorstellung von Transzendenz und bestärkt ein materialistisches Weltbild. Durch das persönliche Engagement des Begräbnisleiters hingegen können die Trauerfeier und die Botschaft, die durch sie transportiert wird, zu einem eindrucksvollen Hinweis auf jene Wirklichkeit werden, die mit dem Tod nicht endet.

„Trauernde trösten"

Trauernde gehören zu den Ärmsten der Gesellschaft. Für sie haben Geld, Prestige, Ansehen und soziale Stellung weitgehend an Bedeutung verloren. Die Welt, in der sie lebten, ist zusammengebrochen. Der Tod des geliebten Menschen hat nicht nur die Ohnmacht der Ärzte, sondern auch die eigene Hilflosigkeit entlarvt. Deswegen betrachtet es die Kirche als ihre Aufgabe, aus Nächstenliebe und Barmherzigkeit im Sinne Jesu Christi die Trauernden zu trösten, die in ihrer Trauer oft allein gelassen sind.

Aufgaben der Trauerliturgie und der Trauerrituale

Trauer ist ein individueller, oft langwieriger und komplizierter Prozess, der in Ablauf und Intensität sehr unterschiedlich erlebt werden kann. Liturgie und Ritual können dabei *therapeutische Wirkung* entfalten, indem sie wichtige Aufgaben sowohl in Bezug auf die Trauernden als auch die soziale Umwelt erfüllen.

In Bezug auf die Trauernden

- die Trauer bewusst machen und sie in Gang setzen, damit der Trauernde im Vertrauen auf sich selbst, seine Familie und Freunde sowie auf Gott den Trauergefühlen freien Lauf lässt;
- helfen, den Tod als unwiderrufliches Faktum anzunehmen;
- die Kontrolle der Emotionen unterstützen;
- eine Strukturierung der Trauer im entstandenen Chaos der Gefühle einleiten;
- Gefühle dem Verstorbenen gegenüber zum Ausdruck bringen;
- die Angst vor dem Verstorbenen nehmen und helfen, die Bewertung des Verlustes vorzunehmen;
- die Beziehung zum Verstorbenen neu formulieren;
- die Inkorporation des Verstorbenen erleichtern – das bedeutet: dem Trauernden helfen, den Verstorbenen in seiner vollen Menschlichkeit, mit seinen guten und schlechten Seiten, in die Erinnerung aufzunehmen;
- den Statusübergang des Hinterbliebenen darstellen, denn der Trauernde kennt seine neue gesellschaftliche Position noch nicht aus eigener Erfahrung (die Ehefrau beispielsweise wird zur Witwe);
- den neuen Status der Hinterbliebenen veröffentlichen;
- auf die Chance der Neuorientierung und auf sinnvolle Aufgaben hinweisen;
- den zu gehenden Weg symbolisch vorzeigen;
- auf die Notwendigkeit einer Neuverteilung der emotionalen Bindungen in der sozialen Gruppe aufmerksam machen;
- die Trauernden unter Schutz stellen und die soziale Gruppe auf die besonderen Rechte der Trauernden hinweisen;
- im Lichte des Glaubens auf die Realität des Todes und die damit verbundene Angst eingehen;
- auf die christologische Funktion des Hinterbliebenen für den Verstorbenen hinweisen: der Hinterbliebene kann für ihn eintreten, für ihn beten, er kann sein Fürsprecher sein, er kann an seinen Niederlagen und an seinem Versagen leiden, ihn gegen die Umwelt verteidigen, ihn in seinem Sinne vertreten;
- das Gefühl des Verlorenseins aufheben: Vertrauen auf Gott wecken, Schuldgefühle nehmen und Vergebung zusprechen;
- eine neue Sicht der Gemeinschaft der Heiligen eröffnen beziehungsweise stärken;
- das Verhältnis zu Christus überprüfen, um dadurch ein neues Verhältnis zum Verstorbenen zu gewinnen;
- das vertiefte Verständnis für den Verstorbenen als Quelle der Freude entdecken und auf ein Wiedersehen hoffen.

Aufgaben der Trauerliturgie und der Trauerrituale

In Bezug auf den Verstorbenen

- die Freigabe des Verstorbenen erleichtern;
- dem Verstorbenen öffentliche Ehrung zukommen lassen;
- auf die Gemeinschaft der Lebenden mit den Verstorbenen hinweisen;
- für den Verstorbenen und auch zu den Verstorbenen beten;
- auf die Liebe und Barmherzigkeit Gottes hinweisen;
- die Vollendung bei Gott in Aussicht stellen.

In Bezug auf die soziale Umwelt

- die Ablösung vom Verstorbenen einleiten;
- angestaute Aggressionen ansprechen;
- Kontrolle der Emotionen bewirken;
- zur Angstreduzierung beitragen;
- auf den Wechsel der Beziehungen, die durch den Tod eingetreten sind, hinweisen;
- auf Zuwendung, die Hinterbliebene benötigen, aufmerksam machen;
- auf die Liebe und Barmherzigkeit Gottes hinweisen;
- die Hoffnung auf die Vollendung bei Gott wecken.

Je mehr von den genannten Elementen durch Liturgie und Ritual zum Vorschein kommen, desto größer ist deren heilende Wirkung.

Der Umgang mit Tod und Trauer wird immer von der eigenen Erfahrung oder auch von theoretischen Überlegungen beeinflusst. Wer diese Thematik nur aus einem einzigen Blickwinkel betrachtet, muss sich zwangsläufig deutlich von denen abheben, die auch andere Gesichtspunkte mit einbringen.

Begriffe wie *Markt, Geschäft mit dem Tod, Designer-Mode beim Begräbnis* usw. erwecken den Eindruck, es ginge beim Begräbnis nur ums Geld, das die Bestattungsunternehmen den Trauernden entlocken möchten. Natürlich haben die Leistungen, die erbracht werden, ihren Preis. Man sollte jedoch bedenken, dass sie auch etwas Immaterielles bewirken, das für die Trauernden und für die Gesellschaft wertvoll ist.

Das Reden von *alternativen Bestattungen, Begräbnisinszenierungen,* von *Konvention* oder *Tradition,* von *Trends bei Begräbnisfeiern* könnte glauben machen, dass der äußere Schein bei Trauerfeiern die entscheidende Rolle spielt. Alle diese Bemühungen stehen jedoch im Dienste der Trauerbewältigung.

Traditionen sind nicht unvergänglich und neue Formen nicht automatisch bedenklich. Worauf es ankommt, ist ihre Wirkung bei der Bewältigung der Trauer. An diesem Anspruch müssen sich sowohl Rituale als auch Ideologien oder Religionen messen lassen.

Wenn bei den Trauerfeiern wesentliche Aspekte und Merkmale außer Acht gelassen werden, bleibt auch ihre therapeutische Wirkung aus.

Das Beklagen der Verdrängung des Todes in der modernen Gesellschaft trifft das Problem nicht wirklich. Obwohl jede Verdrängung des Todes verhängnisvoll ist, gilt es doch zu bedenken, dass der Tod beängstigend auf den Menschen wirkt und in ihm alle Kräfte mobilisiert, um ihn zu bekämpfen.

Mehr noch, durch die Offenbarung Gottes ist die Erfüllung der Sehnsucht nach einem Leben, das vom Tod nicht berührt wird, in Aussicht gestellt. Jesus ist „der Erste der Entschlafenen", der durch Gott vom Tod zum Leben auferweckt wurde (vgl. 1 Kor 15, 20). Seine Jünger sind Zeugen dafür. Für die Verkündigung dieser Botschaft haben sie ihr Leben aufs Spiel gesetzt, in der Hoffnung, dass Gott auch sie und alle, die an ihn glauben, an diesem neuen Leben teilhaben lässt.

Vorurteile, Verdrängungen, blindes Klammern am Althergebrachten oder irrationales Jagen nach Novitäten hindern die Trauernden in der Bewältigung ihrer Trauer nur. Sie bieten ihnen keine Lösung an, weil sie an der Wirklichkeit der Trauer vorbeigehen. *Trauerrituale* hingegen gehen auf die Trauer ein und entfalten Kräfte, die geeignet sind, die Trauer zu bewältigen.

Das Begräbnis im Wandel der Zeit

Durch den Tod und die Auferstehung beziehungsweise Auferweckung Jesu von den Toten hat das Christentum seit seinen Anfängen ein besonderes Verhältnis zum *Tod* und zu den *Verstorbenen*. Der Tod hat im Christentum eine neue Dimension erhalten. Er wurde durch die Offenbarung Gottes als Stufe in ein neues Leben erkannt, das Gott schenkt. Die Kirche wurde zur Schicksalsgemeinschaft, die über den Tod hinaus solidarisch zusammenhält und in der die Verstorbenen gut aufgehoben sind.

Auch die *Begräbnisstätten* bekamen im Christentum einen neuen Stellenwert. Während der Christenverfolgungen in Rom wurden die Gräber der Märtyrer besonders verehrt. In der jungen Kirche entstand mit der Zeit der Wunsch, „ad (sepulcra) Sanctorum" – bei den Heiligen – in den Katakomben bestattet zu werden, um sie als Fürsprecher bei Gott zur Seite zu haben.

Christen leben in dem Bewusstsein, zu einer Gemeinschaft zu gehören, deren Haupt Jesus Christus ist und der neben Maria alle Heiligen im Himmel und alle lebenden und verstorbenen Mitglieder der Kirche angehören, die ihre Fürsprecher bei Gott sind. Dieses Bewusstsein ermöglicht es den Christen, das Leben aus einer anderen Perspektive zu betrachten. Sie können ihr Leben mit all seinen Höhen und Tiefen annehmen. Der bevorstehende Tod verliert seine furchtbare Endgültigkeit, weil die Hoffnung über den Tod hinausgeht. Die kirchliche Begräbnisfeier ist von diesem Glauben geprägt, und bei jeder Begräbnisfeier kann dieser Glaube vertieft und gefestigt werden.

In früheren Zeiten war das Begräbnis sowohl für den Pfarrer als auch für die Pfarrgemeinde ein Ereignis, an dem man mit Selbstverständlichkeit teilnahm. Die Hinterbliebenen wurden von der Pfarrgemeinde mit Gebeten begleitet und unterstützt. Heute ist dies nur mehr in Dorfgemeinschaften mit engem persönlichem Kontakt der Fall.

In der Großstadt wurde diese Verbundenheit durch *Anonymität* aufgelöst. Der Vorteil der Großstadt, dass man hier sein Leben im Schutz der Anonymität frei entfalten kann, hat diese schmerzliche Kehrseite: Bei der Trauer um einen Verstorbenen ist man allein, Isolation und Einsamkeit drohen. Der Tod wurde „privatisiert" und aus der Öffentlichkeit verdrängt.

Ab der Mitte des neunzehnten Jahrhunderts begann man die alten Friedhöfe innerhalb der Städte aus Angst vor Seuchen zu schließen. Die Stadtverwaltungen ließen neue und große Friedhöfe am Stadtrand, manchmal sogar weit außerhalb der Städte errichten. Viele Friedhöfe wurden kommunalisiert. Weil die Kirche die Aufgaben der Bestattung in den großen Städten nicht mehr alleine erfüllen konnte, entstanden Bestattungsunternehmen, die Teile dieser Aufgaben übernahmen.

Die Durchführung eines Trauerzugs vom Sterbehaus in die Kirche und dann zum Friedhof wurde wegen Behinderung des Straßenverkehrs vielerorts untersagt. Dadurch ging die ursprüngliche Einheit zwischen der Aufbahrung im Trauerhaus, der kirchlichen Aufbahrung mit heiliger Messe in der Pfarrkirche und der Begräbnisfeier auf dem Friedhof verloren. Heute ist vielen Menschen gar nicht mehr bewusst, dass die heilige Messe ein wesentlicher Bestandteil der kirchlichen Begräbnisfeier ist.

Der materielle Wohlstand und die geistige Nachwirkung der unkritischen und verblendeten Wissenschaftsgläubigkeit des neunzehnten Jahrhunderts haben bei vielen Menschen den Zugang beziehungsweise die Sensibilität für jene Wirklichkeit, die mit den Sinnen nicht fassbar ist und die dennoch existiert, getrübt. Man glaubte, mit der Erforschung der Grundbausteine der Materie und mit der Psychoanalyse alle Geheimnisse der materiellen und geistigen Welt aufdecken zu können. Am Sarg eines lieben Menschen brechen jedoch Fragen auf, die im Lichte der Naturwissenschaft nicht ausreichend erhellt werden können.

Der Machbarkeitswahn des zwanzigsten Jahrhunderts kann nur durch ein ganzheitliches Denken überwunden werden. Denn noch nie lagen der Segen und Fluch des Machbaren so eng beieinander wie zu Beginn des einundzwanzigsten Jahrhunderts. Jede tiefere Einsicht in die Strukturen und die Einzelelemente der materiellen und geistigen Wirklichkeit hat neue ungeahnte Fragen aufgeworfen. Das Atom, das man einst für den Grundbaustein des Universums hielt, wurde im Laufe der Forschung selbst als ein kleines Universum erkannt, und seine weitere Differenzierung in Einheiten von unvorstellbar winzigen Dimensionen zeigt, wie schwierig und komplex das Verstehen und Erforschen der Wirklichkeit geworden ist und wie leicht darüber der Blick für das Ganze verloren gehen kann.

Eine weitere Gefahr, mit der die modernen Menschen zu leben haben, ist der schleichende *Atheismus*, der weder anklagt noch polemisiert, sondern mit der Macht des Faktischen leise und langsam alle Lebensbereiche durchwirkt. Der Atheismus gibt vor, den Menschen aus den Fängen des Aberglaubens zu befreien, in der Tat aber liefert er ihn der menschlichen Willkür aus.

Auch der politische Grundsatz „Alle Macht kommt vom Volk" könnte eine dämonische Kehrseite entwickeln, wenn sich die im Parlament vertretenen Parteien keinen allgemein anerkannten und unumstößlichen Grundwerten mehr verpflichtet wüssten. Die Unterscheidung von Gutem und Bösem gehört nicht zu den Maximen der Demokratie. Demokratie zieht nur Erlaubtes und Verbotenes in Betracht. Mit einer gewöhnlichen Mehrheit könnte man Gesetze in Kraft setzen, die für ganze Gruppen von Menschen lebensbedrohlich sind.

Bei der Beurteilung des Nationalsozialismus in Bezug auf Euthanasie, Tötung unwerten Lebens, Züchtung der arischen Rasse und vieles mehr sind sich heute alle Menschen einig: Das war ein barbarisches, unmenschliches und verabscheuungswürdiges System. Dagegen werden die möglichen medizinischen Entwicklungen in Bezug auf Klonen, Eingreifen in die Keimbahnen, Genmanipulationen und Euthanasie heute nicht nur ohne Hemmungen diskutiert, sondern in manchen Ländern bereits in der Praxis zugelassen und gefördert, obwohl das im Grunde mit der nationalsozialistischen Idee weitgehend übereinstimmt. Das macht Angst. So braucht die Menschheit Schutz vor sich selbst! Nur die Anerkennung absoluter Werte schützt vor Willkür, vor Gutdünken und auch vor so genannten Sachzwängen.

Zudem wird das geistige Umfeld der Menschen heute sehr stark von den Medien beeinflusst, die sich primär von kommerziellen Gesichtspunkten leiten lassen. Interesse findet, was sich verkaufen lässt. So wird der allgegenwärtige Tod im Alltag, mit dem die Medien kein Geschäft machen können, übersehen, verschwiegen, ja verdrängt. Der Verlust eines lieben Menschen, den Trauernde zu beklagen haben, berührt die Medien und damit auch die öffentliche Meinung kaum.

Nun erliegt die Kirche einer Illusion, wenn sie glaubt, Kinder und Jugendliche ohne *gläubige Initialzündung* durch die erwachsenen Bezugspersonen im Glauben verankern zu können. Trotz größter Anstrengungen auf diesem Gebiet sprechen die Zahlen deutlich eine andere Sprache. Noch nie in der ganzen

Das Begräbnis im Wandel der Zeit

Kirchengeschichte hat man so viel in die Kinder- und Jugendpastoral investiert wie in den letzten Jahrzehnten – doch ohne den erhofften Erfolg. Nur persönliche Worte des Glaubens, von den Eltern oder Großeltern an ihre Kinder ausgestreut, können anschließend von der Kirche in diesen Kindern erfolgreich gepflegt, gefördert und zur Entfaltung geführt werden (wobei Ausnahmen die Regel bestätigen mögen). Deswegen müsste eine gezielte und konzentrierte Erwachsenenkatechese, Erwachsenenbildung beziehungsweise Erwachsenenmissionierung die Kinder- und Jugendseelsorge begleiten.

Auch die Rolle der alten und der langzeitkranken Menschen als wesentliche Helfer für die Weitergabe des Glaubens wäre aus dieser Perspektive neu zu bewerten. Das würde nicht nur deren Selbstwertgefühl stärken, sondern auch dazu beitragen, dass sie als äußerst wertvolle Mitglieder der Kirche angesehen würden.

Jede sinnvolle Missionierung muss also bei den Erwachsenen und nicht bei den Kindern ansetzen! Erst gemeinsam mit den Eltern ergibt die Führung der Kinder und Jugendlichen im und zum Glauben eine natürliche und folgerichtige Entwicklung. Dabei könnten wesentliche Anstöße zur Weiterbildung im Glauben, wie die Kirche sie anbietet, durchaus auch immer wieder von gut gehaltenen Begräbnissen ausgehen, bei denen die Erwachsenen wieder auf den Glauben der Kirche neugierig werden.

Es ist an der Zeit, die herkömmlichen Methoden der Seelsorge, die in der Gegenwart wenig effizient zu sein scheinen, zu überdenken, um den Menschen von heute auf geeignete Weise den unveränderten Glauben der Kirche als Lebenshilfe zu vermitteln. Denn Trauernde, die keinen Rückhalt in der Religion haben und in ihrer Trauer ausschließlich auf sich selbst angewiesen sind, sind besonders schwer belastet. Menschen hingegen, die einer Glaubensgemeinschaft angehören, genießen den Vorteil, dass sie ihre Trauer auch aus einer anderen Perspektive betrachten können. Angesichts des Todes können sie im Lichte des Glaubens von den Trauerritualen ihrer Religion gestützt und begleitet werden.

Im Hinblick auf die voranschreitende Globalisierung sollte auch die Kirche auf allen Ebenen das Prinzip der Vernetzung verstärken und bewusster nützen. Die Weitergabe des Glaubens ist eine Aufgabe aller Christen. Jeder ist gefragt, und jeder kann etwas dazu beitragen. Dieses Bewusstsein kann einen neuen Aufbruch in der Gesellschaft fördern. Wer selbst aus dem Glauben Lebenshilfe bekommen hat, kann auch anderen Lebenshilfe anbieten, wenn er sich einer Sprache bedient, die von allen verstanden wird.

Die Kirche ist sich zwar bewusst, dass es in der Gesellschaft keine andere Institution gibt, die den Trauernden annähernd so gut helfen kann wie sie, doch sie muss sich immer wieder erneut den veränderten Verhältnissen sowie den Bedürfnissen und Erwartungen der Trauernden stellen, um ihnen gerecht zu werden. So wird zum Beispiel in Wien bei der Ausbildung der Begräbnisleiter besonderer Wert darauf gelegt, dass die Trauernden sich bei Begräbnisfeiern stets persönlich angesprochen fühlen und die Botschaft der Kirche als Hilfe für ihr Leben empfinden können.

Selbstdarstellung der Kirche und die Verkündigung des Glaubens

Der zahlenmäßige Rückgang der Volkskirche macht es notwendig, alle Kontaktchancen und Berührungspunkte mit der Gesellschaft zu nützen, um dem missionarischen Auftrag der Kirche gerecht zu werden. Die Begräbnisfeiern bieten eine besondere Gelegenheit dazu.

Mit der wachsenden Anonymität und der „Privatisierung" des Glaubens, mit der Verdrängung des Todes aus der Öffentlichkeit und mit der schwindenden Solidarität in der Gesellschaft wächst die Vereinsamung der Trauernden. Sie bietet dem schleichenden Atheismus einen Freiraum, in dem er sich ausbreiten kann. Deshalb kommt dem Begräbnis eine neue und brennende Aufgabe von einer ganz *neuen Dimension* zu: die sachgerechte *Selbstdarstellung* der Kirche und eine zeitgemäße Verkündigung des Glaubens.

Beim Begräbnis hat die Kirche die Gelegenheit, mit Menschen in Kontakt zu treten, die sich sonst dieser Berührung entziehen. Hier kann sie sich auch jenen darstellen, die noch keinen Bezug zur Kirche haben, und sie kann die Menschen direkt in ihrem Innersten ansprechen, weil der Tod für alle ein existentielles Problem ist. Da die meisten Menschen im Laufe ihres Lebens mehrmals bei Begräbnissen mit der Kirche in Berührung kommen, werden sie dabei unweigerlich positiv oder negativ beeinflusst.

Doch sollte bedacht werden, dass die Hinterbliebenen in ihrer Trauer vor allem des Trostes und nicht der Missionierung bedürfen. Der *missionarische Aspekt* der Trauerfeier wird vor allem an jene gerichtet und von jenen wahrgenommen, die weniger stark von der Trauer betroffen sind und der Feier ihre ganze Aufmerksamkeit schenken können. Der Begräbnisleiter sollte diese Personen deshalb gezielt ansprechen. Die Trauernden sind nur zum Teil ansprechbar. Sie stehen unter Umständen während des Begräbnisses auf Anraten der Ärzte unter dem Einfluss von Beruhigungsmitteln, damit sie diesen Abschied am Friedhof überstehen können. Ihre scheinbare Teilnahmslosigkeit darf daher keinesfalls als Desinteresse gedeutet werden.

Die Trauerpastoral mit allen ihren Facetten sollte in der Seelsorge der postmodernen Gesellschaft die Funktion einer *Drehscheibe* übernehmen, über die man als Vertreter der Kirche den Menschen existentiell nahe kommt und über die der Einzelne wieder in eine Beziehung zur Kirche gelangen kann.

Die Kirche hat die Möglichkeit, bei Trauerfeiern in einem relativ kurzen Zeitraum allen Menschen *neu* zu begegnen und sich ihnen darzustellen, so dass sich alle ein persönliches und aktuelles Bild von ihr machen können. Die Praxis zeigt, dass die Begegnung mit einem einfühlsamen und menschenfreundlichen Seelsorger Menschen, die bisher keinen Kontakt (mehr) mit der Kirche hatten, durchaus dazu bringen kann, neu zu ihr in Beziehung zu treten. Diesem Umstand sollte auch in den theologischen Fakultäten und in anderen Lehranstalten, die der Ausbildung zukünftiger Seelsorger dienen, größere Aufmerksamkeit gewidmet werden.

Problemkreis „Begräbnismesse"

Mit der Tröstung der Trauernden beim Begräbnis endet ihre Trauer nicht. Deswegen ist es wichtig, besonders in der Großstadt, als *nächsten Schritt* in der Trauerbegleitung den Trauernden die Begräbnismesse (Totenmesse, Seelenmesse, Requiem beziehungsweise Auferstehungsgottesdienst) anzubieten. Dieser Gottesdienst sollte für den Verstorbenen, für die Hinterbliebenen, für die Trauergottesdienstbesucher und für die ganze Pfarrgemeinde zur Quelle werden, aus der sie neue Kraft, ja neue Hoffnung für ihr Leben schöpfen.

• Für den Verstorbenen wird die heilige Messe zum Ort des Gebetes der ganzen Kirche, die mit ihm über den Tod hinaus verbunden ist. Der Verstorbene bekommt Halt und Hilfe, wo er sich selbst nicht mehr zu helfen vermag. Hier wird für ihn um Vergebung, Liebe und um die Barmherzigkeit Gottes gebetet.

• Den Hinterbliebenen kann die heilige Messe die *Angst um den Verstorbenen* nehmen und ihnen selbst die Erkenntnis vermitteln, dass Jesus Christus *auch ihr* Erlöser und Heiland ist. Dieser Gottesdienst weist auf die Befreiung und Erlösung und auf die Loslösung vom Verstorbenen hin. Er soll in den Hinterbliebenen die Hoffnung wecken, dass auch ihre Zukunft gesichert in Gottes Hand liegt. Sie sollten gestärkt nach Hause gehen im Bewusstsein, dass sie wiederkommen, da sie hier, in der Kirche, das finden, was sie zum Leben brauchen und was auch im Angesicht des Todes Bestand hat.

• Die Gottesdienstbesucher (die zur Begräbnismesse gekommen sind) erfahren die Verbundenheit mit den Verstorbenen über den Tod hinaus und die Solidarität der Lebenden. Auch diese Messbesucher sollten so in den Gottesdienst eingebunden werden, dass sie sich *als Beteiligte* und Mitfeiernde fühlen. Sie sollten die Erfahrung machen, dass sie durch ihr Gebet und ihre Anteilnahme für den Verstorbenen und für die Hinterbliebenen *Gebende* sind und gleichzeitig auch selber *im Glauben reich Beschenkte*.

Die Menschen, die zum Trauergottesdienst gekommen sind, sollten diesen auch mit uneingeschränkter Aufmerksamkeit mitfeiern können. Deswegen sollte darauf geachtet werden, dass jene Trauernden, die lange keinen Kontakt mehr mit der Kirche hatten, beim Feiern der Messe unterstützt werden. Bei der persönlichen Begrüßung kann ein Pfarrgemeindemitglied den Kommenden einen *Liturgiezettel* aushändigen, auf dem der Ablauf der Messe, die zu gebenden Antworten und die Lieder stehen.

Der Zelebrant sollte sein Möglichstes tun, damit sich die Trauernden in der Kirche geborgen fühlen und die Kirche als einen Ort erkennen, wo sie Menschen begegnen, die ihre Trauer mittragen und sie trösten. Freundliche Gesten des Zelebranten oder des Lektors können den Teilnehmern des Trauergottesdienstes anzeigen, wann sie aufstehen, sich niedersetzen oder niederknien sollen. Spricht der Zelebrant den Trauernden persönlich durch das Reichen der Hand den Friedensgruß aus, dann sollte er sie anschließend einladen, sich wieder niederzusetzen. Es kommt immer wieder vor, dass Hinterbliebene den Friedensgruß als freundlichen Abschiedsgruß auffassen und die Kirche verlassen.

- Bei der Pfarrgemeinde könnte jeder dieser Gottesdienste das Bewusstsein von der Gemeinschaft der Heiligen vertiefen und dafür einsichtig machen, dass die gesamte *Gemeinschaft der Kirche*, Jesus Christus, seine Mutter Maria, alle Heiligen, alle Lebenden und Verstorbenen, an den Leiden und an den Freuden jedes einzelnen Kirchengliedes Anteil nehmen. Daraus ergibt sich in der Folge ein *Näherrücken* der Pfarrmitglieder.

Hinterbliebene, die lange Zeit nicht in der Kirche waren, sollten willkommen geheißen werden. In einer solchen Situation ist es wichtig, dass die Pfarrmitglieder auf die Trauernden zugehen, ihnen ihre Betroffenheit und Anteilnahme bekunden, sie nach dem Gottesdienst zu einer Tasse Kaffee ins Pfarrzentrum einladen, ihre Hilfsbereitschaft signalisieren und zeigen, dass sie mit den Trauernden mitfühlen und von ihrer Trauer betroffen sind.

In der Realität ist es jedoch oft so, dass die Feier der heiligen Messe am Wochentag zwar für viele Priester und Gottesdienstbesucher ein fester Bestandteil des Tagesablaufs ist, aber mit einer Selbstverständlichkeit absolviert wird, die nicht die Bedeutung dieses Gottesdienstes widerspiegelt. So kann leicht der Eindruck entstehen, dass die Messe „gelesen" und nicht als befreiendes Geheimnis des Glaubens gefeiert wird. Ein *Unbehagen des Zelebranten* wegen der scheinbaren Teilnahmslosigkeit der trauernden Hinterbliebenen kann sein liturgisches Handeln beeinflussen, das infolgedessen routinemäßig, formelhaft und unpersönlich wirkt. Dies wiederum verursacht bei den *Hinterbliebenen* Unbehagen, welches unter Umständen noch verstärkt wird durch ihre Unsicherheit, was das korrekte Verhalten in der heiligen Messe (aufstehen, sitzen, niederknien, antworten, beten, singen) betrifft. Ein solches wechselseitiges Unbehagen kann sich im Verlauf der Messe derart steigern, dass alle Beteiligten froh sind, wenn die Messe zu Ende ist.

Die *ständigen Gottesdienstbesucher* pflegen häufig in der täglichen Messe ihre persönliche Frömmigkeit so, als hätte sie mit dem Leben der Trauernden nichts zu tun. Stummes Nebeneinander, Sprachlosigkeit und Kontaktlosigkeit vor und nach der Messe sind vorherrschend. Statt Zusammengehörigkeitsgefühl und Solidarität zu fördern, sind die Trauergottesdienste in vielen Gemeinden durch Isolation und Abkapselung geprägt.

Erschwerend kommt hinzu, dass die Hinterbliebenen oft in einem anderen Pfarrgebiet wohnen und daher in der Pfarrei, wo die Messe gefeiert wird, *unbekannt* sind. Doch diese Schwierigkeiten entbinden Pfarrer und Pfarrmitglieder nicht von der Zuständigkeit für die trauernden Mitglieder der Kirche. Trauernde müssen getröstet werden, wo immer sie mit der Kirche in Kontakt kommen. Die *Kirche vor Ort* hat den trauernden Hinterbliebenen einen *Lebensraum* zu bieten, in dem sie die notwendige Aufmerksamkeit und Zuwendung erfahren, um den erlittenen Verlust verarbeiten und sich wieder dem Leben zuwenden zu können.

Trauerarbeit mit den Hinterbliebenen

Die Tröstung der Trauernden als ein Werk der Barmherzigkeit ist eine wichtige Aufgabe der Kirche. Die Tröstung allein bei der Trauerfeier genügt jedoch nicht, denn die Trauer der Hinterbliebenen hält auch nach dem Begräbnis und der heiligen Messe an – genauer gesagt, sie setzt danach erst richtig ein!

Viele Trauernden kommen sich einsam und verlassen vor, weil niemand in der Gesellschaft für ihre Not zuständig ist. Die Kirche, die über die erforderlichen Erfahrungen und Hilfen verfügt, ist deshalb berufen und befähigt, sich liebevoll und ausdauernd der Tröstung von Trauernden anzunehmen. Die erste Gelegenheit dazu bietet sich, wenn die Begräbnismesse beziehungsweise die Totenmesse in der Pfarrkirche gefeiert wird.

Ist der Familien- und Bekanntenkreis des Verstorbenen klein, dann erscheinen nach dem Begräbnis auch nur wenige Menschen zur heiligen Messe in der Kirche, und ein Gefühl der Zugehörigkeit zur Gemeinschaft der Kirche kommt kaum auf. Manche Pfarrgemeinden laden deshalb die Trauernden zusätzlich zu einem gemeinsamen Gottesdienst für alle Verstorbenen der vergangenen

Woche oder des letzten Monats ein. Bei einer solchen Gelegenheit können Trauernde die Gemeinschaft der Kirche eindrucksvoller erleben. Diese Trauergottesdienste werden mit Orgelspiel, Gesang und Predigt gefeiert. In manchen Gemeinden wird die Nennung der Namen der Verstorbenen besonders hervorgehoben und durch das Anzünden einer Kerze oder eines Grablichtes an einem gut sichtbaren Platz in der Kirche feierlich betont. Im Anschluss an die Messe werden die Trauernden zu einer Agape-Feier mit Kaffee und Kuchen eingeladen, wo sie in einer ungezwungenen Atmosphäre ihre Gefühle und Sorgen zur Sprache bringen können. Sie kommen dort auch mit Pfarrmitgliedern in Kontakt, die selbst in Trauer sind oder einen traurigen Verlust verarbeitet haben, und können deren Erfahrung teilen. Solch eine Gemeinschaftsfeier erweist sich immer wieder als sehr hilfreich, da sie die Aufarbeitung des Verlustes und der Trauer unterstützt.

Weitere Möglichkeiten für den Seelsorger bei der Nachbetreuung der Hinterbliebenen sind:

- ein Hausbesuch, der einem Telefonanruf oder einem Kondolenzbrief folgt;
- Einladungen zu Gesprächen in die Pfarrei;
- die Einrichtung von Gesprächsgruppen und Kreisen für Trauernde in der Pfarrei;
- organisierte Selbsterfahrungsgruppen, um Trauernden in ihrer spezifischen Not beizustehen und ihnen zu helfen, einen neuen Zugang zum Leben zu finden;
- ein Brief zum ersten Todestag des Verstorbenen;
- die Einladung zu einem Gottesdienst am Allerseelentag, bei dem alle Namen der Verstorbenen des vergangenen Jahres genannt werden; anschließend kann für jeden als Zeichen der Verbundenheit und der Anteilnahme eine Grabkerze in der Kirche angezündet werden;
- Einladungen zu anderen pfarrlichen Veranstaltungen, die den Trauernden helfen, Anschluss an das Leben zu finden, das durch den Tod eines lieben Menschen für sie scheinbar sinnlos geworden ist;
- Pfarrmitglieder ermuntern, sich als *Trauerhelfer* zu betätigen: Für den Pfarrer ist es praktisch unmöglich, persönlich alle Trauernden zu besuchen, um sie zu trösten. Oft sind auch Pfarrmitglieder, die selbst einen Trauerprozess durchgestanden haben, geeignet, trauernde Pfarrangehörige zu besuchen, mit ihnen im Gespräch zu bleiben, sie zu trösten und auch zu Veranstaltungen der Pfarrei einzuladen. Diese Trauerhelfer können beim ersten Besuch einen Kondolenzbrief mit den besten Segenswünschen des Pfarrers überbringen.

Die praktische Trauerarbeit sollte bereits dann beginnen, wenn ein Pfarrmitglied erkrankt und mit seinem Ableben zu rechnen ist. Schon zu diesem Zeitpunkt brauchen Betroffene und ihre Angehörigen einen Beistand, Trost und Hilfe.

Nach dem Eintritt des Todes setzt sich die Trauerarbeit in einem Gespräch über den Ablauf des Begräbnisses fort. Dieses Gespräch findet im Trauerhaus oder in der Pfarrei, spätestens jedoch vor der Trauerfeier auf dem Friedhof statt.

Die Trauerfeier selbst und das anschließende Totenmahl (Leichenschmaus) sind weitere Etappen auf dem Weg zur Bewältigung der Trauer. Das gemeinsame Totenmahl / der Leichenschmaus sollte vom Pfarrer der Gemeinde gutgeheißen werden, weil dabei alle Beteiligten die Erfahrung machen: Das Leben geht weiter. Das Totenmahl ist trotz mancher Bedenken ein sehr wesentlicher Beitrag zur Trauerbewältigung.

Die Nacharbeit in der Pfarrgemeinde mit Hausbesuchen und Selbsterfahrungsgruppen kann schließlich den Prozess der Trauer mit der Zeit zum Ausklingen führen und den Betroffenen helfen, sich wieder in das Leben einzugliedern.

Eine lebendige Pfarrgemeinde ist durch drei wesentliche Merkmale gekennzeichnet:

- Verkündigung des Glaubens, gepaart mit der Teilnahme am sakramentalen Leben der Kirche;
- Sorge um die leiblichen Nöte der Armen und Kranken;
- Sorge um die seelischen Nöte der Pfarrgemeindemitglieder – dazu gehört auch die Tröstung der Trauernden.

Erfahrene Seelsorger berücksichtigen daher das gesamte Umfeld der Trauerpastoral beim Aufbau oder der Konsolidierung einer übernommenen Pfarrgemeinde.

Trauerfeiern in der Dorfgemeinde und in der Großstadt

Die christliche Trauerfeier hat im Laufe der Geschichte in verschiedenen Regionen je eigene Ausprägungen erhalten. Unterschiedliche Riten und Bräuche dienen als Zeichen der Verbundenheit und der Anteilnahme und helfen die Trauer zu lindern.

Die Abfolge der Trauerfeier gliedert sich in drei Abschnitte:
- die Zeit vom Eintreten des Todes bis zum Begräbnis (Totenwache)
- die Begräbnisfeier – mit oder ohne heilige Messe
- das darauf folgende Beisammensein (Totenmahl/Leichenschmaus).

Die Gestaltung dieser Abschnitte hat im Laufe der Zeit einen beträchtlichen Wandel erfahren.

Trauerfeiern in der Dorfgemeinschaft

Die früher übliche feierliche Aufbahrung des Verstorbenen im Trauerhaus und die Totenwache durch die Familie und die Dorfgemeinschaft bis zur Überführung des Leichnams in die Kirche sind sehr selten geworden. Hausaufbahrungen bedürfen behördlicher Genehmigung oder sind sogar untersagt. Trauerzüge zur Kirche und zum Friedhof sind ebenfalls vielerorts nicht mehr gestattet.

Wo es noch üblich ist, wird der Leichnam in der Pfarrkirche aufgebahrt und ein Requiem für den Verstorbenen gefeiert. Anschließend trägt man den Sarg in einem feierlichen Trauerzug auf den Friedhof, wo die Beisetzung ins Grab stattfindet. Nach dem Begräbnis versammelt sich die Familie und die geladene Trauergemeinde zu einem gemeinsamen Mahl (Totenmahl/Leichenschmaus). Solch eine Trauerfeier in der Dorfgemeinschaft ist weiterhin sowohl eine Angelegenheit der Familie als auch der ganzen Gemeinde.

Die übliche Trauerkleidung vermittelt den Trauernden Schutz und Zuwendung durch die soziale Umwelt, bis sie sich wieder ganz in das Leben der Gemeinschaft eingegliedert haben. Am dritten, siebenten und am dreißigsten Tag nach dem Tod und am Jahrestag des Todes wird eine Gedenkmesse für den Verstorbenen gefeiert.

Heute sind jedoch auch im ländlichen Bereich viele dieser Bräuche verschwunden. Trotzdem ist die Beteiligung an den Begräbnisfeiern durch die persönlichen Beziehungen unter den Dorfbewohnern immer noch sehr hoch.

Der Pfarrer einer Dorfgemeinde hat bei der Durchführung der Trauerfeier die vielfältigen Beziehungen innerhalb der Gemeinde zu berücksichtigen. Oft werden die Begräbnisse miteinander verglichen. Das Wissen um die Schwächen der Mitbewohner der Dorfgemeinschaft erfordert bei der Gestaltung und Durchführung von Trauerfeiern viel Klugheit und Einfühlungsvermögen. Begräbnisse sollten weder für „Seligsprechungen" noch für „Höllenpredigten" herhalten. Auch sollte eine Begräbnisfeier nie dazu missbraucht werden, die sonst unerreichbaren Gemeindemitglieder zu disziplinieren. Solch ein Ansinnen stößt nur auf Ablehnung und Unverständnis und steht auch im Widerspruch zum Geist des Evangeliums.

Trauerfeiern in der Dorfgemeinde und in der Großstadt

Die Begräbnisfeiern in kleinen Dorfgemeinden, die immer wieder mit den gleichen Teilnehmern gefeiert werden, erfordern einen größeren Ideenreichtum bei den Ansprachen. Jede Wiederholung bekannter Predigten würde in der Gemeinde sofort bemerkt. Deshalb könnte man nach dem persönlichen Teil, in dem der Verstorbene gewürdigt wird, systematisch verschiedene Glaubenswahrheiten im Zusammenhang mit Tod und Leben, Zeit und Ewigkeit, Vergänglichkeit und Vollendung zur Sprache bringen. Dadurch kann der Pfarrgemeinde nach und nach der ganze Reichtum des christlichen Glaubens erschlossen werden.

Die Gestaltung der Trauerfeier bedarf sorgfältiger Vorbereitung. Es gab Zeiten, da der Pfarrer nach eigenem Ermessen bestimmt hat, was gesungen werden darf und was nicht. Oft wurde nur Volksgesang oder „nur schlichtes Orgelspiel" erlaubt. Alle anderen religiösen Gesänge, manchmal auch das „Ave Maria" in einer Soloaufführung, waren untersagt. Diese Haltung ist jedoch durch nichts zu rechtfertigen und schon gar nicht mit religiösen Argumenten zu begründen. Die Trauer ist etwas sehr Individuelles und Persönliches und kann nicht mit eng reglementierten Vorschriften bewältigt werden. Durch Ablehnung eines persönlichen Wunsches des Verstorbenen oder der Hinterbliebenen, für die keine zwingenden, den Hinterbliebenen einleuchtenden Gründe sprechen, wird eine Wunde geschlagen, die unter Umständen nie verheilt.

Auch Bedenken, dem Verstorbenen wegen seines Lebenswandels *zu viel Ehre* zukommen zu lassen, sind fehl am Platz, weil sie festgefahrene Strukturen zementieren und einen Neubeginn mit den Hinterbliebenen verhindern. Das offene Zugehen auf die Trauernden ohne Vorleistungen ihrerseits öffnet sie für die Dienste der Kirche. Nur so können sie die Botschaft der Kirche als Hilfe empfinden. Damit gewinnt die Kirche Ansehen oder auch neue Mitglieder, wie es die alltägliche Praxis immer wieder bestätigt. Gut durchdachte Begräbnisfeiern können einen „Schneeballeffekt" auslösen, der zur Lawine anwachsen kann.

Wer aus Voreingenommenheit oder aus einer traditionellen Haltung heraus („Es war immer so") den Kontakt mit den Hinterbliebenen vor dem Begräbnis verweigert, der verstärkt auch die eingenommene Haltung der Hinterbliebenen gegenüber der Kirche. Da kann kein Funke für eine neue Beziehung überspringen, obwohl durch die Trauererfahrung der Boden für eine solche aufbereitet wäre.

Jede Trauerfeier sollte den hohen Wert der Zugehörigkeit zur Gemeinschaft der Kirche ins Bewusstsein der Trauergemeinde rufen und den Glauben an Gott, der stärker ist als der Tod, erfahrbar machen.

Begräbnisfeiern in der Großstadt

Bei Begräbnissen in der Großstadt sind die Probleme ganz anders gelagert. In der Regel sterben die Menschen hier im Krankenhaus. Wenn jemand überraschend in der eigenen Wohnung stirbt, wird er kurze Zeit nach der Leichenbeschau durch den Amtsarzt von einem Bestattungsunternehmen abgeholt und verbleibt bis zum Tag des Begräbnisses in einer Beisetzungskammer (Kühlraum). Eine Totenwache wie früher üblich ist aufgrund des Verbotes von Hausaufbahrungen nicht möglich und wäre auch meist wegen Platzmangels in der Wohnung schwierig durchzuführen. Beisetzungskammern, die für die Aufbewahrung der Särge mit den Verstorbenen dienen, sind auf das Abhalten von Totenwachen nicht eingerichtet.

Das Begräbnis in der Großstadt findet in der Regel erst ein bis zwei Wochen nach Eintritt des Todes statt. Es kommt nicht selten vor, dass Hinterbliebene in dieser Zeit völlig sich selbst überlassen sind, weil niemand da ist, der ihnen Rückhalt und Hoffnung gibt. Pfarrgemeindemitglieder erfahren oft erst mit zeitlicher Verzögerung vom Tod oder fühlen sich für die Tröstung der Hinterbliebenen nicht zuständig. Im Haus kennt man sich oft kaum, und so zeigen auch Wohnungsnachbarn nicht immer Anteilnahme. Verwandte wohnen möglicherweise zu weit entfernt, um im Trauerfall gleich zur Stelle zu sein. Die Hinterbliebenen selbst sind jedoch in einer derartigen Situation meist nicht in der Lage, aktiv Hilfe zu suchen.

Das Bestattungsunternehmen ist in dieser Phase oft der einzige Kontakt. Die Personen, die für die Durchführung des Begräbnisses vermittelt werden, sind weitgehend anonym: der Arrangeur, der die Aufbahrung des Sarges in der Friedhofshalle vornimmt, der Organist, die Sargträger, der Totengräber usw. Oft ist auch der Begräbnisleiter den Hinterbliebenen unbekannt.

So kommt der Kirche in der Großstadt eine besonders wichtige Aufgabe gegenüber den Trauernden und der Gesellschaft zu. Sie stellt die Öffentlichkeit dar, in der die ehrenvolle Würdigung des Verstorbenen vorgenommen wird. Durch das Begräbnisritual, dem heilende Kräfte innewohnen, kann sie den Trauernden jene Hilfe zukommen lassen, deren sie bedürfen.

Der Begräbnisleiter, der im Namen der Kirche die Trauerfeier leitet, kann sehr viel zur Tröstung beitragen: Er kann die Hinterbliebenen vor Beginn des Begräbnisses in der Aufbahrungshalle aufsuchen und ihnen seine Anteilnahme und die der ganzen Kirche bekunden, und er kann Informationen über den Verstorbenen einholen, die er in die Trauerfeier einfließen lässt. Dadurch bekommt die Trauerfeier einen sehr persönlichen Charakter, die Trauergemeinde kann sich mit diesen Worten identifizieren und von ihrem Verstorbenen würdevoll Abschied nehmen.

Anders als in einer Dorfgemeinde kommt der Seelsorger in der Großstadt mit einigen wenigen Predigtvarianten aus, die er den jeweiligen Gegebenheiten beim Begräbnis anpassen kann. Der persönliche Charakter wird durch den Bezug zum Leben des Verstorbenen und die Einbeziehung der Trauergemeinde hergestellt. Die *öffentliche Würdigung* des Verstorbenen durch die Kirche stellt den Abschied vom Verstorbenen dar. Diese Abschiedsfeier beinhaltet auch das Gebet für den Verstorbenen, ist Tröstung für die Hinterbliebenen und ermöglicht eine positive Begegnung der Anwesenden mit dem Glauben der Kirche. Jede Trauerfeier sollte die Anwesenden nachdenklich stimmen und ihnen helfen, die Botschaft der Kirche als Trost, Hilfe und Ermutigung zu erfahren.

Begräbnisse stellen eine besondere Annäherung an jene Wirklichkeit dar, die nicht mit den Sinnen zu begreifen ist. In der modernen Gesellschaft ist es daher besonders wichtig, den Menschen das Begräbnis auch als Begegnung mit der Existenz Gottes erfahrbar zu machen.

Redewendungen als „Stolpersteine" bei Trauerfeiern

Zahlreiche Formulierungen und Redewendungen, die bei Begräbnissen verwendet werden, sind im Laufe der Zeit missverständlich geworden. Einige Begriffe haben auch eine andere Bedeutung bekommen. Sie verdunkeln das Gottesbild, oder sie können den Glauben der Kirche nicht mehr einwandfrei transportieren, erzeugen unnötige *Zweifel* oder *provozieren Fragen*, die im Ritual der Trauerfeier nicht beantwortet werden. Deswegen müssen solche Begriffe entweder erklärt oder durch andere verständliche Formulierungen ersetzt werden.

Schon bei der schönen, ehrwürdigen christlichen Anrede *„Bruder", „Schwester"* deckt sich oft das, was die Anrede meint, nicht mehr mit dem, was die Trauergemeinde darunter versteht. Die Hinterbliebenen kennen den Verstorbenen zum Beispiel als Gatten, Vater, Großvater, Onkel, Arbeitskollegen oder Nachbarn, aber nicht als „Bruder". Bruder war er nur für seine Geschwister. Der Pfarrgemeinde ist nicht jeder als „Bruder" bekannt, und in der Kirche ist er „Mitglied". Für den *Zelebranten* hat die Bezeichnung „Bruder" beziehungsweise „Schwester" den vermeintlichen Vorteil, dass sie bei allen Verstorbenen, wie er glaubt, passt und er nur wissen muss, ob es sich bei der Trauerfeier um einen Mann oder eine Frau handelt. Dadurch aber bekommt die Trauerfeier einen sehr unpersönlichen und oberflächlichen Charakter. So entspricht die Anrede „Bruder", „Schwester" nicht mehr einer gehobenen, sondern eher einer von der Wirklichkeit abgehobenen Sprache. Nur wo die Brüderlichkeit beziehungsweise Geschwisterlichkeit in den Pfarrgemeinden wirklich gelebt wird, kann man die Bezeichnung weiterhin verwenden. Es gibt aber auch die Möglichkeit, zu Beginn der Trauerfeier zu erklären, dass wir durch die Taufe Kinder Gottes sind und daher einander auch Brüder und Schwestern nennen dürfen. Ein solcher Hinweis würde bei der Trauergemeinde zugleich das Verstehen des Begriffs „Gemeinschaft der Kirche" fördern.

Die Anrede des Verstorbenen in der *Du-Form* wird heute vielfach als Geringschätzung empfunden. Stattdessen sollte man vom Verstorbenen als „Herrn N. N." beziehungsweise „Frau N. N." sprechen. Wenn der Begräbnisleiter mit dem Verstorbenen zu Lebzeiten nicht per Du war, sollte er das Duzen auch beim Begräbnis unterlassen.

Einige weitere Beispiele für die missverständliche beziehungsweise überholte Sprache bei Begräbnissen:

„Blicke auf diese Familie, die um einen lieben Verstorbenen trauert."
Diese unpersönliche Formulierung tut den Familienangehörigen weh. Die Kirche sollte bereit sein, klar zu sagen, um wen es geht, zum Beispiel um den Vater, die Mutter, das Kind usw.

„Nimm deinen Diener (deine Dienerin) N. N. bei dir auf!"
Ohne zusätzliche Erklärung stoßen diese Worte bei vielen Begräbnisteilnehmern auf Unverständnis. Die Menschen verstehen sich heute nicht mehr von ihrer dienenden Haltung her. Das Dienen wird nicht mehr zur Beschreibung des Wesens eines Menschen gebraucht, und das Wort „Diener" hat einen eher negativen Beigeschmack.

„... es fällt uns schwer, deine Pläne zu begreifen und zu bejahen."
Diese Formulierung ist zwar theologisch richtig, bei einem Begräbnis aber bringt sie Trauernde auf Gedanken, die weder zur Einsicht noch zum Trost beitragen.

„Wir sind zusammengekommen, um Abschied zu nehmen von unserem Bruder (unserer Schwester) N. N."
Diese Aussage ist ungenau. Besser wäre es zu sagen, dass wir Abschied nehmen von dem vergänglichen Leib des oder der Verstorbenen N. N. Mit dem Verstorbenen selbst bleiben wir über den Tod hinaus weiterhin verbunden (Gemeinschaft der Heiligen).

„Dieser Tod erfüllt die Angehörigen und viele von uns mit Schmerz."
Diese Aussage muss nicht bei jedem Begräbnis zutreffen. Durch solch eine pauschale Formulierung wirkt die Kirche oberflächlich.

„Wir alle möchten zum Ausdruck bringen, dass wir an Ihrer Trauer mittragen."
Bei vielen Begräbnissen ist das bloß eine leere Behauptung. Diese Worte sollten nur verwendet werden, wenn sie auch zutreffen.

Redewendungen als „Stolpersteine" bei Trauerfeiern

„*Als Christen leben wir aus dem Glauben, dass der Tod nicht Ende, sondern Beginn eines neuen Lebens ist.*"
Das Aussprechen des Wortes „Ende" bei einem Begräbnis bewirkt trotz der Verneinung, dass der Gedanke unbewusst verstärkt wird. Besser wäre es zu sagen: Als Christen glauben wir, dass der Tod ein Durchgang zu einem neuen Leben ist, das Gott schenkt.

„*Wir haben hier keine bleibende Stätte, sondern suchen die künftige.*"
Auf die Lebenden trifft diese Aussage zu, aber auf den Verstorbenen bezogen weckt das Wort „suchen" eher Unsicherheit und Zweifel.

„*... du hast unseren Bruder (unsere Schwester) N. N. zu dir gerufen ...*"
Diese Formulierung führt bei jung Verstorbenen unweigerlich zur Frage nach dem *Warum*, die wir aber in der Begräbnisfeier nicht beantworten können. Diese Frage erzeugt bei den Hinterbliebenen Unbehagen und lässt subjektiv Zweifel an der Liebe und Gerechtigkeit Gottes aufkommen.

„*Wir wollen unserem verstorbenen Bruder (unserer verstorbenen Schwester) das letzte Geleit geben.*"
Diese Formulierung vermittelt den Eindruck, dass das Geleit das Letzte ist, was wir für ihn tun, und dass die Beziehung damit zu Ende ist. Besser wäre es zu sagen, dass wir den vergänglichen Leib des Verstorbenen in Ehren zum Grab geleiten in der Hoffnung auf die Auferstehung, die Gott schenkt.

„*Da er (sie) den Weg des Glaubens zu Ende gegangen ist, lass ihn (sie) nun dein Angesicht schauen in Ewigkeit.*"
Auch diese Aussage sollte nur dann verwendet werden, wenn sie auf den Verstorbenen oder die Verstorbene zutrifft. Nicht von jedem Menschen kann man sagen, dass er zeitlebens konsequent den Weg des Glaubens gegangen ist.

„*Von der Erde bist du genommen, und zur Erde kehrst du zurück.*"
Es ist ein geflügeltes Wort, das auf den Schöpfungsbericht in der Bibel zurückgeht und heute leider auch auf das materialistische Weltbild hinweist. Ein Verzicht auf diesen Satz würde der Trauerfeier keinen Abbruch tun.

„*Vollende sie in deinem Leben.*"
Was mit dieser Fürbitte gemeint ist, ist ohne Erklärung nicht leicht verständlich..

„*Herr, gib ihm (ihr) und allen Verstorbenen die ewige Ruhe*" und „*Lass sie ruhen in Frieden.*"
Diese alte christliche Formulierung hat heute eine andere, eher negative Bedeutung. Jemanden in Ruhe zu lassen, kann nämlich auch heißen, sich von

ihm zu distanzieren, ihn zu übersehen oder zu vergessen. Bei einer Grablegung kann das daher so aufgefasst werden, dass der Verstorbene selbst, und nicht nur sein vergänglicher Leib, von Gott „in Ruhe" gelassen werden soll. Vorschlag: *„Herr, gib ihm (ihr) und allen Verstorbenen das ewige Leben"* und: *„Lass sie leben in deinem Frieden."* Damit wird die lebendige, unzerstörbare Beziehung zu Gott betont und nicht das Begrabensein.

„Wir beten für uns selber und alle Lebenden, besonders für den aus unserer Mitte, der als Erster dem Verstorbenen vor das Angesicht Gottes folgen wird..."
Warum besonders für den Ersten beten? Damit wird unnötig Angst geweckt und Druck erzeugt. Wir sollten vielmehr für uns und alle Lebenden beten, die dem Verstorbenen vor das Angesicht Gottes folgen werden.

Bei Kinderbegräbnissen:
„Kaum war es ins Leben gerufen, hat Gott es zu sich heimgeholt..."
„Du hast dieses Kind zu dir gerufen..."
„Du hast dieser Familie ihr Kind geschenkt und es ihr wieder genommen. Wir können deine Pläne nicht begreifen..."
Diese Texte verdunkeln das Gottesbild, indem sie die Frage nach dem Warum heraufbeschwören, ohne sie zu beantworten.

Gebet für ein Schulkind:
„Gott, himmlischer Vater! Mit trauernden Herzen stehen wir am Sarge unseres lieben (unserer lieben) N. N. und fühlen schmerzlich das große Opfer, das du uns in deinem weisen Ratschluss auferlegt hast. Weggenommen hast du ihn (sie) von seinen (ihren) Eltern (und Geschwistern) und aus der Mitte seiner (ihrer) Mitschüler(innen), die jetzt alle trauernd den lieben (die liebe) N. N. umstehen..."
Gott ist ein Geheimnis, aber man darf nicht den Eindruck vermitteln, Er sei willkürlich und unberechenbar – das ist nicht im Sinne der Kirche.

„Wir glauben nicht, dass Zufall oder blindes Schicksal ihn (sie) aus unserer Mitte gerissen hat."
Wer oder was sonst soll damit gemeint sein?

„... den (die) du so plötzlich aus unserer Gemeinschaft abberufen hast..."
Da solche Formulierungen nach einer Erklärung verlangen, die in einer Begräbnisfeier nicht gegeben werden kann, sollte man auf sie verzichten.

„... was wir an dem Toten – an der Toten – versäumt haben..."
Diese Formulierung ist falsch. Wir haben es an dem lebenden Menschen versäumt, nicht am toten.

Grundsätzlich sollte man die Bezeichnung „der/die Tote" durch „der/die Verstorbene" ersetzen. Das Wort „Tote(r)" betont zu sehr das unwiederbringlich Verlorene, das Ende, den Abbruch der Beziehung. Im Wort

„der/die Verstorbene" klingt noch seine/ihre Lebensgeschichte und auch die Beziehung zu ihm/ihr nach.

„*... dass Christus uns auferweckt am Tage seiner Wiederkunft.*"
Diese Aussage, obwohl mit dem christlichen Glauben konform, erzeugt beim Zuhörer das Bild, dass die Verstorbenen – und nicht bloß ihr vergänglicher Leib – bis dahin im Grab (wo es dunkel, nass und kalt ist) verbleiben.

„*Nimm alle Menschen, die heute sterben, in dein Reich auf.*"
Auch die Verstorbenen von gestern und morgen sollten in das Gebet aufgenommen werden.

Solche missverständlichen Formulierungen und Redewendungen waren dem Referat der Erzdiözese Wien für den Einsegnungsdienst Anlass zur Erarbeitung eines neuen Begräbnisrituales für die Erzdiözese Wien. Die Trauernden und alle Begräbnisteilnehmer sollen ja die Botschaft der Kirche verstehen und nicht durch unverständliche oder nicht mehr bekannte Formulierungen von der Mitfeier des Begräbnisses abgelenkt oder gar im Glauben verunsichert werden.

Einführung in das Begräbnisrituale der Erzdiözese Wien 1999

Am Ostersonntag 1999 approbierte ad interim Dr. Christoph Kardinal Schönborn, Erzbischof von Wien, die „STUDIENAUSGABE FÜR DIE BEGRÄBNISFEIER IN DER ERZDIÖZESE WIEN mit besonderer Berücksichtigung der Gegebenheiten in der Großstadt". Dieses Rituale war vom Referat der Erzdiözese Wien für den Einsegnungsdienst in Wien ausgearbeitet, mit der Diözesankommission für Liturgie abgestimmt und dem Erzbischof zur Genehmigung vorgelegt worden.

Im neuen Begräbnisrituale wird der Glaube der Kirche *unverkürzt*, aber *zeitgemäß*, *verständlich* und gleichzeitig auch *menschenfreundlich* und *einladend* dargestellt. Der Begriff Kirche und der Wert der *Zugehörigkeit zur Kirche* werden deutlich hervorgehoben.

Gliederung des Begräbnisrituales

Das Rituale gliedert sich in die folgenden Grundformen:

1. Allgemeine Form
2. Trauergemeinde bekannt beziehungsweise aktiv
3. Begräbnis eines/einer auf tragische Weise Verstorbenen

4. Nach langem und schwerem Leiden
5. Begräbnis eines/einer plötzlich und unerwartet Verstorbenen
6. Begräbnis eines Kindes
7. Begräbnis eines Ungeborenen (Fehlgeburt)
8. Begräbnis nach Drogentod
9. Begräbnis nach einem Suizid
10. Begräbnis eines Priesters oder Diakons
11. Begräbnis eines/einer Angehörigen geistlicher Gemeinschaften
12. Begräbnis eines/einer Pfarrassistent/in, Pastoralassistent/in, Religionslehrer/in
13. Grabsegnung nach einer Exhumierung und Beisetzung in einem neuen Grab
14. Verabschiedung im Anatomischen Institut
15. Trost für die Trauernden bei einem Begräbnis eines/einer Verstorbenen ohne religiöses Bekenntnis.

Keine der angeführten Begräbnisformen kann der Trauerfeier, die gerade gehalten werden soll, *vollkommen entsprechen*, denn die Verstorbenen und die Trauergemeinden sind bei jedem Begräbnis verschieden. Jede Begräbnisform muss daher der jeweiligen Trauersituation *angepasst* werden.

Aufbau der Begräbnisfeier

Die Struktur der Begräbnisfeier wurde beibehalten wie bisher:

A – Einzug
B – Eröffnung, Kyrierufe
C – Verkündigung
D – Fürbitten
E – Verabschiedung
F – Feier am Grab.

Begräbnisfeier mit drei Stationen

Erste Station (am Aufbewahrungsort des Sarges): A – Einzug; B – Eröffnung mit einer passenden Oration und einem Lied beziehungsweise Psalm zur Auswahl; anschließend Einzug in die Kirche.

Zweite Station (in der Kirche): Kyrierufe; C – Verkündigung; D – Fürbitten, Eucharistiefeier; E – Verabschiedung.

Dritte Station (auf dem Friedhof): F – am Grab.

Begräbnisfeier mit zwei Stationen

Erste Station (in der Aufbahrungshalle): A; B; C; D; E.
Zweite Station: F – Feier am Grab.

Zur Vorbereitung der Begräbnisfeier

Die Kleidung: Die private Kleidung des Zelebranten muss dem Ort und dem Anlass angemessen sein. Er gibt damit Zeugnis vom Einfühlungsvermögen der Kirche, das keinesfalls seine Privatsache ist.

Das Kondolenzgespräch: Der Zelebrant hält entweder in der Wohnung der Hinterbliebenen oder in der Pfarrei oder spätestens in der Aufbahrungshalle am Friedhof ein Kondolenzgespräch *mit den trauernden Hinterbliebenen.* Er drückt ihnen sein Beileid aus und erkundigt sich über den Verstorbenen. Er erkundet auch, wer von den Hinterbliebenen beim Begräbnis anwesend sein wird, um die Informationen in geeigneter Form in die Trauerfeier einfließen zu lassen. Auf diese Weise wird die Trauerfeier „geerdet", damit sie ihren „Sitz im Leben" hat und nicht von der Wirklichkeit abgehoben, blutleer und steril gehalten wird.

Es ist gut, wenn der Begräbnisleiter die Möglichkeit nützt, den Hinterbliebenen nach dem Gespräch ein Faltblatt mit den Grundgebeten oder auch mit Liedtexten für die Trauerfeier auszuhändigen.

Zum Einzug

Die Begräbnisfeier kann mit *Gesang* oder *Musik* eingeleitet werden. Auch bei *nichtliturgischer* Musik oder *privaten Ansprachen* betritt der Zelebrant, *wenn möglich,* den Aufbahrungsraum, um die Einheit der Begräbnisfeier zu wahren. Erst wenn der nichtliturgische Teil abgeschlossen ist, geht er zum Sarg vor und setzt die Begräbnisfeier fort, indem er sich vor dem Kreuz beziehungsweise vor dem Sarg verneigt und sich dann sogleich der trauernden Gemeinde zuwendet, um sie zu begrüßen.

Zur Eröffnung

Der Begräbnisleiter spricht jetzt alle Anwesenden an, beginnend mit den nächsten Verwandten. So wendet er sich direkt an den Gatten/die Gattin, die Kinder, die Eltern, die Großeltern, den Bruder und die Schwester, die Freunde und die Arbeitskollegen sowie an die Hausparteien, Nachbarn und alle Anwesenden. Er schließt die Anrede in etwa mit folgenden Gedanken:

„In der Gemeinschaft der Kirche Jesu Christi, mit Maria und allen Heiligen, mit allen Lebenden und Verstorbenen, in Verbundenheit mit unserem Papst und unserem Bischof (sowie mit unserer Pfarrgemeinde), sind wir zum Gottesdienst zusammengekommen.
Wir trauern um (zum Beispiel Ihren Gatten, Bruder, Freund, Arbeitskollegen und Nachbarn; bei einer Frau analog) Herrn/Frau N. N., der/die uns in die Ewigkeit Gottes vorausgegangen ist und dessen/deren vergänglichen Leib wir heute in Ehren zu Grabe geleiten werden. (Bei einer Feuerbestattung: ... von dessen/deren vergänglichem Leib wir heute in Ehren Abschied nehmen.)
Ich lade Sie ein, für den Verstorbenen (die Verstorbene) gemeinsam zu beten: Im Namen des Vaters und des Sohnes und des Heiligen Geistes."

Die Erwähnung des Papstes und des Bischofs wurde von der Liturgiekommission im neuen Rituale als zu übertrieben kirchlich nicht übernommen. Jedoch wäre eine solche feierliche Eröffnung der beste Rahmen für das Begräbnis, denn:

- der Begriff *Kirche* wird erläutert;
- die *Gemeinschaft der Kirche* wird als eine die Zeit und den Raum überschreitende Wirklichkeit dargestellt;
- der *ehrenvolle Abschied* vom vergänglichen Leib des Verstorbenen wird betont, und
- es wird deutlich auf die *Verbundenheit mit der Person des Verstorbenen* über den Tod hinaus hingewiesen.

Ist der Begräbnisleiter ein vom Bischof beauftragter Laie, verschafft ihm als offiziellem Vertreter der Kirche die feierliche Eröffnung gleich zu Beginn die Akzeptanz durch die Trauergemeinde.

In diesen Eröffnungsworten wird auch zum Schlagwort „Jesus – ja, Kirche – nein" eindeutig Stellung bezogen. Und jenen Trauergästen, die aus der Kirche ausgetreten sind, wird ohne Maßregelung bewusst gemacht, dass sie die Gemeinschaft der Kirche verlassen haben.

Es folgt die *liturgische Begrüßung* und die Fortsetzung der Trauerfeier.

Zur Anrede des Verstorbenen

Die Bezeichnungen „Mitbruder"/„Mitschwester", der/die „Heimgegangene", „Verewigte" oder gar der/die „Verblichene", „Dahingeschiedene" werden durch die zeitgemäße Form „Herr"/„Frau" ersetzt. Natürlich können die Worte „Bruder"/„Schwester" auch weiterhin verwendet werden, aber nur, wenn die Trauergemeinde mit dieser Terminologie vertraut ist oder wenn ihr die Bezeichnung erläutert wird.

Der oder die Verstorbene wird mit vollem Vor- und Nachnamen, gegebenenfalls auch mit akademischem *Grad* beziehungsweise *Titel* und *Berufsbezeichnung*, angesprochen. So wird das Recht jedes Menschen, mit seinem Namen angesprochen zu werden, gewahrt. Auch Gott ruft jeden bei seinem Namen (vgl. Jes 49, 1).

Bei *ausländisch* klingenden Namen ist es wichtig, den Begräbnisbesteller zu fragen, wie der Name des Verstorbenen auszusprechen ist.

Bei der Formulierung: „Wir nehmen Abschied von unserem ..." wird eine Richtigstellung vorgenommen: „Wir nehmen Abschied von dem *vergänglichen Leib* des/der ..." und nicht von dem/der Verstorbenen selbst. Mit ihm oder ihr bleiben wir auch über den Tod hinaus weiterhin verbunden. Damit wird das Missverständnis ausgeräumt, dass der Verstorbene bis zum Jüngsten Gericht (mit Leib und Seele) im Grab verbleibt. Auch wird die Gemeinschaft mit dem Verstorbenen, die über den Tod hinaus Bestand hat, verdeutlicht.

Die Formulierung „der/die Tote" wird durch „der/die Verstorbene" ersetzt (siehe oben: „Stolpersteine", Seite 161ff.).

Zur Gebetsrichtung

Damit keine Begräbnisfeier mehr ausschließlich mit dem Rücken zu der Trauergemeinde stattfindet, wurde festgelegt, dass alle *Gebete zum Kreuz* gebetet werden; hingegen sollen alle *Lesungen* aus der Heiligen Schrift, die *Verkündigung* beziehungsweise die *Ansprache* sowie alle *Erklärungen* und Hinweise immer *in Richtung Trauergemeinde* gesprochen werden.

Ansprache

Die Ansprache wird – wie bei der Eröffnung der Trauerfeier – mit der *direkten Anrede der Anwesenden* eingeleitet. Dies stärkt das Gefühl der Zusammengehörigkeit und steigert die Aufmerksamkeit. Dabei ist die Trauergemeinde dort abzuholen, wo sie im Augenblick steht – in ihrer Trauer oder zumindest im Angesicht des Todes. Nur so kann die Ansprache ihre volle therapeutische Wirkung entfalten.

Jede Ansprache wird mit einer kurzen Würdigung des Verstorbenen eingeleitet, denn „sein Leib war Gottes Tempel" (vgl. 1 Kor 3, 16). Diese *Würdigung des Verstorbenen* in der Öffentlichkeit ist wichtig, nicht nur um die Aufmerksamkeit der Trauernden zu gewinnen, sondern auch um den Prozess der Trauerbewältigung in Gang zu setzen.

Schon die Namensnennung des Verstorbenen weckt bei den Anwesenden individuelle Erinnerungen an ihn. Überhaupt ist die Nennung des Vor- und Nachnamens (Familiennamens) des Verstorbenen, mit der Angabe von Titel,

Beruf, Lebensalter und den Umständen seines Todes, eine unerlässliche Voraussetzung für ein zeitgemäßes Begräbnis. Auch etwaige besondere Eigenschaften oder Fähigkeiten des Verstorbenen sollten kurz in der Ansprache erwähnt werden. So wird die Abschiedsfeier für alle Trauergäste überzeugend und persönlich.

Wenn der Begräbnisleiter den Verstorbenen nicht persönlich gekannt hat, kann er durchaus auch die Quelle nennen, aus der seine Informationen stammen, zum Beispiel: „Wie ich von den Hinterbliebenen erfahren habe, war der/die Verstorbene …". Haben die Hinterbliebenen einen Lebenslauf oder einige wichtige Daten über den Verstorbenen schriftlich verfasst, dann soll dieser Zettel mit Dank angenommen werden. Schon der Akt des Niederschreibens hat eine therapeutische Wirkung, weil er die konkrete Auseinandersetzung mit dem Verlust und damit die Trauerarbeit einleitet. Allerdings ist mit der Würdigung des Verstorbenen keineswegs ein detaillierter Lebenslauf wie bei einem Nachrufredner gemeint. Das sollte man den Hinterbliebenen auch sagen. Die Ansprache soll auf das Wesentliche hinweisen, damit die Anliegen der Trauernden zum Ausdruck kommen.

An die *Würdigung* des Verstorbenen schließt sich die *Deutung* der Trauerfeier im Lichte des Glaubens an. Die *Verkündigung* sollte beim *Tod* des Menschen ansetzen, denn erst durch den erlittenen Tod kann sich die Verheißung der Auferstehung von den Toten durch Gottes Zutun erfüllen und für die Hinterbliebenen zum großen Trost werden.

Es ist wichtig, auch den *Tod an sich zu hinterfragen*. Zwar ist es „normal", das heißt, der Norm entsprechend, dass der Mensch stirbt. Den eigenen Tod zu akzeptieren fällt jedoch trotzdem schwer. Deshalb wundert es nicht, dass der Gedanke an den Tod von der Gesellschaft so massiv verdrängt wird – wobei die Verdrängung keine Lösung des Problems darstellt. Für den Menschen gilt wie für alle Lebewesen: Ein Leben, das sich frei entfalten kann, will keinen Tod. Nur eine schwere Behinderung des Lebens durch unerträgliches Leid lässt den Gedanken an den Tod aufkommen. Um diesem Leiden ein Ende zu setzen, sind manche Menschen bereit, den vorzeitigen Tod in Kauf zu nehmen, oder sie sehnen ihn sogar als Erlösung herbei. Der „normale" Mensch kann sich jedoch nicht damit abfinden, dass der Tod „natürlich" ist, denn es entspricht nicht seiner Natur, auf den Tod hin zu leben. Natürlich für den Menschen ist die Sehnsucht nach einem vollkommenen Leben ohne Ende! Auch ein hohes Alter allein rechtfertigt es noch lange nicht, von einem „erfüllten" Leben zu sprechen. Denn auch der älteste Mensch könnte sich noch mehr Erfüllung vorstellen und wünschen … So ist der menschliche Widerstand gegen den Tod nur zu verständlich. Und er wird durch die Verheißung der Vollendung des Lebens bei Gott bestätigt. „Wer Gottes Wort am Sarge verkündigen will, hat die Botschaft vom Angriff Gottes auf den Tod zu bezeugen" (H. Schreiner).

Des Weiteren sollte der Begräbnisleiter auf die *Verbundenheit mit den Verstorbenen* in der Gemeinschaft der Kirche hinweisen sowie darauf, dass die Verstorbenen auch als Fürsprecher der Lebenden eintreten können.

Auf einen kurzen Nenner gebracht, könnte man über die Ansprache sagen: „Mit *Tod* und *Trauer* anfangen, um über die *Würdigung* des Verstorbenen zur wirksamen *Verkündigung* der Frohbotschaft zu gelangen!"

Stilles Gedenken

Die Ansprache endet mit der Einladung der Anwesenden zu einem *stillen Gebet für den Verstorbenen.*

Die Formulierung „… den Gott zu sich gerufen hat" wird ersetzt durch „… der uns (zu Gott) vorausgegangen ist" beziehungsweise „… den der Tod aus unserer Mitte gerissen hat" oder „… dem wir einmal folgen werden". Die alte Formulierung provoziert die Frage nach dem *Warum,* die wir in der Kürze der Trauerfeier nicht eindeutig beantworten können. Mit solch einer im Raum stehenden Frage nach dem *Warum* wird das Gottesbild nur unnötig verdunkelt.

Fürbitten

Die Fürbitten werden immer mit einer Einladung zum Mitbeten und mit der Ankündigung, welche Antwort die Trauergemeinde jeweils geben sollte, eingeleitet.

Es gibt zwölf verschiedene Modelle für Fürbitten, die auch untereinander ausgetauscht oder ergänzt werden können.

Hauptzelebrant und „Konzelebranten"

Anwesende Priester und Diakone sollten so weit wie möglich Gelegenheit bekommen, mit verteilten Rollen aktiv an der liturgischen Feier mitzuwirken.

Es empfiehlt sich, auch die Trauergemeinde, so weit es möglich ist, aktiv in die Trauerfeier einzubinden. So können die Lesung und Fürbitten von Begräbnisteilnehmern gelesen werden. Auch Volksgesang trägt zur aktiven Beteiligung aller Anwesenden bei.

Begräbnis von Verbrechern

Wenn *allgemein bekannt* ist, dass der oder die Verstorbene den trauernden Hinterbliebenen oder anderen Menschen etwas sehr Schwerwiegendes *angetan hat* (wenn er/sie zum Beispiel nachweislich jemanden ermordet, Kinder missbraucht hat usw.), dann kann als Einleitung zu den Fürbitten oder als eigenständiges Gebet Folgendes gesagt werden:

„Gütiger Gott, wir bringen alles, was uns mit unserem verstorbenen N. N. verbindet, vor dein Angesicht, auch das, was der Verstorbene uns oder anderen angetan hat. Wir können es nicht vergessen, wir wollen ihm aber verzeihen und vertrauen es deiner Barmherzigkeit an. Durch Christus, unseren Herrn. Amen." (Rituale Seite 91)

Tod als Durchgang zum neuen Leben

Die Formulierung „Der Tod ist nicht das Ende, sondern der Anfang eines neuen Lebens" wird ersetzt durch die Worte: „Der Tod ist ein Durchgang zum neuen Leben, das Gott schenkt."

Zur Gliederung der Begräbnisfeier

A – Vorbereitung, B – Eröffnung und Kyrierufe, C – Verkündigung, D – Fürbitten, E – Verabschiedung, F – Feier am Grab.

Jedes einzelne Element kann nach Bedarf mit einem entsprechenden Element aus einer der vorliegenden Begräbnisformen getauscht beziehungsweise dadurch ergänzt werden. Eine Änderung der *Gesamtstruktur* der Begräbnisfeier muss jedoch im Hinblick auf die notwendige Zusammenarbeit von allen professionell Beteiligten (Organist, Sänger, Bestatter usw.) mitgeteilt werden.

Die Bibeltexte

Sie sollen passend sein und auf den jeweiligen Trauerfall bezogen ausgesucht werden.

Besprengung mit Weihwasser

Der Begräbnisleiter besprengt den Sarg mit Weihwasser, dann wendet er sich der Trauergemeinde zu und spricht die Worte: „In dieser Taufe bleiben auch wir ewig mit Herrn/Frau N. N. verbunden im Namen des Vaters und des Sohnes und des Heiligen Geistes. Amen." Er besprengt auch die Trauergemeinde mit Weihwasser, um für alle die Bedeutung der Taufe hervorzuheben.

Einführung in das Begräbnisrituale der Erzdiözese Wien 1999

Ansage der Begräbnismesse

Die heilige Messe für die Verstorbene/den Verstorbenen ist ein wesentlicher Bestandteil jeder Trauerfeier. Soweit dem Vorsteher bekannt, sollte er sie daher vor dem Auszug aus dem Aufbahrungsraum (eventuell am Grab) mit Datum, Uhrzeit und der Kirche, in der sie stattfindet, ansagen.

Auszug

Der Auszug aus dem Aufbahrungsraum kann mit folgenden Worten eingeleitet werden:

„Wir sind nur Gast auf Erden. Unsere Heimat ist im Himmel, deswegen geleiten wir nun den vergänglichen Leib unseres verstorbenen Herrn/unserer verstorbenen Frau N. N. zu Grabe in der Hoffnung auf die Auferstehung. Im Namen des Vaters und des Sohnes und des Heiligen Geistes."

Anschließend erfolgt eine Verneigung vor dem Sarg und der Auszug aus dem Aufbahrungsraum.

Verabschiedung

Mit diesem Begriff bezeichnen die Bestattungsunternehmen die *Feuerbestattung* beziehungsweise die *Kremationsfeier*. Bei der Verabschiedung in der Feuerhalle wird der gleiche Ritus verwendet wie bei einem Erdbegräbnis, jedoch spricht der Vorsteher am Schluss zur Trauergemeinde gewendet:

V.: „Liebe Angehörige! Werte Trauergemeinde! Der Leib von Herrn/Frau N. N. kehrt nun zum Staub zurück, aber Gott wird ihn auferwecken, wie Jesus Christus es uns versprochen hat, denn Gott ist treu. Darum wollen wir in Gemeinschaft mit der ganzen Kirche vertrauensvoll zu Gott beten ..."

Jetzt wendet sich der Vorsteher zum Kreuz beziehungsweise Sarg und spricht das Schlussgebet:

V.: „Barmherziger, ewiger Gott, du hast den Menschen als dein Ebenbild geschaffen. Vollende durch die Auferstehung deines Sohnes in N. N. das Ebenbild, das du ihm/ihr seit Anbeginn zugedacht hast. Lass den Verstorbenen/die Verstorbene in deinem Reich mit dir und allen Heiligen vereint sein. Darum bitten wir durch Christus, unseren Herrn, der in der Einheit des Heiligen Geistes mit dir lebt und herrscht in alle Ewigkeit. Amen" (Rituale Seite 24).

Danach wendet sich der Vorsteher zur Trauergemeinde und sagt:

> V.: „Ich wünsche Ihnen Stärkung durch den Glauben und Trost in der Gemeinschaft von guten Menschen. So segne euch (uns) der barmherzige Gott, der Vater, der Sohn und der Heilige Geist. Amen."

Es folgt Gesang und/oder Orgelspiel. Der Vorsteher wendet sich zum Sarg, der jetzt versenkt oder von einem Vorhang verhüllt wird. Anschließend verneigt er sich in Richtung Sarg und wendet sich zur Trauergemeinde, die er mit den Worten: „Gehet hin in Frieden" verabschiedet.

Ähnlich verläuft auch die *Verabschiedung im Anatomischen Institut*, wenn der Verstorbene seinen Leichnam für medizinische Forschung zur Verfügung gestellt hat (Rituale Seite 94).

Trauerkondukt

Der Vorsteher geht unmittelbar dem Sarg voran. Alle anderen kirchlichen Vertreter reihen sich zwischen dem Kreuzträger und dem Vorsteher ein, alle nichtkirchlichen Verbände, auch Kranz- und Ordensträger, Musiker, Blumenwagen, Konduktführer usw., gehen vor dem Kreuzträger. Man sollte jedoch die gewachsene Lokaltradition nicht außer Acht lassen.

Feier am Grab

Segnung des Grabes
Um nicht den Eindruck der Eile zu vermitteln, wird die Feier am Grab, wenn alle Begräbnisteilnehmer dort versammelt sind, mit der Segnung des Grabes eingeleitet (auch dann, wenn das Grab schon einmal gesegnet worden ist). Die Segnung wird nur mit dem Handzeichen, ohne Weihwasser, begleitet. Das Weihwasser wird erst nach der Versenkung des Sarges ausgesprengt.

Versenkung des Sarges
Auf ein Zeichen des Vorstehers wird der Sarg versenkt, und der Vorsteher spricht:

> „Wir übergeben den Leib der Erde. Gott, der Jesus von den Toten auferweckt hat, wird auch den Verstorbenen N. N. zum neuen Leben erwecken."

Besprengung mit Weihwasser
Der Vorsteher besprengt den Sarg mit Weihwasser und spricht:

> „N. N., Gott wird dir helfen und deine Wege ebnen. Was Gott in der Taufe begonnen hat, das wird er auch vollenden."

Erdwurf
Es werden zwei Textvarianten angeboten:
1. „Von der Erde bist du genommen, und zur Erde kehrst du zurück. Der Herr aber wird dich auferwecken."
2. „Dein Leib ist der Vergänglichkeit ausgesetzt; jetzt kehrt er zur Erde zurück. Der Herr aber wird dich auferwecken."

Sinnvoller noch wäre:
„Dein Leib ist der Vergänglichkeit ausgesetzt; jetzt bestatten wir ihn in der Erde. Der Herr aber wird ihn auferwecken."

Ausstreckung der Hand
Bei den Worten „Der Friede sei mit dir" weist der Zelebrant mit der Hand auf das Grab hin.

Glaubensbekenntnis
Es werden zwei Einleitungen angeboten:
1. „Bekennen wir nun unseren Glauben an die Auferstehung der Toten: ..."
2. „Herr beziehungsweise Frau N. N. ist im Tod Jesus gleich geworden. Gott hat Jesus von den Toten auferweckt. In der Hoffnung, dass er auch unseren Verstorbenen/unsere Verstorbene von den Toten auferweckt, bekennen wir nun unseren Glauben: ..."

Abschluss
Die Formulierung „Herr, gib ihm/ihr und allen Verstorbenen die ewige Ruhe" wird ersetzt durch: „Gib ihnen das ewige Leben."
  A.: Und das ewige Licht leuchte ihnen.
  V.: Lass sie leben in deinem Frieden. Amen.

Segenswunsch
Jede Trauerfeier kann mit einem Segenswunsch abgeschlossen werden, wobei die Geistlichen sagen: „Es segne *euch* der allmächtige Gott", die Laien aber: „Es segne *uns* der allmächtige Gott".

Private Redner

Es gibt je nach Land verschiedene Gepflogenheiten, wann ein Redner aus der Familie, ein Verbands- oder Parteimitglied, ein Studentenverbindungsbruder, ein Arbeitskollege usw. bei Begräbnisfeiern spricht.
  Die Erfahrungen zeigen, dass es im Falle einer solchen Beteiligung eines privaten Redners am günstigsten ist, wenn der Zelebrant von Anfang an im Aufbahrungsraum anwesend ist, die Trauerfeier mit Musik oder Gesang einge-

leitet wird und anschließend der nichtprofessionelle Redner über den Verstorbenen spricht. Nach dieser Rede wird mit der liturgischen Feier fortgefahren. Der private Redner hat für die nötige Einstimmung und Atmosphäre zum Zuhören gesorgt, die sonst erst der Zelebrant hätte schaffen müssen. Nun kann der Begräbnisleiter sich auf das Wesentliche beschränken und seine Ansprache ganz auf die Tröstung der Hinterbliebenen und die Verkündigung des Glaubens ausrichten. (Die Kirche hat nur dann die Würdigung des Verstorbenen vorzunehmen, wenn niemand sonst dies in der Öffentlichkeit tut!)

Professionelle Redner (Nachrufredner) haben in der liturgischen Feier keinen Platz.

Zur Abkürzung N. N. beziehungsweise N.

An Stelle der Abkürzung N. N. soll wechselweise der Vor- und Nachname oder auch nur der Vorname eingesetzt werden. Oder: *unser Verstorbener/unsere Verstorbene, Ihr Gatte, Vater, Großvater, Bruder ... (Ihre Gattin, Mutter, Großmutter ...)* oder auch: *unser Bruder/unsere Schwester*, wenn diese Begriffe allen vertraut sind. Damit die Trauerfeier für alle Anwesenden einen sehr persönlichen Charakter bekommt, sollte der Verstorbene vom Begräbnisleiter so angesprochen werden, wie er zu Lebzeiten von den Anwesenden angesprochen wurde.

Zum Schriftbild des Rituale

Die Texte sind bei Unterschieden zwischen männlicher und weiblicher Form in zwei getrennte Spalten aufgeteilt. Damit wird eine problemlose und fließende Anwendung des Begräbnisrituals ermöglicht.

Abkürzungen

GL = „Gotteslob" (Katholisches Gebet- und Gesangbuch)
K = Kantor/Kantorin
L = Lektor/Lektorin
S = Sprecher/Sprecherin
V = Vorsteher (Leiter/Leiterin der Begräbnisfeier), auch Offiziator oder
Z = Zelebrant
A = Alle

Das neue Begräbnisrituale kann man bei der Behelfstelle der Erzdiözese Wien erwerben: A-1010 Wien, Wollzeile 2.

Tröstung der Trauernden beim Begräbnis von Verstorbenen, die aus der Kirche ausgetreten sind

Das *Glaubensbekenntnis* eines Menschen hat, wenn es um die Ausrichtung eines Begräbnisses geht, moralisch gesehen den *Stellenwert eines Testamentes.* Wer katholisch war, hat das Recht auf ein katholisches Begräbnis, und die Hinterbliebenen haben die moralische Pflicht, es dem Verstorbenen zu gewähren.

Wenn jemand hingegen aus der Kirche ausgetreten ist, so hat er damit zwar nicht zwangsläufig auch seinen *Glauben an Gott* aufgegeben, aber er hat damit ausdrücklich auf jegliche *kirchlichen Handlungen* verzichtet und im Todesfall – wenn er vorher nicht ausdrücklich zur Kirche zurückwollte – diesen Zustand der Distanzierung von der „sichtbaren" Kirche quasi testamentarisch besiegelt.

Über solch eine Entscheidung darf man sich nicht hinwegsetzen. Sie ist, wie ein Testament nach dem Tode, unwiderruflich. *Barmherzigkeit* beim Begräbnis üben heißt dann, dem Verstorbenen das zukommen lassen, was er mit seinem Kirchenaustritt zum Ausdruck gebracht hat.

Die Kirche hält es aber für ihre Pflicht, Trauernde auch beim Begräbnis eines Menschen, der ohne religiöses Bekenntnis verstorben ist, zu trösten. Wenn daher von Seiten katholischer Angehöriger der Wunsch nach einem kirchlichen Beistand geäußert wird, ist eine Feier mit Tröstung der Hinterbliebenen nicht nur möglich, sondern auch *notwendig*.

Aus diesem Grunde wurde im neuen Wiener Begräbnisrituale eine eigene Form für die Tröstung jener Trauernden vorgesehen, die von einem Verstorbenen ohne religiöses Bekenntnis Abschied nehmen.

Die Ansprache wird durch drei Schrifttexte ersetzt. Die Trauernden werden mit Worten der Heiligen Schrift getröstet. In der Überleitung zu den Fürbitten werden einige Gedanken angeboten (Rituale Seite 99). Der oder die Verstorbene wird erwähnt, weil die Hinterbliebenen traurig sind und von ihm/ihr Abschied nehmen müssen.

Bei dieser Feier geht der Zelebrant nicht vor dem Sarg, sondern *dahinter*, an der Seite der trauernden Hinterbliebenen.

Die Aufgaben des Begräbnisleiters

Der Begräbnisleiter hat *gleichzeitig* mehrere Aufgaben zu erfüllen, und jede Aufgabe stellt spezielle Anforderungen an ihn. So muss er als:

Redner

- mit der richtigen körperlichen Haltung laut, deutlich und verständlich sprechen;
- mit der Trauergemeinde Augenkontakt halten und die Gestik und Mimik der Aussage anpassen;
- mit verständlicher Ausdrucksweise in einfachen und kurzen Sätzen sprechen;
- nicht als „Sprachrohr" der Theologie auftreten, sondern mit persönlicher Überzeugung den Glauben der Kirche als seinen Glauben einbringen.

Lehrer

- die biblischen und liturgischen Texte in die Alltagssprache übersetzen und verständlich erklären;
- die verwendeten Zeichen und Gesten deuten;
- mögliche Missverständnisse ausräumen.

Amtsträger und Vertreter der Kirche

- als Privatperson dem Ansehen der Kirche verpflichtet sein;
- in der Gemeinschaft der Kirche miteinander und füreinander beten;
- die Anliegen der Kirche erfahrbar machen (die Kirche ist für die Menschen und zu ihrem Heil da);
- auf die Anliegen der Anwesenden eingehen, um die Botschaft des Evangeliums plausibel darstellen zu können;
- die Frohbotschaft und nicht eine Drohbotschaft verkünden.

Liturge

- die Lebenssituation der Menschen in der Liturgie erfahrbar machen;
- ein lebendiges und verständliches Zeichen des Glaubens geben;
- einen virtuellen Dialog mit Gott und der Trauergemeinde führen, um der Trauergemeinde bewusst zu machen, dass sie am Erlösungswerk Jesu Christi teilhat.

Therapeut

- Zuwendung zu den Trauernden zeigen;
- das Ausdrücken von unterdrückten Trauergefühlen ermöglichen;
- durch die formalisierte Artikulation von bedrückenden Schuldgefühlen einen Prozess der Befreiung einleiten;
- Angst um den und vor dem Verstorbenen beseitigen helfen;

- die therapeutischen Kräfte, die dem Trauerritual innewohnen, gezielt zur Entfaltung bringen;
- den Weg, den die Trauernden zu gehen haben, symbolisch vorzeichnen.

Seelsorger

- die Realität des Todes im Lichte des Glaubens deuten;
- die Hoffnung auf die Liebe und Barmherzigkeit Gottes wecken;
- die Solidarität der Gemeinschaft der Kirche, die über den Tod hinaus wirksam ist, glaubwürdig darstellen;
- auf die Zukunft hinweisen und Hoffnung auf die Vollendung bei Gott wecken.

Emotionale Probleme des Begräbnisleiters bei der Trauerfeier

Der Begräbnisleiter ist bei Begräbnissen aber auch selbst von der kreatürlichen Angst vor dem Tod betroffen. Dieses Gefühl kann bei der Durchführung von Begräbnissen den offenen Austausch von Gedanken und Emotionen zwischen ihm und den Trauernden behindern.

Carlozzi bezeichnet den unbewussten Versuch mancher Begräbnisleiter, ihre Probleme mit dem eigenen Tod zu verbergen, als „ecclesiastical defense syndroms", vergleichbar dem Verbergen hinter Masken. Im Einzelnen unterscheidet er folgende Abwehrmechanismen:

Maske der Absonderung

Der Begräbnisleiter sieht sich als Amtsträger, der über ungewöhnliche sakramentale Möglichkeiten verfügt, die, wie er glaubt, auch gegen den eigenen Tod wirksam seien. Die Betonung seines Amtes lässt ihn über der Verzweiflung und der Trauer stehen, weil der Tod ihm nichts anhaben kann.

Maske der rituellen Handlung

Die rituelle Handlung schützt den Offiziator vor der Konfrontation mit dem Tod. Beim Gespräch mit den Trauernden beschränkt er sich auf die Erläuterung des rituellen Ablaufs der Trauerfeier. Er geht weder auf die Realität des Todes noch auf die Gefühle der Betroffenen ein, sondern begnügt sich mit formelhaften Sätzen wie zum Beispiel: „Jetzt hat der Verstorbene seine Ruhe gefunden" oder „Jetzt ist er erlöst", „Jetzt ist er besser dran" ...

Maske der formelhaften Sprache

Auch die Sprache kann eingesetzt werden, um Distanz zum Tod und zu den Trauernden herzustellen. So kann der Begräbnisleiter fertige Formeln oder Redewendungen verwenden, die er weder hinterfragt noch daraufhin prüft, ob sie von den Trauernden verstanden werden.

Maske der Geschäftigkeit

Das Gespräch im Trauerhaus, in der Pfarrkanzlei oder auf dem Friedhof wird kurz gehalten. Damit macht der Offiziator deutlich: Er ist mit außerordentlich vielen Aufgaben belastet, und es handelt sich um eine Gefälligkeit, dass er sich überhaupt Zeit für das Gespräch nimmt. Das vermittelt ihm selbst den Eindruck, er wäre den vielfältigen Pflichten korrekt nachgekommen und das abgekürzte Gespräch beziehungsweise die abgekürzte Trauerfeier würden ausreichen.

Maske der Routine

Seine Erfahrung erlaubt es dem Begräbnisleiter, die Situation schnell zu durchschauen. Allein durch die Anwendung der entsprechenden Gebete im Rituale glaubt er, der Trauerfeier gerecht zu werden.

Maske der Sentimentalität

Der Offiziator versucht mit sentimentalen Redewendungen, die er ständig wiederholt, die eigene Unsicherheit oder Ratlosigkeit zu überdecken. Ausdrucksweisen wie „nimmermüde Mutterhände" oder „das stets treu sorgende Vaterherz" sollen bei den Trauernden sentimentale Gefühle hervorrufen. Der Offiziator würde gerne die eigene Verschlossenheit und die der Trauernden durchbrechen, aber er schafft es nicht, die tiefere Ebene der echten Gefühle zu erreichen.

Dem Offiziator muss stets bewusst sein, dass die Hinterbliebenen in der Trauerarbeit sowohl libidinöse als auch aggressive Gefühle auf ihn übertragen können und dass er gegenüber dem Verstorbenen nicht selten eine Gegenübertragung vornimmt, indem er unangemessen darauf reagiert. Sehr hilfreich für jeden Offiziator in der Trauerpastoral sind daher Supervision und Fortbildung, Gespräche mit Kollegen und die Teilnahme an Begräbnissen, die von anderen abgehalten werden.

„Laien" als Begräbnisleiter

Die Formulierung *Laien als Begräbnisleiter* ist eigentlich nicht korrekt. Denn nicht alle Laien dürfen im Namen der Kirche Begräbnisse leiten, sondern nur jene, die nach einer entsprechenden Ausbildung durch den Bischof bevollmächtigt und gesendet sind. Aufgrund der Sendung durch den Bischof werden diese Personen zu beauftragten *Amtsträgern* der Kirche.

Wird also ein Mann oder eine Frau nach einschlägiger Ausbildung von der Kirche (durch den Bischof) mit einer offiziellen Aufgabe betraut oder zu einem offiziellen Dienst bevollmächtigt, dann wird er/sie in der Ausübung des Dienstes von der Autorität der ganzen Kirche getragen. Der Laie, der so im Namen der Kirche die Trauerfeier leitet, kommt nicht als Vertreter oder Ersatz für den Pfarrer, sondern er repräsentiert die ganze Gemeinschaft der Kirche Jesu Christi, die an dieser Trauerfeier Anteil nimmt.

Für die Zulassung eines Laien zum Begräbnisleiterkurs gelten in der Erzdiözese Wien folgende Voraussetzungen:

- abgeschlossener zweijähriger theologischer Kurs für Laien
- untadeliges Leben in der Pfarrgemeinde
- Vorschlag des Pfarrers
- Bestätigung durch den Pfarrgemeinderat
- Genehmigung durch das Erzbischöfliche Ordinariat.

Ausbildungslehrplan für Begräbnisleiter in der Erzdiözese Wien

Zur Ausbildung von Laien zu Begräbnisleitern gehört:

- Praktische Einführung in die Begräbnispraxis am Friedhof: ein Begräbnis unter dem Gesichtspunkt des Gebetes für den Verstorbenen, als Tröstung für die Hinterbliebenen und als Selbstdarstellung der Kirche vor Ort beobachten und besprechen
- Auseinandersetzung mit der Trauer des Individuums
- Konfrontation mit dem gesellschaftlichen Aspekt der Trauer
- Begreifen der Bewältigungsmechanismen in der Trauer
- Beschäftigung mit dem Kirchenbild, das der Begräbnisleiter bei Begräbnissen vermitteln soll
- Theologische Auseinandersetzung mit den Perikopen der Begräbnisliturgie – Tod und Auferstehung in biblischer Sicht
- Grundzüge der Eschatologie
- Einführung in die Problematik des Friedhofsdienstes in Wien mit Weisungen und praktischen Hinweisen für Begräbnisleiter

- Einführung in den Begräbnisritus und die Trauerliturgie
- Homiletische Hinweise für die Kasualpredigt – die Begräbnisansprache
- Therapeutische Kräfte in der Begräbnisliturgie
- Rhetorik und Sprachübungen
- Der Begräbnisleiter im Spannungsfeld der Trauerpastoral
- Verdrängungsmechanismen und die Gefahr der Routine
- Vorbereitung und Vortrag einer Begräbnisansprache mit Nachbesprechung
- Aufarbeitung der Problematik der Anonymität in der Großstadt und der Vertrautheit in der Dorfgemeinschaft in Bezug auf die Trauerfeier
- Ausbildung für den Umgang mit den Hinterbliebenen
- Praktische Übung: Abhalten eines gestellten Begräbnisses mit Nachbesprechung
- Auseinandersetzung mit der Problematik des Sterbens, der Sterbebegleitung und des Umgangs mit den Angehörigen
- Einführung in die Trauerarbeit mit den Hinterbliebenen.

Der Kurs schließt mit einer Prüfung ab. Die Beauftragungsurkunde wird den Teilnehmern durch den Erzbischof persönlich überreicht. Die Beauftragung ist auf fünf Jahre befristet. Auf Ansuchen des Pfarrers und Bestätigung durch das Referat für den Einsegnungsdienst kann sie um weitere fünf Jahre verlängert werden.

Die Begräbnisleiter erfüllen ihren Dienst auf Anweisung des Pfarrers. Alle offiziellen Vertreter der katholischen Kirche (Männer und Frauen) tragen als Begräbnisleiter bei den Trauerfeiern die gleiche liturgische Kleidung, mit Ausnahme der Stola, die nur den Priestern und Diakonen vorbehalten ist. Der Vorwurf, die Laien würden als Geistliche „verkleidet", ist unsinnig und falsch. Die gleiche Kleidung bei allen kirchlichen Begräbnissen unterstreicht vielmehr, dass die Kirche keine Unterschiede bei der Durchführung von Begräbnisfeiern macht, und sie erlaubt es, eine Trauerfeier sofort als katholisch zu erkennen.

Jede Begräbnisfeier soll der Trauergemeinde bewusst machen, dass die ganze Gemeinschaft der Kirche an ihrer Trauer Anteil nimmt und dass der Vorsteher/die Vorsteherin die ganze Kirche repräsentiert, in deren Gemeinschaft der Verstorbene in die Ewigkeit Gottes begleitet wird.

Praktische Hinweise für Begräbnisleiter

Friedhofsdienst im Rahmen der Großstadtseelsorge

Damit jeder Katholik ein kirchliches Begräbnis bekommen kann, ist in manchen großen Städten ein zentral gesteuerter Begräbnisdienst eingerichtet. Jede Pfarrei hält an einem bestimmten Tag Begräbnisdienst. In Posen/Polen zum

Beispiel werden die einzelnen Stadtpfarreien vom Erzbischöflichen Ordinariat zum Begräbnisdienst am größten Friedhof der Stadt eingeteilt. So braucht nicht jede Pfarrei den weiten Weg und den damit verbundenen Zeitaufwand für ein einzelnes Begräbnis in Kauf zu nehmen, sondern die Dienst habende Pfarrei hält alle Begräbnisse des Tages, die auf diesem Friedhof stattfinden. Die Priester können ihre Zeit statt für lange Fahrtzeiten sinnvoller für andere seelsorgliche Aufgaben verwenden..

In Wien ist die Situation anders. Hier gibt es rund fünfzig Friedhöfe und ein Bestattungsunternehmen – die Bestattung Wien GmbH. Die Hinterbliebenen bestellen alles, was mit dem Begräbnis zusammenhängt, bei einer der vielen Bestattungsfilialen dieses Unternehmens, ohne mit der zuständigen Pfarrei Kontakt aufzunehmen. Das Bestattungsunternehmen teilt der jeweiligen Pfarrei telefonisch mit, dass ein Mitglied ihrer Pfarrgemeinde verstorben ist. Dabei werden der Pfarrei der Name des Verstorbenen und seine Wohnadresse sowie das Datum, die Uhrzeit und der Friedhof des Begräbnisses bekannt gegeben, ohne dass danach gefragt würde, ob es dem Pfarrer möglich ist, das Begräbnis zu der festgelegten Zeit zu halten. Mehr noch, es können sogar mehrere Begräbnisse von Verstorbenen der gleichen Pfarrei zur gleichen Zeit auf verschiedenen Friedhöfen angesetzt werden.

Um trotzdem jedem Katholiken in Wien ein kirchliches Begräbnis zu gewähren, hat das Erzbischöfliche Ordinariat eine Zentralstelle eingerichtet, das Referat der Erzdiözese Wien für den Einsegnungsdienst in Wien. Dieses Referat koordiniert den Friedhofsdienst der einzelnen Pfarreien für die sieben großen Friedhöfe, auf denen zwei Drittel aller Begräbnisse (circa siebentausend pro Jahr) stattfinden. Jede Pfarrei kann auf diesen Friedhöfen jedes Begräbnis selber halten oder es an den Friedhofsdienst weitergeben. So viele Begräbnisse, wie andere Pfarreien im Laufe eines Jahres für sie gehalten haben, muss die Pfarrei im kommenden Jahr selber übernehmen. Dieser Friedhofsdienst, an dem alle Großstadt-Pfarreien solidarisch teilnehmen, gewährleistet, dass sich jede Pfarrei darauf verlassen kann, dass die Begräbnisse im Rahmen des Friedhofsdienstes von den Dienst habenden Pfarreien sorgfältig abgehalten werden.

Zu den Aufgaben des Referates gehört auch die Ausbildung der Priesteramtskandidaten, der Diakone, der Pastoralassistent(inn)en und der Laien zur Leitung von Begräbnisfeiern. Das Referat ist auch eine Verbindungsstelle zum Magistrat der Stadt Wien, der für die Verwaltung von achtundvierzig Friedhöfen in Wien zuständig ist, und zur Bestattung Wien GmbH, um eine gute Zusammenarbeit bei Begräbnissen zu gewährleisten.

Faltblatt, Liturgiezettel

Zur Unterstützung der Trauergemeinde bei ihrer Teilnahme an Begräbnisfeiern kann den Anwesenden ein vorgefertigter Wegweiser für die Trauerfeier ausgehändigt werden. Mit diesem Behelf werden eventuelle Unsicherheiten bezüglich des Aufstehens, Niedersetzens, Antwortens usw. beseitigt.

In Wien liegen zu diesem Zweck gedruckte Faltblätter auf den Friedhöfen aus, die von den Begräbnisleitern an die Trauernden ausgeteilt werden können. Auf der Vorderseite des in violetter Farbe gehaltenen Faltblattes ist ein Bild mit der Pietà von Michelangelo zu sehen, darunter der Schriftzug: „Euch wird das Leben gewandelt, nicht genommen."

Auf der Innenseite des Blattes befindet sich folgender Text:

> Wir sind zusammengekommen, weil wir uns mit dem (der) Verstorbenen verbunden wissen. In der Hoffnung, dass Gott sein (ihr) Leben vollenden kann, wollen wir gemeinsam beten:
>
> A: Vater unser (Text)
>
> Der (die) Verstorbene war getauft und gehört damit Gott an. Was Gott begonnen hat, wird er auch vollenden. – In dieser Stunde wollen wir als getaufte Christen unseren Glauben an den lebendigen Gott bekennen: (Text)
>
> Wir empfehlen unsere(n) Verstorbene(n) auch Maria, der Mutter Jesu Christi:
>
> A: Gegrüßet seist du, Maria (Text)
> L: Herr, gib unseren Verstorbenen ...
> A: Und das ewige Licht leuchte ihnen.
> L: Lass sie ruhen ...
> A: Amen.
> L: Im Namen des Vaters und des Sohnes und des Heiligen Geistes. Amen.

Worte zum Nachdenken

Der Tod eines Menschen ist sehr schmerzlich. Oft wird uns erst jetzt richtig bewusst, was dieser Mensch für uns bedeutet hat. Einsamkeit und Traurigkeit können uns erfassen, und es stellt sich die bange Frage: „Hat das Leben einen Sinn, wenn ohnehin jeder sterben muss?"

Wir können uns diese Frage nicht selbst beantworten. Das Leben ist nicht selbstverständlich. Es ist uns gegeben. Wir können es weiterschenken, aber nicht schaffen. Immer wieder erfahren wir, dass wir nicht selbst Herr über Leben und Tod sind. Das Leben ist ein Geheimnis, über das wir nur staunen können. Manchmal ahnen wir seine Tiefe. An Jesus Christus können wir erkennen, was es heißt, Mensch zu sein. An ihm wurde erfahrbar, dass hinter dem Leben nicht der blinde Zufall, sondern Liebe steht. So machte er es uns möglich, das Leben als Geschenk Gottes anzunehmen. Auch im Tod hat Jesus auf Gott vertraut. So konnte er im Sterben sprechen: „Vater, in deine Hände gebe ich mein Leben." – Gott ist treu. Seine Liebe ist stärker als der Tod. Gott hat Jesus auferweckt und ihm ewiges Glück geschenkt.

Wenn wir versuchen, Jesus in seinem Glauben nachzufolgen, werden wir für unsere Verstorbenen und für uns auf diese Vollendung bei Gott hoffen. Dann können wir zu Gott beten:

> Barmherziger Gott, hilflos stehen wir dem Sterben unserer Lieben gegenüber. Du aber hast uns Jesus gesandt, damit wir durch ihn deine Liebe erfahren und auf dich vertrauen. Darum können uns weder Trübsal noch Bedrängnis, ja nicht einmal der Tod von dir trennen. Stärke in uns diesen Glauben und führe unsere Verstorbenen in das vollendete Leben. Amen.

Zur Erinnerung an die Begräbnisfeier
  von ....
  am ....
  Friedhof ....
  Gruppe .... Reihe ..... Nummer ....
(Referat der Erzdiözese Wien für den Einsegnungsdienst in Wien. Für den Inhalt des Faltblatts verantwortlich: Rektor Mag. Karl Wagner, Leiter des Referates. Alle: Simmeringer Hauptstraße 234, 1110 Wien)

Kremationen, Urnenbeisetzungen

Bei Kremationsfeiern wird grundsätzlich nicht die Asche, sondern der Leib des Verstorbenen eingesegnet. Deshalb findet erst die Einsegnung und dann die Einäscherung statt.

Urnenaufbahrungen mit Einsegnung
Wenn die Verbrennung des Leichnams zum Beispiel im Ausland stattfand und die Hinterbliebenen an der Verabschiedung nicht teilnehmen konnten, dann ist auch eine Urnenaufbahrung mit Trauerfeier angebracht. Die Durchführung ist die gleiche wie bei einem Erdbegräbnis.

Kinderbegräbnisse

Die Kirche tritt für den Menschen in allen seinen Lebensstadien ein. Deshalb werden auch Fehl- oder Totgeburten eingesegnet, wenn die Eltern katholisch sind und eine Einsegnung wünschen.

Nachruf

Bei einer römisch-katholischen Einsegnung ist ein Nachruf durch einen berufsmäßigen Nachrufredner nicht mit dem Begräbnisritus vereinbar.

Dauer der Begräbnisfeier

Im Begräbnisrituale ist für die Trauerfeier kein Zeitlimit vorgesehen. Als Richtwert für eine Einsegnung in der Aufbahrungshalle (ohne Orgelspiel und ohne Gesang) wird eine Dauer von circa zwanzig Minuten angenommen. Werden Musikstücke bestellt oder private Reden gehalten, verlängert sich die Gesamtzeit entsprechend. Die Reihenfolge der Lieder beziehungsweise der Musikstücke bestimmt der Zelebrant.

Wenn das Begräbnis in einem Trauergottesdienst mit heiliger Messe gefeiert wird, dann ist mit einer Zeit von einer Stunde zu rechnen.

Was tun, wenn der Begräbnisbesteller keine Auskunft über den Verstorbenen zu geben im Stande ist?

Man muss dafür Verständnis aufbringen und jemand anderen aus der Familie oder aus dem Bekanntenkreis auf Informationen ansprechen, die der Trauerfeier einen persönlichen Charakter verleihen.

Was tun bei Verwechslung des Grabes?

Sollte durch die Friedhofsverwaltung irrtümlich ein falsches Grab geöffnet worden sein, dann gilt es zunächst die Trauergemeinde zu beruhigen und über den Beerdigungsleiter beziehungsweise Totengräber in Zusammenwirkung mit dem Bestatter einen Termin zu vereinbaren, an dem die Beerdigung fortgesetzt werden kann. Aufregung löst das Problem nicht und macht den Fehler nicht ungeschehen.

Weisungen für römisch-katholische Begräbnisse

Um die notwendige Zusammenarbeit der Kirche mit den Bestattungsunternehmen und den Friedhofsverwaltungen konstruktiv zu gestalten, könnte jeder Bischof Weisungen für Begräbnisfeiern herausgeben, die im Zweifels- oder Konfliktfall zur Klärung beitragen sollen. Die Weisungen können das Begräbnisrituale, die Struktur (Ablauf) der Trauerfeiern, die Ansprache, den Gesang, die Regeln im Friedhofsdienst, die Aufstellung im Trauerzug, die Leitlinien bei Kremationsfeiern und Urnenaufbahrungen sowie sonstige Ordnungsregeln betreffen.

Kirchliche Rechtsfragen

Gibt es ein kirchliches Begräbnis für Nichtkatholiken?

Im Canon Iuris Canonici (Can. 1183) wird dazu gesagt, dass ein katholisches Begräbnis auch folgenden Personen zu gewähren ist:

- Katechumenen – jenen, die sich auf den Empfang der Taufe vorbereiten;
- nicht getauften Kindern, wenn die katholischen Eltern sie taufen lassen wollten, sowie
- getauften Nichtkatholiken, wenn ein Amtsträger ihrer eigenen Kirche nicht erreicht werden kann und der Verstorbene nichts dagegen hatte, im Notfall auch im katholischen Ritus beerdigt zu werden.

Wem wird ein kirchliches Begräbnis verweigert?

Can. 1184 besagt, dass ein katholisches Begräbnis folgenden Personen zu verweigern ist, wenn sie nicht vor dem Tod irgendwelche Zeichen der Reue gegeben haben:

- Apostaten, die demonstrativ vom Glauben abgefallen sind;
- Häretikern, die offenkundig einen falschen Glauben vertraten;
- Schismatikern, die offenkundig zu einer anderen Konfession übergetreten sind und die Einheit mit der Kirche aufgegeben haben;
- jenen, die sich aus Gründen, die der christlichen Glaubenslehre widersprechen, für die Feuerbestattung entschieden haben;
- öffentlichen Sündern, denen das kirchliche Begräbnis nicht ohne öffentliches Ärgernis für die Gläubigen gewährt werden kann. Das heißt, ein kirchliches Begräbnis darf kein Ärgernis provozieren.

Wem wird eine Begräbnismesse verweigert?

Can. 1185: Für alle Personen, denen gemäß Can. 1184 ein katholisches Begräbnis verwehrt ist, darf auch keine Begräbnismesse gefeiert werden.

Gedächtnismessen in der Farbe des Tages, zum Beispiel Weiß in der Osterzeit oder Grün in der Zeit nach Pfingsten usw., dürfen jedoch für jeden Verstorbenen gefeiert werden.

Kann man Totgeburten oder Fehlgeburten kirchlich beerdigen?

Das Bürgerrecht schreibt vor, ab welcher Mindestgröße und welchem Mindestgewicht Früh- und Totgeburten zu bestatten sind. Die Eltern können bei der Behörde um eine Genehmigung ansuchen, wenn sie auch ein „kleineres" Kind beerdigen möchten. Die Kirche segnet Früh- und Totgeburten ein, wenn die Eltern zur Kirche gehören und den Trost einer kirchlichen Trauerfeier wünschen.

Können Selbstmörder und Drogentote kirchlich eingesegnet werden?

Auch Selbstmörder werden kirchlich beerdigt, wenn dieses Begräbnis kein öffentliches Ärgernis hervorruft. Für die Hinterbliebenen ist der Abschied von einem lieben Angehörigen, der Selbstmord begangen hat oder an einer Überdosis Rauschgift gestorben ist, besonders schmerzlich. Es ist eine Ausnahmesituation, die von Seiten des Begräbnisleiters besonderes Feingefühl erfordert. In einem solchen Fall ist es äußerst wichtig, dass die Angehörigen den Begräbnisleiter vor dem Begräbnis über die Umstände informieren, damit nicht durch sein Unwissen die Begräbnisfeier einen peinlichen Eindruck für die Hinterbliebenen hinterlässt.

Kann man anonyme Bestattungen empfehlen?

Anonyme Bestattungen widersprechen der Trauerkultur, die sich im Laufe der Menschheitsgeschichte entwickelt hat. Auch allein stehende Verstorbene sollten von der sozialen Umwelt in Ehren und Würde verabschiedet und bestattet werden, und ihr Grab sollte wenigstens eine Zeit lang für die Gesellschaft erhalten bleiben.

Werden Menschen, die ihren Körper einem Anatomischen Institut für medizinische Forschung zur Verfügung stellen, auch kirchlich eingesegnet?

Wenn sie es wünschen, ja. Es findet eine Trauerfeier wie bei einer Kremation statt. Der Körper wird nach der Trauerfeier ins Anatomische Institut gebracht. Die Körperteile werden nach einiger Zeit aus dem Anatomischen Institut auf den Friedhof gebracht oder im Krematorium verbrannt und danach bestattet. Auf den Friedhöfen gibt es eine eigens dafür vorgesehene Stätte.

Wie kann man für das eigene Begräbnis vorsorgen?

Wer sein Begräbnis nicht dem Zufall überlassen will, kann seine diesbezüglichen Wünsche niederschreiben und in einen Briefumschlag mit der Überschrift „*Öffnen im Falle meines Todes*" geben oder seine Vorstellungen einer Person seines Vertrauens mitteilen, damit die Angehörigen wissen, wie die Trauerfeier gestaltet werden soll. Eine dritte Möglichkeit, die immer häufiger genützt wird, ist der Abschluss einer *Sterbeversicherung*, die meist an eine *Lebensversicherung* gebunden ist.

Das schriftliche Testament ist für die Festlegung von Begräbniswünschen ungeeignet, da es normalerweise erst nach dem Begräbnis eröffnet wird.

Sterbegeld, Versicherungen, Hilfeleistungen an Opfer von Verbrechen, Witwen-/Witwer- und Waisenpensionen,
Bedachtnahme auf Berechtigungen und Verpflichtungen,
Verlassenschaftsabhandlung

Erste Auskünfte zu diesen Ansprüchen kann das Bestattungsunternehmen erteilen.

II. Tod und Trauer

Das Sterben

Das Sterben ist die letzte Phase des Lebens vor dem Eintritt des Todes. Dieser letzte Abschnitt verläuft bei jedem einzelnen Menschen sehr unterschiedlich und ist abhängig von Faktoren wie Bewusstsein, Alter, Wahrnehmung, Einstellung, Kommunikationsmöglichkeiten, Anwesenheit oder Abwesenheit von vertrauten Personen, von dem Sterbeort, der Dauer der Sterbephase und von der Todesursache.

Elisabeth Kübler-Ross konnte aufgrund ihrer Untersuchungen von Sterbenden bei aller individuellen Unterschiedlichkeit eine generelle Abfolge von fünf Sterbephasen feststellen:

- *Nicht-wahrhaben-Wollen:* starke Angst und Abwehr mit Fluchtversuchen – „Nicht ich!"
- *Zorn,* Auflehnung und Nichtakzeptanz: „Warum denn ich?"
- *Verhandeln* und Ausschau halten nach illusionären Hoffnungen, um Zeit zu gewinnen: „Jetzt noch nicht!" oder „Vielleicht doch nicht!"
- *Trauer,* Niedergeschlagenheit, Verzweiflung, Suche nach der persönlichen Bedeutung
- *Akzeptanz,* Einwilligung: Der Kranke findet sich mit dem Gedanken an den Tod ab, er willigt ein und akzeptiert ihn. Er kann sogar zu tiefer Hoffnung und Erwartung finden.

Beim Umgang mit Sterbenden ist Wahrhaftigkeit sehr wichtig. Dem Sterbenden muss nicht alles gesagt werden, aber alles, wonach er fragt und was gesagt wird, soll wahr sein.

Der Tod

Die Feststellung des Todes ist nicht immer einfach. Oftmals können Menschen Zustände mit erheblich verminderter Funktion vitaler Organe oder Systeme aufweisen, so dass man geneigt wäre, vom Eintreten des Todes zu sprechen, zum Beispiel bei Polytraumen (Mehrfachverletzungen), Unterkühlung oder Vergiftung. Bei sofortiger medizinischer Hilfe kann in diesen Fällen der Eintritt des Todes jedoch verhindert oder hinausgeschoben werden.

Unsichere Todeszeichen

- Herz-Kreislauf-Stillstand,
- Atemstillstand,
- Reflexlosigkeit.

Beim Versagen eines der drei lebenswichtigen Organsysteme (Atmungssystem, Kreislaufsystem, Zentralnervensystem) kann der Tod innerhalb kurzer Zeit eintreten. Bei Atem- und Herzstillstand kann durch sofortige Reanimation die Gehirnfunktion erhalten bleiben und der Eintritt des *biologischen Todes* verhindert werden.

Vita reducta (Phase des intermediären Lebens)

Ist begrenzt durch die Überlebensdauer der Ganglienzellen des Zentralnervensystems, besonders des Hirnstammes. Durch Beatmung und Unterstützung des Kreislaufs kann das Leben künstlich aufrechterhalten werden.

Sichere Todeszeichen

Totenflecke
   Nach dem Sistieren (Stillstand) des Blutkreislaufes verlagert sich das Blut durch das Wirken der Schwerkraft in die zutiefst liegenden Körperregionen am Rücken bei Rückenlage. Dadurch entstehen blaurote Flecken an der Haut (nach dreißig bis sechzig Minuten sind es zuerst nur einzelne Totenflecke, nach etwa hundertzwanzig Minuten beginnen sie zu konfluieren). Durch die Veränderung der Lage der Leiche binnen fünf bis zwölf Stunden können die Totenflecke auf eine noch tiefer liegende Körperstelle umgelagert werden. Unter gewöhnlichen Umständen sind die Totenflecke blaurot (lividrot), bei Kohlenmonoxyd-Vergiftung erscheinen sie hellrot, bei sonstigen Vergiftungen braun. Eine postmortale Einwirkung tiefer Temperaturen kann eine hellrote Verfärbung der Totenflecke bewirken.

Totenstarre (Rigor mortis)
   Mehrere Stunden nach dem Tod erstarrt die Muskulatur. Die Totenstarre bleibt so lange bestehen, bis das Muskeleiweiß durch die Autolyse zerstört wird.

Totenkälte (Algor mortis)
Die Temperatur des Leichnams gleicht sich an die Temperatur der Umgebung an.

Trübung der Hornhaut der Augen
Bei geschlossenen Augenlidern nach etwa vierundzwanzig Stunden.

Autolyse und Fäulnis
Zunächst eine fermentative Autolyse (Selbstverdauung) des Proteins durch frei werdende Enzyme in den Zellen des Organismus, die unter Mitwirkung von Bakterien in Fäulnis übergeht.

Kriterien für den irreversiblen Gehirntod

Tiefe Bewusstlosigkeit, weite und lichtstarre Pupillen, totale zerebrale Reflexlosigkeit und das Fehlen jeglicher Spontanatmung (Apnoe). All diese Kriterien müssen gleichzeitig und mindestens über sechs Stunden hinweg andauern, bevor der Tod mit dem unumkehrbaren Erlöschen der Hirnfunktionen festgestellt werden kann.

Die Zeitspanne, in der nach dem Eintreten des Gehirntodes Organe für Transplantationen verwendet werden können, ist sehr unterschiedlich (Herzmuskulatur drei bis vier Minuten, Niere circa sechs Stunden, Samenzellen 24 bis 72 Stunden).

Organentnahme

Für die Organentnahme ist eine gesetzlich geregelte, umfangreiche instrumentelle Diagnostik notwendig, die den unumkehrbaren Ausfall aller Funktionen des Großhirns und des Hirnstammes zweifelsfrei nachweisen muss. Dazu gehört die Feststellung des totalen zerebralen Kreislaufstillstandes oder des totalen Ausfalls der Funktionen des Großhirns und des Hirnstammes mittels Kontrast-Arteriographie oder Isotopen-Angiographie, Messung der CO_2-Konzentration und des pH-Wertes im arteriellen Blut sowie Feststellung des Fehlens jeglicher hirnelektrischer Aktivität mittels eines isoelektrischen Elektroenzephalogramms (so genanntes Null-EEG).

Die Organentnahme darf nicht zu einer die Pietät verletzenden Verunstaltung des Leichnams führen.

Der Arzt, der den Tod festgestellt hat, darf weder die Entnahme noch die Transplantation eines Organs vornehmen, er darf an diesem Eingriff auch sonst nicht beteiligt oder davon betroffen sein. Auch sollte kein Über- oder Unterordnungsverhältnis bestehen zwischen dem Arzt, der den Tod diagnostiziert hat, und jenem Arzt, welcher das Organ entnimmt beziehungsweise transplantiert. Bei jeder Organentnahme wird eine Niederschrift zur Krankengeschichte des Spenders aufgenommen, die dreißig Jahre aufbewahrt bleibt.

Jeder Mensch kann durch eine *schriftliche Verfügung*, die er bei sich trägt, seine Einwilligung oder sein Verbot zur Organentnahme festlegen.

Einfluss der Trauer auf die Einzelperson und auf die Gesellschaft

Auf einen erlittenen *Verlust* reagiert der Mensch mit Trauer. Die Trauer hat ganz bestimmte Merkmale und einen relativ genau voraussagbaren Verlauf. G. Engel fordert für trauernde Hinterbliebene im Falle des Arbeitsausfalls eine Lohnfortzahlung genauso wie im Krankheitsfall.

Jeder Mensch hat prinzipiell die Fähigkeit zu trauern. Ist diese blockiert, können psychosomatische Störungen auftreten, die durch Krankheit und Arbeitsausfälle letztendlich negative Auswirkungen auf die Volksgesundheit und damit auf die Volkswirtschaft haben. Vor diesem Hintergrund wird ersichtlich, welch großen Beitrag die Kirche zur Erhaltung der Volksgesundheit leisten und welchen Gewinn sie für die Volkswirtschaft erbringen kann.

Das Wesen der Trauer ist mannigfaltig, und ihre Folgen sind bei den einzelnen Menschen sehr unterschiedlich. Jedoch ist in ihrem Verlauf eine gewisse Struktur festzustellen. Nach Yorick Spiegel, „Der Prozess des Trauerns", können hier *vier Phasen* unterschieden werden:

- Schockphase (wenige Stunden bis einige Tage)
- kontrollierte Phase – die Zeit für die Bestellung und Durchführung des Begräbnisses
- regressive Phase (vier bis zwölf Wochen)
- adaptive Phase (sechs bis zwölf Monate).

Schockphase

Die Konfrontation mit der Nachricht vom eingetretenen Tod einer geliebten Person löst bei den Hinterbliebenen oft einen Schock aus. In diesem Zustand sind Trauernde wie benommen, schwer ansprechbar, empfindungslos und starr. Alle Gefühlsregungen sind blockiert. Weinen und Klagen sind äußere Zeichen für den inneren Zusammenbruch.

Normalerweise dauert diese Phase ein paar Stunden, in seltenen Fällen einige Tage.

Kontrollierte Phase

Wenn der Hinterbliebene sich von dem Schock erholt hat, beginnt er an das Begräbnis und die damit verbundenen Formalitäten zu denken. Das erfordert einen klaren Verstand; der Trauernde muss sich für die Bestellung des Begräbnisses „zusammennehmen". Die Kontrolle richtet sich sowohl auf ihn selbst als auch auf jene Personen, mit denen er in Kontakt tritt, um das Begräbnis zu veranlassen. Dazu gehören zum Beispiel das Personal des Krankenhauses, der Beamte beim Standesamt, der Pfarrer, der Bestatter, die Familienangehörigen, Freunde usw.

Trauernde sind in der kontrollierten Phase oft besonders aktiv. Sie leiden jedoch unter Störungen in der Wahrnehmung der Wirklichkeit, unter Distanz vom eigenen Ich. Panik- und Angstgefühle, Reizbarkeit, Misstrauen und Verletzlichkeit kennzeichnen diese Phase. Angebotene Hilfe wird oft abgelehnt, der Trauernde wirkt „kalt", „ungerührt", „teilnahmslos" und „desinteressiert". Dieses Verhalten deutet in Wirklichkeit auf große Trauer hin, wird jedoch von Außenstehenden und manchmal auch von den Krisenhelfern, die zur Durchführung der Trauerfeier benötigt werden, falsch interpretiert.

Die kontrollierte Phase der Trauer endet normalerweise nach dem Begräbnis, wenn die Trauergäste nach Hause gehen.

Regressive Phase (Rückgriff auf frühkindliche Verlusterfahrungen)

Jetzt wird sich der Trauernde erst richtig bewusst, dass er mit seiner Trauer alleine ist. In dieser besonders kritischen Phase brechen Emotionen auf. Mit dem Tod des geliebten Menschen ist für den Trauernden eine Welt zusammengebrochen. Er fühlt sich aus der Bahn geworfen, wird apathisch, reizbar und zieht sich zurück. Die Ohnmacht dem Tod gegenüber wird ihm schmerzlich bewusst. Er muss seine ganze Energie darauf verwenden, wenigstens nach außen hin ein gewisses Maß an „Normalität" zu zeigen, um nicht völlig zusammenzubrechen. Trotzdem wirkt sein Verhalten nach außen oft irrational.

Trauernde gehören zu den Ärmsten der Gesellschaft, denn alles, was sie sind und haben, ist für sie im Augenblick wertlos und bedeutungslos geworden. Mit dem unterbewussten Rückgriff auf frühkindliche Trauererfahrungen und Mechanismen, mit denen sie als Kind Schmerz oder einen Verlust verarbeitet haben, versuchen sie die Trauer zu bewältigen.

Folgende Phänomene werden in der regressiven Phase der Trauer beobachtet:

Personalisierung
Der Tod wird als schuldhaftes Versagen einer konkreten Person gedeutet. Praktischer Hinweis: Wenn ein Trauernder plötzlich jemandem ungerechtfertigt die Schuld am Tod seines Angehörigen gibt, könnte man auf folgende Weise antworten: „Ich kann Sie verstehen, aber ich sehe es anders…"

Präokkupation mit dem Verstorbenen
Das ganze Fühlen und Denken kreist um den Verstorbenen, alles andere ist uninteressant und bedeutungslos.

Vereinfachung komplexer Zusammenhänge
Der Trauernde bringt Sachverhalte untrennbar in Verbindung, die nichts miteinander zu tun haben. So werden eigene Sünden, zum Beispiel auch ein früher mal in Aufregung geäußerter Wunsch, dass den Gatten endlich „der Schlag treffen" möge, als Todesursache gesehen. Die Gerechtigkeit wird als Grundprinzip der Natur angenommen: alte Menschen sollten vor jungen sterben, behinderte vor gesunden, schlechtere vor besseren usw. Verhält es sich anders, ist das ein Grund, an Gott und der Welt zu zweifeln.

Fehlbeurteilung des Verstorbenen
Einem Trauernden ist es unmöglich, die Stärken und Schwächen des Verstorbenen objektiv zu beurteilen. In den meisten Fällen wird der Verstorbene glorifiziert und über Gebühr gelobt. Dieses Lob soll Schuldgefühle überdecken, Auseinandersetzungen in der Familie vergessen machen, dem Verstorbenen den Zugang zum Himmel erleichtern oder eine mögliche Rache des Verstorbenen abwenden. Manchmal wird der Tod eines Angehörigen auch als Treulosigkeit gedeutet: „Du Schuft, warum hast du mich verlassen?" Nur in seltenen Fällen wird der Tod als Erlösung angesehen.

Schuldgefühle
Trauernde werden oft von Schuldgefühlen gequält, zum Beispiel weil sie dem Angehörigen einmal den Tod gewünscht haben, oder sie fühlen sich schuldig, weil sie überlebt haben. Versäumte Gelegenheiten kommen ins Bewusstsein, man grübelt, was man für den Verstorbenen noch alles hätte tun können.

Selbstwertminderung
Der Trauernde denkt, dass der Verstorbene besser, klüger oder lebensfroher war. Er hätte eigentlich überleben und der „minderwertige" Trauernde hätte statt seiner sterben sollen.

Angstzustände
Verschiedene Ängste können den Trauernden quälen:
- Angst um den Verstorbenen
- Angst vor dem Verstorbenen, weil er noch weiter Macht ausübt
- Angst, selber sterben zu müssen
- Angst, nicht von dem Verstorbenen loszukommen
- Angst, von ihm in den Tod gerissen zu werden
- Angst vor dem Leben, weil es ohne den Verstorbenen sinnlos geworden ist.

In dieser Phase kann es zu einem übermäßig *anhänglichen* oder *aggressiven* Verhalten des Trauernden kommen, das von Verletzbarkeit, Empfindlichkeit und Misstrauen geprägt ist.

Die Regression in der Trauer zeigt den Außenstehenden einerseits, dass der Trauernde keine Kontrolle über sich hat (Hilflosigkeit, Weinen und Klagen), was aber andererseits gleichzeitig auch ein Hilferuf an die Umwelt ist. Der Trauernde hat sich noch nicht von dem Verstorbenen gelöst, der für ihn zwar nicht mehr in dieser Welt ist, aber noch lange nicht in das Reich der bloßen Erinnerung gehört. Das macht das gesamte Lebensbild unwirklich. Der Trauernde kann sich gar nicht vorstellen, wie das Leben ohne den Verstorbenen einmal aussehen wird.

Adaptive Phase (Phase der Anpassung)

Nach der Phase der Regression beginnt der Trauernde sich vom Verstorbenen loszulösen. Er setzt sich damit auseinander, was er mit dem Verstorbenen verloren hat. Der Verstorbene wird mit all seinen guten und schlechten Eigenschaften in der eigenen Erinnerung wieder lebendig, und die zerbrochene innere Welt wird wieder instand gesetzt.

Insgesamt verläuft der Trauerprozess nicht kontinuierlich, und es gibt immer wieder Rückschritte. Manchmal glaubt man, die Trauer überwunden zu haben, und doch wird man wieder von Apathie und Verzweiflung befallen. Abgeschlossen ist der Trauerprozess erst dann, wenn der Trauernde die Realität des Todes anerkennt, den Verlust objektiv bewertet und den Verstorbenen *inkorporiert*, das heißt, ihn in seiner vollen Menschlichkeit, mit seinen guten und schlechten Seiten, in die Erinnerung aufgenommen hat. Nur so kann sich der Trauernde vom Verstorbenen loslösen, ohne es als Verrat zu empfinden.

Durch den Tod eines Menschen verändert sich auch das Leben im *sozialen Umfeld*. Nicht nur die Gattin wird zur Witwe, die Kinder zu Waisen, der Lebenspartner zum Single, sondern auch Arbeitskollegen, Freunde und Bekannte des Verstorbenen spüren den Verlust. Oft wird ihnen erst im Laufe der

Zeit bewusst, was sie mit dem Verstorbenen verbunden hat und was sie mit ihm verloren haben. In der sozialen Umwelt des Verstorbenen kommt es zu einer neuen *Rollenverteilung*.

Übergangsriten – *„Rites de passage"* –, die beim Begräbnis Anwendung finden, haben den Zweck, dass nicht nur die trauernden Hinterbliebenen, sondern auch die soziale Umwelt des Verstorbenen dazu angeregt werden, das Leben neu zu ordnen.

Mechanismen der Trauerbewältigung

Trauer ist mit Schmerz und anderen starken Gefühlen verbunden. Das Unterbewusstsein versucht mit verschiedenen Mechanismen die Trauer abzuwehren und dadurch eine *Scheinbefriedigung* zu erlangen. Solche Mechanismen sind:

- Verleugnung
- Suchen
- Manie
- Protest und Klage
- Suche nach einem Schuldigen
- Identifikation mit dem Aggressor
- Hilflosigkeit
- Erinnerung
- Inkorporation
- Substitution.

Verleugnung

Hier kommt es entweder zur Verleugnung der Realität des Todes oder zur Verdrängung seiner emotionalen Bedeutung. Der Trauernde meidet alles, was ihn an den Verstorbenen erinnert, oder er belässt alles so, wie es vor dem Trauerfall war, und tut so, als ob der Verstorbene lebte und nur im Augenblick nicht anwesend wäre.

Folgen: Der Hinterbliebene unternimmt große Anstrengungen, den Verstorbenen „am Leben zu erhalten". Das kann sie/ihn so viel Energie kosten, dass die eigene Persönlichkeit dadurch verloren geht und keine neuen sozialen Bindungen möglich sind.

Suchen

Der Tod wird zwar anerkannt, aber nicht als endgültig angesehen. Deswegen ist der Trauernde ständig auf der Suche nach dem Verstorbenen.

Folgen: Angst vor einer neuen Umgebung, Festhalten am früheren Zustand und an bekannten Personen.

Anregung: Dem Trauernden kann man helfen, indem man ihm sagt, dass die „Heimat" nicht in der Vergangenheit, sondern in der Zukunft, in der Erfüllung im Reich Gottes, zu suchen ist.

Manie

Nach Beseitigung aller Erinnerungen an den Verstorbenen stellt sich beim Hinterbliebenen ein Gefühl der Erleichterung und des Triumphes darüber ein, dass er überlebt hat. Der Trauernde fühlt Euphorie und überschätzt sich selbst. Kennzeichnend für diese Manie (krankhafte Leidenschaft) ist ein Mangel an Schuld- und Schamgefühlen. Im Zustand der Manie will der Trauernde Leid und Schuld aus seinem Leben entfernen. Die Beisetzung des Verstorbenen im Familiengrab und seine Wiedervereinigung mit den Ahnen werden als großer Trost empfunden.

Anregung: Helfen kann man, indem man versucht, das Gefühl der Freude über die Vollendung bei Gott zu vermitteln.

Die folgenden beiden Mechanismen der Trauerbewältigung, Protest und Klage sowie Suche nach einem Schuldigen, entstehen aus *Aggression* gegen alle, die keinen derartigen Verlust erlitten haben:

Protest und Klage

Der Trauernde wirft dem Verstorbenen vor, ihn böswillig verlassen und damit die Trauer verursacht zu haben.

Protest und Klage sind Ausdruck dafür, dass der Betroffene den Verlust rückgängig machen und den Verstorbenen wieder zurückgewinnen will. Der erfolglose Protest und die Klage helfen dem Trauernden sich damit abzufinden, dass der Verlust unwiederbringlich ist.

Suche nach einem Schuldigen

Die Schuld am Tod des geliebten Menschen wird einer konkreten *Person* zugeschrieben. Sicherheit darüber, wer den Tod herbeigeführt hat, wird als tröstend empfunden. Die amtliche Leichenbeschau hat hier eine ganz große Bedeutung, da die Todesursache offiziell auf dem Leichenschein festgestellt und zum Beispiel Fremdverschulden ausgeschlossen wird.

Anregung: Trösten kann man den Trauernden nicht mit den Worten, dass

Gott den Menschen zu sich gerufen hat. Besser ist es zu sagen, dass der Tod ihn aus dem Leben gerissen hat. Gott will nie den Tod eines Menschen, er straft nicht mit dem Tod, auch nicht Gottlose – sie sollen sich bekehren und leben!

Identifikation mit dem Aggressor

Empfindet der Hinterbliebene (zum Beispiel ein Sohn) ein Gefühl der Erleichterung über den Tod oder feindselige Gefühle gegenüber dem Verstorbenen (zum Beispiel dem Vater), dem er zu Lebzeiten mit Achtung und Ehrfurcht begegnete, so kann das für ihn in der Folge sehr belastend sein. Eine häufige Reaktion auf solche Gefühle ist die, dass der Hinterbliebene sich schuldig fühlt. Statt sich vom Verstorbenen loszulösen, räumt er ihm weiterhin die Herrschaftsstellung ein, unter der er immer gelitten hat, weil er Schutz und Fürsorge des Verstorbenen nicht entbehren will. In der Vorstellung des Trauernden trachtet der Verstorbene trotzdem danach, sich wegen der „Revolte" an ihm zu rächen. Das führt dazu, dass der Trauernde keine andere Wahl sieht, als die freigesetzten Aggressionen gegen sich selbst zu richten.

In der Folge werden die Schuldgefühle aufgrund der Erleichterung über den Tod durch Selbstvorwürfe verstärkt, zum Beispiel, dass man den Verstorbenen vernachlässigt oder nicht weitere Ärzte konsultiert hat, etwa wenn ein Langzeitpatient stirbt, dem man insgeheim den Tod gewünscht hat. Die Schuldgefühle können zur *zwanghaften* Suche nach Sühne führen, beispielsweise in der Form, dass man sich den eigenen Tod herbeiwünscht oder sich intensiv der Krankenpflege widmet oder auch ein besonders teures Begräbnis oder eine aufwendige Grabpflege bestellt. Ebenso der Sühne dienen können: Selbstidentifizierung mit dem Verstorbenen, Selbstbeschränkung, Isolierung, Übernahme bestimmter Charakterzüge oder Verhaltensweisen des Verstorbenen oder Übernahme beruflicher Tätigkeiten des Verstorbenen. Vor allem das *Zwanghafte* ist ein Merkmal, an dem man die Identifikation mit dem Aggressor erkennen kann.

Anregung: In der modernen Gesellschaft gibt es faktisch keine sozial gestatteten Formen für das Ausleben oder auch nur das Aussprechen aggressiver Gefühle in der Trauer. Im Trauerritus kann man auf die Möglichkeit der Sühne hinweisen. So können auch Gebete, Fürbitten, die heilige Messe, das Bemühen um ein schönes Begräbnis als Sühne gedeutet werden.

Hilflosigkeit

Der Trauernde, der nicht mehr weiterweiß, gibt sich selbst auf und unterwirft sich, was sich in Erschöpfung, Apathie, Weinen oder Stummsein äußern kann. Dieses Verhalten ist aber gleichzeitig auch eine Bitte an die Umgebung, nicht über seine Niederlage zu triumphieren. Es ist eine Bitte an Gott, dem Leiden ein Ende zu setzen, und eine Bitte an die Mitmenschen, den Trauernden wieder in die Gemeinschaft der Lebenden aufzunehmen.

Anregung: Weinen, ein Zeichen dafür, dass der Trauernde seinen Verlust voll anerkennt, sollte gutgeheißen werden. Am Geburtstag des Verstorbenen oder am Jahrestag seines Todes bedarf der Trauernde ganz besonders der Zuwendung und der Anteilnahme, weil an diesen Tagen seine Hilflosigkeit am stärksten zum Vorschein kommt.

Erinnerung

Der Trauernde kann den Tod des geliebten Menschen nur langsam und schrittweise anerkennen. Die Erinnerung konzentriert sich zunächst auf die letzten Tage vor dem Tod und umfasst dann immer längere Zeiträume. War die Beziehung zu dem Verstorbenen ambivalent, werden alle positiven Gefühle auf ihn konzentriert, Aggressionen dagegen auf andere gelenkt. Die dabei stattfindende Verherrlichung des Verstorbenen macht den Verlust aber noch größer und wird auf die Dauer zu einer großen Belastung.

Anregung: Der Verstorbene sollte weder glorifiziert noch, zum Beispiel wegen Alkoholismus oder Selbstmord, angeschwärzt werden. Das Urteilen sollte man Gott überlassen! Es ist wichtig, die Blickrichtung des Trauernden auf die Zukunft und auf die Verheißungen Gottes zu lenken, statt in der Vergangenheit zu verbleiben. Das Versprechen, den Verstorbenen niemals zu vergessen, führt früher oder später zu Schuldgefühlen und Verbitterung, weil es Menschenmögliches übersteigt. Nur Gott wird die Menschen niemals vergessen.

Inkorporation

Die Teilnahme am Leichenschmaus/Totenmahl und die Rückkehr des normalen Appetites sind Anzeichen für die Bewältigung der Trauer. Das Mahl ist ein Symbol für das eschatologische Mahl, für die Erfüllung aller Erwartungen und Hoffnungen – als Gemeinschaft von leibhaftigen Menschen bei Gott. Inkorporation (wörtlich: Einverleibung) bedeutet in diesem Zusammenhang, dass der Verstorbene in seiner ganzen Persönlichkeit, das heißt, auch mit allen seinen aggressiven und glorifizierten Zügen, angenommen wird.

Im gemeinsamen Mahl nach der Beerdigung sollen die Hinterbliebenen Gelegenheit haben, sich untereinander und mit dem Verstorbenen zu versöhnen. Diese Versöhnung steht im Zeichen des zukünftigen Mahls im Reich Gottes.

Anregung: Wenn möglich, sollte der Begräbnisleiter am Leichenschmaus/Totenmahl teilnehmen.

Substitution (Ersatz)

Im öffentlichen Leben ist die Ersetzbarkeit eines Menschen selbstverständlich. Zwar wird beim Begräbnis vielleicht noch von der Unersetzlichkeit eines Arbeitskollegen gesprochen, aber der Nachfolger ist schon bestimmt. Anders im privaten Bereich: Hier ist eine beliebige Austauschbarkeit von Beziehungen nicht möglich. Substitution (An-die-Stelle-Setzen) bedeutet, dass die Liebe für den Verstorbenen auf ein anderes Objekt gerichtet wird – auf eine Person, eine Tätigkeit (zum Beispiel die Sorge für andere) oder Nahrungsaufnahme (viel oder wenig zu essen). Die Bewältigung der Trauer durch Substitution ist oft mit erheblichen seelischen Schmerzen verbunden. Wird der Verstorbene durch eine andere Person ersetzt, kann man oft beobachten, dass diese Ähnlichkeiten mit dem Verstorbenen aufweist. Es besteht die Gefahr, dass in der Ersatzperson eigentlich der Verstorbene geliebt wird. Wenn der Trauernde seinen Fehler erkennt, kann er ihn meist schwer wieder gutmachen.

Anregung: Kurzfristige Substitutionen in der regressiven Phase der Trauer (siehe oben) können durchaus zur Trauerbewältigung beitragen. Wichtig ist jedoch, dass in dieser Phase keine Verpflichtungen oder Bindungen eingegangen werden, weil die Substitution später einen anderen Stellenwert bekommt und der Trauernde die getroffenen Entscheidungen vielleicht bereut.

Fragen zur Trauer

Darf man als Christ trauern?

Trauer ist eine notwendige und gesunde Reaktion auf den Verlust einer geliebten Person. Auch der Glaube ändert nichts an der Trauer. Trauer zu unterdrücken ist gefährlich und kann zu psychischen und körperlichen Problemen führen.

Ist man verpflichtet, seine Trauer so weit wie möglich zu unterdrücken?

Die Trauer ist durchaus mit einer Krankheit vergleichbar, die ganz bestimmte Symptome und einen charakteristischen Verlauf hat. Damit der Trauernde geheilt werden kann, muss die Trauer erst „ausbrechen". Weinen und Klagen sind Anzeichen einer Trauerbewältigung, für die man sich nicht zu schämen braucht.

Ist ein von der Norm abweichendes Verhalten des Trauernden ein Zeichen für Schwäche?

Nein. Der Trauernde ist von seinen Gefühlen oft derartig überwältigt, dass er seine inneren Regungen nicht kontrollieren kann. Deswegen sind im Umgang mit Menschen in Trauer größte Rücksicht und Nachsicht geboten.

Was ist der Grund für das seltsame Verhalten mancher Menschen in Trauer?

Der Trauernde greift unbewusst auf Bewältigungsmechanismen aus der Kindheit zurück. Sein Verhalten und seine Vorstellungen können für Außenstehende unangebracht wirken, für den Trauernden jedoch sind sie im wahrsten Sinne des Wortes „Not-wendig".

Ist es normal, dass die Gedanken des Trauernden völlig auf den Verstorbenen fixiert sind?

Es ist oft so, dass alle Gedanken des Trauernden ausschließlich um den Verstorbenen kreisen. Diese intensive Auseinandersetzung mit dem Verstorbenen und mit dem Tod ist ebenfalls notwendig für die Bewältigung des Verlustes.

Warum bringt der Trauernde Dinge in Zusammenhang, die nichts miteinander zu tun haben?

Der Trauernde lebt in einer Welt mit eigenen Gesetzmäßigkeiten und einer eigenen Logik. So kommt es zu Überzeugungen wie: „Ich habe gesündigt, deshalb musste mein Bruder sterben." Er/sie ist nicht „verrückt", sondern durchlebt gerade eine schwierige Phase der Trauer.

Was tun, wenn der Trauernde einem Unbeteiligten plötzlich die Schuld am Tod des Verstorbenen gibt?

Ein häufiges Phänomen während der Trauer ist das Missachten von Tatsachen und Sachzusammenhängen. In der Vorstellung des Trauernden besteht ein kompliziertes Zusammenspiel zwischen einzelnen Personen. So kann es dazu kommen, dass er/sie die Schuld am Tod des geliebten Menschen einer Person zuschreibt, die gar nichts damit zu tun hatte.

Das Begräbnisritual sieht leider kein Zeremoniell vor, das helfen würde, Vorwürfe gegen Dritte auszusprechen. Die beste Reaktion ist stillschweigendes Erdulden der Vorwürfe.

Fragen zur Trauer

Was ist der Grund für die Glorifizierung des Verstorbenen?

Es kommt sehr häufig vor, dass der Trauernde sich nur noch an gute Seiten des Verstorbenen erinnert und sogar vehement bestreitet, dass es auch (offenkundige) Schwächen gegeben hat. Meist hat der Hinterbliebene in der Trauerphase gar nicht die Fähigkeit, den erlittenen Verlust sachlich zu bewerten oder die Stärken und Schwächen des Verstorbenen objektiv zu beurteilen. Hinter der Glorifizierung kann aber auch Angst *vor* dem Verstorbenen (er könnte ja den Hinterbliebenen in den Tod mitreißen) oder Angst *um* den Verstorbenen (er soll vor Gott in einem guten Licht erscheinen) stehen. Auch können damit Schuldgefühle überdeckt und Auseinandersetzungen in der Familie verborgen werden.

Praktischer Rat: Nie einen Trauernden beglückwünschen, dass er jetzt von der Person befreit ist, unter der er schwer zu leiden hatte.

Kann ein Todesfall Angst und Schuldgefühle auslösen?

Sehr häufig sogar. Im Nachhinein werden Kleinigkeiten, die man dem Verstorbenen „angetan" hat, als große Schuld gewertet. Oft wird durch den Todesfall auch Angst ausgelöst: Angst vor dem Verstorbenen, der jetzt noch weiter Macht ausübt; Angst, selber sterben zu müssen; Angst, nicht von dem Verstorbenen loszukommen; Angst, von ihm in den Tod gerissen zu werden, weil das Leben ohne ihn sinnlos ist.

Kann der Tod eines lieben Menschen beim Trauernden zur Selbstwertminderung führen?

Es kann vorkommen, dass sich der Trauernde ohne den Verstorbenen nicht zurechtfindet und die Selbstachtung verliert.

Beginnt die Trauer immer erst mit dem Tod eines geliebten Menschen?

Nein. Die Trauer kann schon vorweggenommen werden, wenn zum Beispiel eine unheilbare Krankheit festgestellt wird und der Tod nur noch eine Frage der Zeit ist (Todeskandidat).

Gibt es eindeutige Anzeichen für eine pathologische Trauerverarbeitung?

Trauerverarbeitung ist dann pathologisch (krankhaft), wenn folgende Anzeichen *intensiv* und *anhaltend* auftreten: Ablehnung jeder Hilfe, Apathie, Isolation, Wahrnehmungsstörungen, Halluzinationen, Stimmenhören, das Gefühl, dass der Tote anwesend ist, Realitätsverlust, Leugnung des Toten, zwanghafte Selbstanschuldigungen, paranoide Ängste, Schlaflosigkeit, Selbstmordankündigungen, aggressive und destruktive Träume, eine wesentliche Verschlechterung des Gesundheitszustandes, gesteigerter Alkohol- beziehungsweise Nikotingenuss.

Bei *Kindern* und *Jugendlichen* spricht man von einer pathologischen Trauerverarbeitung, wenn es zu einer mehrere Wochen anhaltenden manischen Fröhlichkeit, einem Nachlassen der Schulleistungen, Schulverweigerung, sexueller Promiskuität, Selbstmorddrohungen oder zu einer mehr als sechs Monate dauernden Krankheit kommt.

Bei einer pathologischen Trauerverarbeitung ist auf jeden Fall ein Arzt oder Therapeut zu konsultieren!

Was tun, wenn der Trauernde den Tod nicht anerkennt und nach dem Verstorbenen sucht?

Dahinter steht die Sehnsucht nach der verlorenen Vergangenheit, in der man beheimatet war. Man sollte den Trauernden dahin führen, dass die Heimat beziehungsweise das, was er/sie sucht, nicht in der Vergangenheit liegen kann: „Die schönsten Erinnerungen liegen noch vor uns!"

In der Ansprache sollten Sterben und Trennung als eine Gesetzmäßigkeit der Welt dargestellt werden. Die Verkündigung von der Auferstehung Jesu ist dem Gläubigen ein wirksamer Trost.

Kann es vorkommen, dass jemand nach einem Todesfall Euphorie und Erleichterung verspürt?

Dieses Verhalten, das als Manie bezeichnet wird, ist Ausdruck für die Erleichterung des Trauernden, das bedrückende Erlebnis überstanden und das Leid überwunden zu haben.

Wie ist eine gegen den Verstorbenen gerichtete Anklage zu deuten?

Mit Vorwürfen oder mit einer Anklage möchte der Trauernde den Verstorbenen zur Rückkehr zwingen. Je vehementer diese Versuche sind, desto schneller wird der Trauernde erkennen, dass der Verstorbene nicht mehr zurückkommt.

Fragen zur Trauer 205

Kann der Tod eines Menschen beim Hinterbliebenen Aggressionen auslösen?

Ja. Wenn eine Autoritätsperson stirbt, können die widersprüchlichen Gefühle beim Hinterbliebenen zu Aggressionen führen. Der Tod der Autoritätsperson kann ein Gefühl der Befriedigung auslösen. Aggressionen gegen den Verstorbenen führen aber beim Trauernden meist zu Schuldgefühlen.

Warum kann es bei Trauernden zu Schuldgefühlen kommen?

Schuldgefühle dem Verstorbenen gegenüber können unterschiedlich intensiv sein und verschiedene Gründe haben:

- Schuld wegen der Erleichterung über den Tod
- Schuld wegen bestimmter Versäumnisse oder Unterlassungen
- Schuld, weil man dem Verstorbenen den Tod gewünscht hat
- Schuld, weil man selbst überlebt hat.

Wie gehen Trauernde mit ihren Schuldgefühlen um?

Die Trauernden können versuchen, mit einem der folgenden Sühnemittel von ihren Schuldgefühlen loszukommen:

- Veranstaltung eines sehr aufwendigen Begräbnisses
- Selbstverletzungen
- Selbstmord(versuch), weil der Trauernde glaubt, mit dem eigenen Tod büßen zu müssen
- Wiedergutmachung durch eine freiwillige, lange und intensive Krankenpflege einer anderen Person
- Selbstbescheidung, zum Beispiel in der Kleidung, oder Selbstisolierung
- Übernahme von Charakterzügen oder Verhaltensweisen des Verstorbenen
- Übernahme von Tätigkeiten oder Aufgaben des Verstorbenen
- Übernahme der Krankheit des Verstorbenen (der Trauernde verspürt die gleichen Krankheitssymptome).

Praktischer Hinweis: Der Zuspruch der Vergebung im Lichte des Glaubens kann von Schuldgefühlen befreien.

Wie ist es zu deuten, wenn Trauernde weinen und sich apathisch, erschöpft und hilflos fühlen?

Mit einer zur Schau gestellten Hilflosigkeit soll möglicherweise Gott bewogen werden, dem Leiden des Trauernden ein Ende zu setzen. Gleichzeitig ist es eine Bitte an die Mitmenschen, wieder in die Gemeinschaft aufgenommen zu werden und am Leben teilnehmen zu können.

Praktischer Hinweis: Man sollte den Blick des Trauernden in die Zukunft lenken und neue Hoffnung wecken, muss sich aber nicht entmutigen lassen, wenn der Trauernde zu Beginn abweisend auf diesen Trost reagiert.

Soll man die Erinnerung des Trauernden an den Verstorbenen unterstützen?

Die Erinnerung darf den Verstorbenen nicht in der Vergangenheit festhalten. Jeder Versuch, den Verstorbenen niemals zu vergessen, ist zum Scheitern verurteilt. Von einer immerwährenden Erinnerung kann nur von Seiten Gottes gesprochen werden.

Praktischer Hinweis: Man sollte den Trauernden dazu anhalten, den Verstorbenen als den anzusehen, der er aufgrund der Verheißung Gottes sein wird.

Welche Bedeutung hat das Totenmahl / der Leichenschmaus im Trauerprozess?

Das Totenmahl kann mehrere sehr wichtige Funktionen erfüllen:

- es zeigt, dass das Leben weitergeht;
- es bietet Gelegenheit, eventuellen Vorwürfen gegen den Verstorbenen ein Ende zu setzen;
- man kann sich über Beschuldigungen wegen angeblicher Vernachlässigung aussprechen;
- das gemeinsame Mahl kann Spannungen abbauen und Familienbande erneuern;
- es bietet die Gelegenheit, sich gemeinsam mit anderen an den Verstorbenen mit all seinen Stärken und Schwächen zu erinnern, was eine wichtige Rolle bei der Trauerbewältigung spielt.

Soll man dem Trauernden raten, möglichst rasch eine Beziehung zu einer anderen Person zu suchen?

Nein. Der rasche Ersatz (Substitution) des Verstorbenen durch eine andere Person kann zwar momentan den Schmerz der Trauer lindern helfen, kann aber auch gefährlich sein. Denn eine zu schnell eingegangene neue Verbindung könnte sich später als schwer wieder gutzumachender Fehler herausstellen.

Kann man im Ablauf der Trauer eine gewisse Gesetzmäßigkeit feststellen?

Die Trauer ist sehr vielschichtig und kann sehr unterschiedliche Auswirkungen haben. Dennoch kann man meist eine Abfolge der vier oben beschriebenen Phasen beobachten: Phase des Schocks, der Kontrolle, der Regression und der Adaptation.

„A schöne Leich'" oder „beerdigt in aller Stille"?

Bei der Entscheidung, wie ein Begräbnis gestaltet werden soll, gibt es mehrere Möglichkeiten. Einerseits kann man ein „konventionelles" Begräbnis, wie es die meisten zur Zeit bestellen, oder auch ein Begräbnis „in aller Stille" durchführen lassen.

Die Begräbnisse in Wien werden von den Medien als Beispiele für übertrieben aufwändige Begräbnisse dargestellt. Jedes Jahr um Allerheiligen erscheinen Beiträge zum Thema Tod und Friedhof und alles, was damit in Zusammenhang steht. Einmal werden die Sänger, dann wieder die Blumenbinder oder die Bestattung Wien, ein anderes Mal die Totengräber oder die Sargträger kritisiert, weil das Begräbnis viel zu viel Geld kostet.

Die Behauptung, dass die Wiener ein besonderes Verhältnis zum Tod und zum Begräbnis und deshalb einen Hang zur „schönen Leich'" hätten, geht auf die Zeit der Monarchie zurück und hat sich seither hartnäckig gehalten. Obwohl sehr viel darüber geschrieben wurde, konnte bisher kein schlüssiger Beweis für die Richtigkeit dieser These erbracht werden. Vergleicht man Begräbnisrituale im In- und Ausland, stellt man fest, dass es Länder und Regionen gibt, die einen erheblich größeren Aufwand bei Begräbnissen leisten.

Die Bedeutung des Idioms „schöne Leich'" ist schwer zu fassen. Einerseits schwingt darin die Sehnsucht nach dem Selbstverständlichen, Normalen und Schönen mit, anderseits der Begriff „Pflanz" (Wienerisch für „etwas Aufgesetztes"): Spätestens beim Begräbnis zeigt sich die Kehrseite der Anonymität einer Großstadt wie Wien. Man ist mit seiner Trauer allein und ganz auf fremde Hilfe angewiesen. Das Bestattungsunternehmen, der Organist und die

Sänger, die Kreuzträger, die Sargträger, der Totengräber und oft auch der Pfarrer sind den Trauernden unbekannt. Diese Menschen werden für die Durchführung des Begräbnisses gebraucht, gehören aber nicht zum Bekanntenkreis und wirken daher wie „aufgepflanzt". Weil mit der Durchführung einer Trauerfeier sehr viele Einzelleistungen verbunden sind und jede Leistung ihren Preis hat, sagt man den Wienern ungerechterweise nach, sie wollten eine „schöne Leich'", koste es, was es wolle.

Als Alternative dazu versuchen manche Menschen, sich zu Lebzeiten ein Begräbnis „in aller Stille" zu sichern, weil sie mit dem ganzen „Pflanz" nichts zu tun haben wollen. Sie übersehen dabei, dass das Begräbnis nicht nur etwas Privates ist, das nur die Hinterbliebenen etwas angeht, sondern auch eine öffentliche Funktion hat – für alle jene, die mit dem Verstorbenen Umgang hatten.

Besonders deutlich wird das bei prominenten Verstorbenen. Die Möglichkeit, sich vom Verstorbenen zu verabschieden und ihm Wertschätzung, Verbundenheit oder Dankbarkeit zu bekunden, soll allen Menschen offen stehen. Die persönliche Trauer sollte die Trauer anderer nicht missachten.

Wird die Öffentlichkeit von der Trauerfeier ausgeschlossen, vergeben sich die Hinterbliebenen die Chance, dadurch, dass auch andere Menschen ihre Wertschätzung und Verbundenheit mit dem Verstorbenen zum Ausdruck bringen, Linderung und Trost in ihrer Trauer zu erfahren.

Die Ausgrenzung von Menschen, die gerne zum Begräbnis gekommen wären, ist nicht nur unmenschlich, sondern bedeutet auch eine Schmälerung der Würdigung des Verstorbenen. Jeder Mensch hat das Recht, für seinen Beitrag, den er für die Gesellschaft erbracht hat, gewürdigt zu werden, was letztendlich auch Trost für die trauernden Hinterbliebenen bedeutet. So hat die Beteiligung der Menschen, die zum Begräbnis kommen, auch für die Trauernden eine therapeutische Wirkung, die nicht hoch genug eingeschätzt werden kann. Die Hinterbliebenen sollten auch bedenken, dass es im Nachhinein ein tröstliches Gefühl ist, hinsichtlich des Begräbnisses das Richtige getan zu haben. Auch hilft es ihnen im gesellschaftlichen Leben, wenn sich Vergangenheit und Zukunft harmonisch integrieren lassen.

Ein Begräbnis „in aller Stille" sollte für einen Christen keine Alternative sein. Von der Teilnahme an einem christlichen Begräbnis darf niemand ausgeschlossen werden: Bei der Trauerfeier wird der Glaube in der Gemeinschaft der ganzen Kirche nicht nur zum Ausdruck gebracht, sondern auch vertieft. Selbst jene, die keinen Kontakt mit der Kirche haben, können beim Begräbnis erfahren, welchen Wert die kirchliche Botschaft für das menschliche Leben hat, da sie sogar angesichts des Todes standhält und sich als tragfähig erweist.

Ein Begräbnis „in aller Stille" ist nicht besser geeignet, das Problem der Trauer zu lösen, im Gegenteil, es wirft im Nachhinein die quälende Frage auf, ob man die richtige Entscheidung hinsichtlich des Begräbnisses getroffen hat, denn man hat ja die Würdigung des Verstorbenen geschmälert, den eigenen Trost in geringerem Maße vernommen und vielleicht auch einen berechtigten Unmut der von der Trauerfeier Ausgegrenzten verursacht. Die Kränkung, die der Ausschluss von einer Trauerfeier mit sich bringt, kann für die Hinterbliebenen in der Gesellschaft unangenehme Nachwirkungen haben. Allgemein sollte man mit der Umgehung von Traditionen vorsichtig sein, denn Traditionen stützen sich auf Erfahrungen, die Sinn vermitteln.

Neue Wege, die von der Theorie her Erfolg versprechen, sind natürlich gangbar. Doch ob sie zielführend sind, hat die Praxis noch nicht bestätigt. Ein neuer Weg führt nicht automatisch und zwangsläufig zum erwünschten Resultat. Die Suche nach neuen Wegen ist immer mit einem gewissen Wagnis verbunden, dessen Ausgang offen und unsicher ist. Und die Trauer ist eine denkbar ungünstige Zeit, um zu experimentieren.

III. Beratung im Trauerfall

Wohin kann man sich wenden, wenn ein Angehöriger verstorben ist?

Als erste Anlaufstelle ist ein Bestattungsunternehmen zu empfehlen. Das geschulte Personal kann Fragen im Zusammenhang mit den nun notwendigen Maßnahmen beantworten und Hinweise über gesetzliche Vorschriften geben.

Wozu überhaupt ein Begräbnis?

Seit Menschengedenken gehört das Begräbnis zum unverzichtbaren Bestandteil menschlichen Handelns. In jedem Kulturkreis werden Verstorbene ehrenvoll an besonderen Orten und in besonderer Weise bestattet. Die Begräbnisfeier ist nicht nur für den Verstorbenen und für die Angehörigen, sondern auch für die Gesellschaft von großer Wichtigkeit.

Für den Verstorbenen:
Er wird nach seinem Wunsch und nach seinen Vorstellungen in Ehren bestattet. Es wird seiner gedacht beziehungsweise für ihn gebetet, ein Zeichen, dass die Verbundenheit mit ihm über den Tod hinaus besteht.

Für die Trauernden:
Die Trauerfeier hilft den Trauernden, sich des Verlustes bewusst zu werden und sich damit abzufinden. Das hilft die Trauer zu bewältigen, was sehr wichtig ist, denn Trauer kann unvorhersehbare Formen annehmen und das Leben der Hinterbliebenen sehr belasten.

Für die Gesellschaft:
Das Begräbnis ist ein Ausdruck für den notwendigen Wechsel der Beziehungen in der sozialen Umwelt des Verstorbenen – die Bedingungen des Lebens in der Gesellschaft haben sich durch den Tod verändert und müssen neu geordnet werden.

Erdbegräbnis oder Feuerbestattung?

Die Erdbestattung ist tief in der Tradition verwurzelt und wird von der Kirche bevorzugt empfohlen.

Es gibt jedoch auch verschiedene Gründe für eine Feuerbestattung. Manche Menschen fürchten sich davor, scheintot begraben zu werden, und wollen deshalb lieber ihren Körper verbrennen lassen. Andere wählen diese Art der Bestattung aus hygienischen Gründen. Ein oft genanntes Argument gegen die Erdbestattung ist, dass der Körper in der Erde von Würmern aufgefressen wird. Das entspricht jedoch nicht den Tatsachen. Der Leichnam wird vielmehr von körpereigenen Enzymen aufgelöst („Selbstentsorgung").

In manchen Ländern wird aus Platzgründen feuerbestattet. Bei einem geplanten Wohnortwechsel der Hinterbliebenen (zum Beispiel ins Ausland) ist die Überstellung einer Urne auch kostengünstiger.

Soll man bei einer Kremationsfeier zuerst den Leichnam verbrennen und dann von der Asche in der Urne Abschied nehmen?

Nein. Allen trauernden Hinterbliebenen sollte bewusst werden, dass der Abschied von der Asche in der Urne nicht das Gleiche ist wie der Abschied von dem Leichnam des Verstorbenen im Sarg.

Die Abschiedsfeier von der Asche des Verstorbenen sollte man nur als Notlösung in Anspruch nehmen, wenn es keine Möglichkeit gegeben hat, von dem verstorbenen Leib Abschied zu nehmen – wenn zum Beispiel jemand im Ausland gestorben ist und man bei der Verabschiedung nicht dabei sein konnte. Dann ist aus finanziellen Gründen die Verschickung der Urne der Überführung eines Sarges vorzuziehen.

Doch ist zum Beispiel der Leib der verstorbenen Mutter im Sarg nicht mit der Asche in der Urne vergleichbar. Es gehen hier unwiederbringlich wesentliche Aspekte verloren, und die Trauerfeier bekommt einen ganz anderen Charakter, ganz unabhängig davon, ob es sich um eine religiöse oder konfessionslose Trauerfeier handelt.

Wer aus rein pragmatischen Gründen den Abschied von der Asche in der Urne wählt, der muss mit viel größeren und langwierigeren Schwierigkeiten im Verlauf des Trauerprozesses rechnen, als er sie bei der Abschiedsfeier in der Anwesenheit des Leichnams und bei der dann ein paar Tage später stattfindenden Beisetzung der Urne durchmacht.

Der vermeintliche *Zeitgewinn* stellt sich in Wahrheit als *Verlust* heraus. Man sollte nicht einen schmerzlichen Verlust durch einen zusätzlichen Verlust unsinnig vergrößern.

Was muss man bei der Bestellung des Begräbnisses beachten?

Zur Durchführung einer Trauerfeier gehören viele Einzelleistungen, von denen einige unumgänglich sind, andere hingegen selbst ausgewählt werden können. Da die Leistungen mit Kosten verbunden sind, sollte man vorher überlegen, wie viel Geld man insgesamt für das Begräbnis aufwenden will oder kann.

Selbst bestimmen kann man zum Beispiel:

- die Art und die Ausstattung des Sarges,
- den Einsatz von Musikern (Organist, Sänger, Chor),
- die Art des Begräbnisses (Erd-, Feuer- oder Seebestattung) und
- die Begräbnisklasse, die den Aufwand bei der Aufbahrung, die Art des Konduktwagens und des Blumenwagens und das Grab betrifft (es gibt billige und teure Grabstätten).

Entscheidend dafür, dass die Abschiedsfeier einen würdigen und sehr persönlichen Ausdruck bekommt, ist jedoch immer die Zusammenarbeit mit dem Begräbnisleiter. Die Kirche ist – unabhängig vom Einsatz finanzieller Mittel für das Begräbnis! – bemüht, in der Trauerfeier jedem Verstorbenen ohne Ansehen der Person einen würdigen Abschied zu ermöglichen, die trauernden Hinterbliebenen zu trösten und sie für das weitere Leben zu ermutigen.

Dienste am Verstorbenen

Das Ankleiden, Waschen, Frisieren und Rasieren des Leichnams können die Hinterbliebenen entweder selbst übernehmen oder sie beauftragen jemanden aus dem Bekanntenkreis damit oder lassen diese Dienste vom Bestattungsunternehmen durchführen. Auch das Balsamieren und eventuell das Anfertigen eines Totenporträts oder einer Totenmaske kann das Bestattungsunternehmen besorgen.

Welche Rolle spielt die Begräbnisklasse?

Die Begräbnisklasse hat ausschließlich Auswirkungen auf bestimmte Leistungen des Bestattungsunternehmens, wie zum Beispiel Beleuchtung oder Schmuck in der Aufbahrungshalle.

Keinerlei Einfluss hat sie auf die Qualität der kirchlichen Trauerfeier, die bei allen Begräbnisklassen gleich ist. Entscheidend dafür, dass die Abschiedsfeier einen würdigen und sehr persönlichen Ausdruck bekommt, ist nicht der finanzielle Einsatz, sondern die Zusammenarbeit mit dem Begräbnisleiter. Bekommt er Informationen über den Verstorbenen wie Alter, Beruf, Todesursache, Eigenschaften und Charakterzüge, kann er die Trauerfeier persönlich gestalten. Damit der Begräbnisleiter die Anwesenden persönlich begrüßen und in die Trauerfeier einbinden kann, ist es für ihn auch wichtig zu wissen, wie die Beziehungen der Trauergäste zum Verstorbenen sind (Verwandtschaftsgrad, Freunde, Arbeitskollegen, Nachbarn).

Parte (Sterbeanzeige, Todesanzeige)

Bei der Bestellung eines Begräbnisses erhält man Vorlagen für die Gestaltung des Textes der Sterbeanzeige, die jedoch von unterschiedlicher Qualität sind. Die Auswahl des Textes sollte gut überlegt werden. Eigene Formulierungen sind selbstverständlich möglich und können gleich bei der Bestellung beim Bestattungsunternehmen vorgelegt werden.

Sterbebilder

Zum Andenken an den Verstorbenen kann man den Trauergästen ein Sterbebild mitgeben oder dieses bei der Danksagung ins Kuvert beilegen. Dafür sollte schon bei der Bestellung der Sterbeanzeige oder Parte ein gutes Foto des Verstorbenen vorgelegt werden, damit die Sterbebilder gleich mitgedruckt werden können.

Danksagung

Der in schriftlicher Form übermittelte Dank der Angehörigen des Verstorbenen an alle, die Beileid zum Todesfall bekundet oder Blumenspenden gegeben haben, kann ebenfalls beim Bestattungsunternehmen oder in einer Druckerei bestellt werden.

Orgel, Musik, Gesang

Es ist ganz dem Begräbnisbesteller überlassen, ob er musikalische Wünsche äußert. Bei einem kirchlichen Begräbnis sollte man Lieder auswählen, die nicht nur *Emotionen* wecken, sondern die den *Glauben* zum Ausdruck bringen und den Trauernden *Trost* schenken.

Es gibt verschiedene Traditionen, die den Gesang bei Begräbnissen betreffen. In manchen Gegenden wird der Kirchenchor gebeten, den musikalischen Rahmen zu gestalten. Manchmal werden auch vom Bestattungsunternehmer Sänger oder Musiker vermittelt. Auch *Volksgesang* ist bei einer Trauerfeier nicht nur prinzipiell möglich, sondern sogar zu empfehlen. Damit wird die ganze Trauergemeinde in die Trauerfeier eingebunden und kann ihre persönliche Verbundenheit mit dem Verstorbenen oder/und mit den trauernden Hinterbliebenen zum Ausdruck bringen.

Soll man Kränze und Blumen zum Begräbnis bringen oder für einen guten Zweck spenden (Blumenspendenablöse)?

Beides ist möglich. Mit einem Kranz, einem Gesteck oder einer anderen Blumenspende kann man seine Verbundenheit mit dem Verstorbenen und den trauernden Hinterbliebenen zum Ausdruck bringen. Der Blumenschmuck gibt der Trauerfeier einen besonderen Rahmen und vermittelt eine stimmungsvolle Atmosphäre. Wenn es aber im Sinne des Verstorbenen oder der Hinterbliebenen ist, kann man auch anstelle von Blumen Geld für einen guten Zweck spenden.

Kranzschleifen

Bei der Inschrift auf Kranzschleifen können Formulierungen verwendet werden, die Folgendes zum Ausdruck bringen:

Beziehung zum Verstorbenen:
In Liebe – In Dankbarkeit – In Verbundenheit – Verbunden über das Grab hinaus – In Freundschaft – In (lieber) Erinnerung ...

Zustand des Trauernden:
In tiefer Trauer – Mit gebrochenem Herzen – Untröstlich ...

Gemeinsamer Glaube:
Auf Wiedersehen – Lebe wohl – Behüt' dich Gott – Christus soll unser Trost sein – Lebe in Christus – Lebe im Frieden Gottes – Herr, dein sind wir im Leben und im Tod – Verbunden in Glauben, Hoffnung und Liebe ...

Häufig steht auf den Kranzschleifeninschriften: „Letzte Grüße". Überlegt man sich die Bedeutung dieser Worte, ergeben sie wenig Sinn: Wird der Verstorbene damit zum letzten Mal gegrüßt, weil man nichts mehr mit ihm zu tun haben will? Selbst wenn man glaubt, dass mit dem Tod alles aus ist, ist es wohl weniger ein Gruß als vielmehr die Erinnerung an den Verstorbenen, die man zum Ausdruck bringen will.

Kranzschleifen müssen nicht schwarz sein. Schwarz betont Tod und Trauer. Mit Farben wie Violett, Grün, Weiß oder Silber hingegen kann Hoffnung oder Dankbarkeit ausgedrückt werden.

Soll man Kinder zum Begräbnis mitnehmen?

Ja, aber ohne Zwang! Es wäre falsch, Kinder prinzipiell von Begräbnisfeiern fern zu halten. Für sie ist die Teilnahme am Begräbnis zur Trauerbewältigung besonders wichtig. Der Abschied am Grab hilft ihnen zu begreifen, dass der geliebte Mensch nicht mehr zurückkommt und sie mit dem Verlust leben müssen. Die Teilnahme an der Trauerfeier hilft, Kinder vor psychischen Problemen zu bewahren, die durch den Tod entstehen können.

Totenwache

Wo es noch Hausaufbahrungen gibt, sollte diese Tradition beibehalten werden. Die Totenwache im Trauerhaus hilft den Trauernden, die Trauer zuzulassen und sich mit dem Verlust abzufinden. Gibt es keine Totenwache, kann man die Zeit vor dem Beginn der Begräbnisfeier dazu nützen, im Aufbahrungsraum am Friedhof in aller Stille, mit privaten Gebeten (zum Beispiel Rosenkranz) oder auch mit Volksgesang die liturgische Trauerfeier einzuleiten.

Kann es zur Verwechslung des Leichnams kommen?

Die Angst, dass ein anderer Leichnam im Sarg liegen könnte, ist zwar völlig unbegründet, beunruhigt manche Menschen aber doch. Der Bestattungsunternehmer ist gerne dabei behilflich, den Verstorbenen im Sarg anzusehen oder ihm noch etwas in den Sarg zu legen. Es ist jedoch zu bedenken, dass dieser letzte Anblick des Verstorbenen in Erinnerung bleibt.

Eine Öffnung des Sarges ist nicht möglich, wenn der Leichnam von der Gerichtsmedizin obduziert wurde oder wenn der Verstorbene an einer ansteckenden Krankheit litt.

Begräbnismesse (Totenmesse, Requiem, Seelenmesse)

Der Gottesdienst anlässlich des Begräbnisses hat Bedeutung sowohl für den Verstorbenen als auch für die Trauernden. Auch jenen Menschen, die nicht mit der Kirche in Kontakt stehen, bietet der Gottesdienst eine wichtige therapeutische und sakramentale Hilfe an: In diesem Rahmen besteht die Möglichkeit, Schuldgefühle abzubauen, Dankbarkeit gegenüber dem Verstorbenen zum Ausdruck zu bringen, die Verbundenheit mit dem Verstorbenen über den Tod hinaus zu betonen, neue Hoffnung zu wecken und Kraft und Zuversicht zu spenden.

Totengedenken und Gedenkmessen für Verstorbene zu bestimmten Anlässen

Dieselben Gründe sprechen auch für das Feiern von Gedenkgottesdiensten für den Verstorbenen. Geeignete Termine dafür sind Geburtstag oder Todestag, Allerheiligen, Allerseelen oder andere Tage, an denen man besonders intensiv an den Verstorbenen denkt.

Natürlich kann man auch unabhängig von einem bestimmten Ort und zu jeder Zeit an den Verstorbenen denken. Doch dieses Denken ist oft oberflächlich. Wer kann schon von sich behaupten, dass er oft und intensiv genug an seine Verstorbenen denkt?

In der Messfeier *für den Verstorbenen* wird seiner in Dankbarkeit gedacht, gemeinsam für ihn gebetet, und die Verbundenheit mit ihm über den Tod hinaus wird bezeugt; dem Verstorbenen und den Hinterbliebenen wird Anteil an der Erlösungstat Jesu Christi zugesprochen, und sie werden der Liebe und Barmherzigkeit Gottes anvertraut. Diese Art des Totengedenkens ist durch keine andere Form des Gedenkens zu ersetzen.

Kirchenaustritt und kirchliche Trauerfeier

Die Kirche hat nicht nur die Möglichkeit, sondern auch die *Pflicht*, ihren Mitgliedern, die in Trauer sind, bei jedem Begräbnis beizustehen. Auch beim Begräbnis eines Angehörigen, der ohne religiöses Bekenntnis gestorben ist, haben trauernde Christen das Recht, von ihrer Kirche getröstet zu werden. Besteht bei katholischen Hinterbliebenen der Wunsch nach kirchlichem Beistand, so ist eine *Feier mit Tröstung der Hinterbliebenen* nicht nur möglich, sondern auch *notwendig*. Die Trauerfeier ist ganz auf die Tröstung der Hinterbliebenen ausgerichtet.

Anhang

Begriffe aus dem Bestattungswesen

Bestatter/Bestattungsunternehmen, auch Leichenbestatter

Zur Ausübung des Bestatterberufes bedarf es einer behördlichen Bewilligung (Konzession). Der Bestatter ist verpflichtet, die mit seinem Beruf zusammenhängenden gesetzlichen Bestimmungen und Vorschriften zu kennen und einzuhalten.

Die nationalen Bestattervereinigungen und Verbände, die dem Internationalen Verband der Thanatologie-Organisation angehören, haben sich einem *Ehrenkodex* verpflichtet, der unter anderem besagt, dass

- den Angehörigen der Verstorbenen mit gebotener Rücksichtnahme zu begegnen ist;
- eine Auflistung und Preisauszeichnung der Bestattungsleistungen vorhanden sein muss;
- das Berufsgeheimnis zu wahren ist;
- alle religiösen Bekenntnisse, Sitten und Gebräuche zu beachten sind;
- Ehrlichkeit und Rechtschaffenheit geboten sind, auch in der Werbung.

Arrangeur

Ein Bediensteter des Bestattungsunternehmens, der die Aufbahrung des Sarges in der Trauerhalle beaufsichtigt, die Blumenspenden (Kränze) von den Begräbnisteilnehmern entgegennimmt und sie um den Sarg arrangiert, das heißt, kunstvoll aufstellt. Der Arrangeur trägt auch die Namen der Blumenspender in eine Liste (Kondolenzliste, Gedächtnisbuch, Gedenkbrevier) ein, um sie dann dem Begräbnisbesteller zu überreichen. Er geht, wenn möglich, auch auf besondere Wünsche des Begräbnisbestellers ein (zum Beispiel Öffnung des Sarges, um noch etwas beizulegen).

Aufbahrung

Feierliche Aufstellung des Sarges mit dem Leichnam in einem Raum für die Trauerfeier.

Aufbahrungshalle

Auch: Aussegnungshalle, Einsegnungshalle, Friedhofshalle, Feierhalle. Ein Gebäude beziehungsweise Raum, meistens am Friedhof, in dem die Trauergemeinde von dem im Sarg aufgebahrten Leichnam des Verstorbenen im Rahmen einer Trauerfeier Abschied nimmt.

Aufseher

Auch: Hallenaufseher. Ein Bediensteter des Bestattungsunternehmens, der die Ausführung der bestellten Leistungen kontrolliert.

Bahre

Podest, auf dem der Sarg aufgestellt (aufgebahrt) ist.

Bahrtuch

Ein Tuch (oft reich verziert), mit dem der Sarg in der Aufbahrungshalle und auf dem Weg zum Grab bedeckt ist.

Bahrwagen

Auch: Leichenwagen, auf dem der Sarg zum Grab transportiert wird.

Balsamierung

Ein spezielles Verfahren zur Verhinderung beziehungsweise Verlangsamung des Verwesungsprozesses des Leichnams.

Bestattungskult

Bräuche und Riten (Zeremonien), die bei Bestattungen eingehalten werden.

Bestattungspflicht

Jeder Mensch muss bestattet werden. Wer diese Pflicht wahrzunehmen hat, ist gesetzlich geregelt: Es sind die Angehörigen oder die vom Verstorbenen zu Lebzeiten dafür Beauftragten, ansonsten übernimmt die Gesundheitsbehörde diese Aufgabe.

Filmen, Fotografieren und Videoaufnahmen

Aufnahmen zu gewerblichen Zwecken sind bei Trauerfeiern grundsätzlich genehmigungspflichtig (die Mitwirkenden müssen zustimmen).

Gedächtnistumba

Auch: Tumba, Scheinsarkophag. Ein mit einem schwarzen Tuch verhüllter Scheinsarg, der früher bei Trauergottesdiensten verwendet wurde.

Katafalk

Ein oft mehrstufiger, mit schwarzem Tuch verkleideter Unterbau für die feierliche Aufstellung des Sarges im Trauerhaus oder in der Kirche.

Kundenberater

Jener Bestattungsangestellte, der die Trauernden bei der Bestellung eines Begräbnisses durch eine entsprechende Beratung unterstützt und die Wünsche der Besteller entgegennimmt.

Nachruf/Nachrufredner

Der Nachruf auf den Verstorbenen steht im Mittelpunkt einer nichtreligiösen Trauerfeier. So ist der hauptberufliche Nachrufredner zu einem Synonym für konfessionslose oder areligiöse Begräbnisfeiern geworden.

Bei der kirchlichen Trauerfeier wird das Leben des Verstorbenen in den Trauerritus eingebunden. Die Gebete, die Lesung aus der Heiligen Schrift, die Ansprache und die Fürbitten nehmen jeweils auf das Leben des Verstorbenen Bezug. Bei einem solchen Begräbnis ist der professionelle Nachrufredner ein Fremdkörper.

Pietät

Ehrfurcht, ehrfürchtiger Respekt; taktvolle Rücksichtnahme auf die Gefühle anderer.

Totenbeschau/Leichenbeschau

Bei jedem Todesfall ist eine Totenbeschau durch einen Amtsarzt und eine Eintragung im Sterbebuch der Behörde gesetzlich vorgeschrieben. Die Totenbeschau soll ein eventuelles Fremdverschulden aufdecken und den Eintritt des Todes bestätigen. Wenn jemand in der Wohnung verstorben ist, dann sollte man dem Amtsarzt bei der Totenbeschau nach Möglichkeit einen Behandlungsschein des Hausarztes vorlegen, um eine eventuelle Obduktion des Verstorbenen überflüssig zu machen.

Nach der Totenbeschau und der Freigabe durch den Amtsarzt können die Hinterbliebenen die notwendigen Schritte für die Abholung des Leichnams unternehmen und die Trauerfeier bei einem Bestattungsunternehmen in Auftrag geben.

Totenmahl (Leichenschmaus, Leichenmahl)

Das gemeinsame Essen und Trinken nach der Begräbnisfeier erfüllt eine wichtige therapeutische Funktion. Den trauernden Hinterbliebenen ist es ein Zeichen dafür, dass das Leben trotz des schmerzlichen Verlustes weitergeht. Deshalb sollte man nicht unüberlegt oder ohne wichtige Gründe auf dieses Mahl verzichten oder die Einladung dazu ablehnen.

Trauerjahr

Aus Erfahrungswerten von der Durchschnittsdauer jener psychischen und sozialen Prozesse, die zur Trauerbewältigung gehören, ist im Laufe der Zeit der Begriff „Trauerjahr" entstanden. Die Lebenspraxis zeigt, dass es oft ein ganzes Jahr dauert, bis die Trauer vollständig bewältigt ist.

In dieser Zeit sollten die Trauernden einerseits auf einen besonderen Schutz beziehungsweise besondere Rücksicht ihrer sozialen Umwelt rechnen können und anderseits selber keine folgenschweren Entscheidungen treffen oder wichtige Verträge abschließen. Die Bedingungen, unter denen solche Entscheidungen zustande kommen, und die Absicht, die man damit verbindet, können sich nach dem Abklingen der Trauer entscheidend ändern und das Ganze in einem völlig anderen Licht erscheinen lassen. Oft bereut man später die getroffenen Entscheidungen. Aus diesem Grund hat die Kirche auch die Eheschließung in der Zeit der Trauer an eine bischöfliche Erlaubnis gebunden. In der Regel muss man das Trauerjahr abwarten, um wieder heiraten zu können.

Trauerkleidung

Das Tragen von Trauerkleidung (zum Beispiel Trauerbinde, Trauerflor, Trauerschleier) nach einem Todesfall in der Familie ist nicht mehr allgemein üblich. Es ist jedem Einzelnen überlassen, ob er seine soziale Umwelt auf seine Trauer aufmerksam machen möchte oder nicht. Trauerkleidung als sichtbares Zeichen der Trauer bewirkt mehr Rücksicht und Entgegenkommen von Seiten der Umgebung, so dass man seine Trauer ungestörter ausleben kann.

Trauerkultur

Riten, Bräuche und Zeremonien, die im Trauerfall zum Tragen kommen. Je höher die Trauerkultur einer Gesellschaft entwickelt ist, desto problemloser verläuft die Wiedereingliederung der Trauernden in den normalen Lebensrhythmus der sozialen Umwelt.

Überführung

Transport des Leichnams zum Beispiel vom Sterbeort zum Bestattungsort.

Urnenaufbahrungen

Die Kirche segnet den Leib des Verstorbenen ein, nicht seine Asche. Verstirbt jedoch jemand im Ausland (zum Beispiel im Urlaub) und sein Körper wird dort verbrannt, so wird nach der Urnenüberführung eine reguläre Trauerfeier mit der Asche in der Urne gehalten. Die Urne wird anschließend zum Grab geleitet wie der Sarg bei einer Erdbestattung.

Urnenbeisetzungen

Bei Kremationsfeiern findet die Verabschiedung (die kirchliche Trauerfeier) bei der Aufbahrung des Leichnams des Verstorbenen statt. Die Beisetzung der Urne mit der Asche, die meist ein paar Tage später erfolgt, wird sehr häufig im privaten Kreis der Familie ohne kirchlichen Vertreter vorgenommen. Soll bei der Urnenbeisetzung auch eine kirchliche Grabsegnung stattfinden, muss mit der Kirche Kontakt aufgenommen werden.

Urnenträger

Ein Angestellter des Bestattungsunternehmens, der die Urne mit der Asche vom Leichnam des Verstorbenen zum Grab beziehungsweise zu dem Urnenhain/der Urnennische trägt.

Verabschiedung

Mit diesem Begriff bezeichnen die Bestattungsunternehmen die Kremationsfeier beziehungsweise die Feuerbestattung.

Versenkung des Sarges

Der Sarg wird auf das Zeichen des Begräbnisleiters hin ins Grab hinuntergelassen. Probleme können auftreten, wenn die vorgeschriebenen Maße bei der Sarggröße überschritten werden und deshalb eine normale Versenkung nicht möglich ist. Dies kann dann vorkommen, wenn die Friedhofsverwaltung vom Bestattungsunternehmen nicht von einer Übergröße des Sarges in Kenntnis gesetzt wurde.

Ähnliche Probleme gibt es, wenn das Grab eine Steineinfassung aufweist, deren Betonfundamente nicht die vorgeschriebene Größe aufweisen (in Wien: 220 Zentimeter Länge, 80 Zentimeter Breite). In einem solchen Fall wird unter dem Fundament am Fußende des Grabes Erde ausgehoben und der Sarg „eingefädelt". Da das Fußende des Sarges zuerst unter das Fundament geschoben wird, kommt es zu einer Schräglage des Sarges. Um den Trauergästen diesen Anblick zu ersparen, lässt man den Sarg mit Einverständnis der Hinterbliebenen auf dem Versenkungsapparat beziehungsweise auf den Holzpfosten stehen, um ihn erst nach Abschluss der Zeremonie zu versenken.

Die Hinterbliebenen haben übrigens das Recht, die fehlerhaften Innenmaße der Grabfundamente von der Firma, die sie gelegt hat, auf deren Kosten korrigieren zu lassen beziehungsweise Schadenersatz zu verlangen.

Zeremonienmeister

Aufseher des Bestattungsunternehmens, der über den Ablauf der Trauerfeier wacht.

Begriffe um die Friedhofskultur

Die *Friedhöfe* im Allgemeinen und die *Gräber* im Speziellen erfüllen eine Aufgabe von größter Bedeutung und Wichtigkeit sowohl für den Einzelnen als auch für die Gesellschaft. Das Grab hat nicht nur einen individuellen und familiären Bezug, es ist auch eine gesellschaftliche Einrichtung, vermittelt es doch das Bewusstsein der Fortdauer in der Familie, der Gesellschaft und letztlich in der gesamten Menschheitsgeschichte.

Ankauf eines Grabes

Beim Ankauf eines Grabes sollte man Folgendes in Betracht ziehen:

- Kosten der Grabstelle – es gibt verschiedene Preisklassen;
- Lage des Grabes: Ein langer Anmarschweg kann den Besuch und die Pflege des Grabes zu einer beschwerlichen Angelegenheit werden lassen;
- Pflege des Grabes: Man sollte überlegen, ob man ein Flachgrab – nur mit Rasen, ein Hügelgrab – geeignet für Blumenbepflanzung an einem sonnigen oder schattigen Platz – oder ein Grab mit Deckel beziehungsweise Steinplatte will.

Autofahren im Friedhof

Auch auf dem Friedhof gilt dort, wo das Autofahren erlaubt ist, die allgemeine Verkehrsordnung (StVO). Achtung: Der von rechts Kommende hat immer Vorrang, auch wenn er aus einem verbotenen Weg herausfährt!

Beerdigungsleiter

Er ist im Namen der Friedhofsverwaltung für das ordnungsgemäße Öffnen des Grabes, für die Beisetzung des Sarges und für die Schließung des Grabes verantwortlich.

Beinhaus (Karner, Ossuarium)

Ein Gebäude, in dem Skelett-Teile aufbewahrt werden. Auf Friedhöfen mit felsigem Boden werden die Skelettreste vor einer Neubelegung des Grabes aus dem Grab herausgenommen und im Karner aufbewahrt, weil eine Beisetzung unter der Grabsohle nicht möglich ist.

Beisetzkammer

Auch: Kühlhaus, Leichenaufbewahrungsraum. Ein spezieller Raum zur vorübergehenden Aufbewahrung der Leichen der Verstorbenen bis zum Begräbnis.

Benützungsrecht des Grabes

Das Benützungsrecht des Grabes ist in der Friedhofsordnung genau geregelt. Die Vorschriften, zum Beispiel die Anzahl der Särge pro Grab oder die Dauer der Benützungsberechtigung betreffend, sind aber auf den einzelnen Friedhöfen unterschiedlich. In Wien dürfen vier Särge übereinander in einem Grab beigesetzt werden, mit einer Laufzeit von zehn Jahren. Im Falle weiterer Beisetzungen im selben Grab werden die vier Särge exhumiert, die Leichenteile in einem Sarg zusammengelegt und auf der Sohle des Grabes beigesetzt, um für drei weitere Särge übereinander Platz zu machen. Bei Entrichtung der Gebühr für die Verlängerung des Benützungsrechtes kann die gleiche Grabstelle über Generationen als Familiengrabstätte benützt werden.

Zu beachten ist, dass sich der Nutzungsberechtigte *selbst* um die Verlängerung der Grabbenützungserlaubnis kümmern muss. Die Friedhofsverwaltung, die keine näheren Daten über den Grabbenützungsberechtigten hat, verständigt diesen nicht über den Ablauf des Nutzungsrechtes. Allerdings werden die Gräber, deren Nutzungsfrist abgelaufen ist, ein Jahr lang mit einer kleinen Tafel gekennzeichnet. Wenn der Benützungsberechtigte an einer Verlängerung des Nutzungsrechtes interessiert ist, sollte er sogleich mit der Friedhofsverwaltung Kontakt aufnehmen. Ansonsten kann die Friedhofsverwaltung das Grab räumen und anderwärtig verkaufen.

Praktischer Rat: In Konfliktsituationen den Instanzenweg nicht scheuen.

Deckplatte, Deckstein, Grabplatte

sind genehmigungspflichtig.

Ehrengrab

Wenn ein Grab behördlich zum Ehrengrab erklärt wird, kommt die Behörde für dessen Erhaltung und Pflege auf.

Epitaph, Emblem, Gedenkrelief

Ein Denkmal (kein Grab), das an den Verstorbenen erinnert.

Erdhügel, Grabhügel

Das erhöhte Erdreich über dem Grab. Grabhügel dürfen nicht an Stellen des Friedhofes angelegt werden, wo es nur Flachgräber gibt (der Grabpflege wegen).

Friedhof (Kirchhof, Gottesacker)

Ein Ort, an dem die Leichname der Verstorbenen ehrenvoll bestattet werden. Doch ist der Friedhof nicht nur ein Ort des Trostes in den Tagen der Trauer und zusätzlich ein Ort des Friedens, an dem man sich vom Alltagsstress erholen kann, sondern auch eine *gemeinschaftstiftende* und *gemeinschafterhaltende* Institution, die jede Gesellschaft zum Fortbestand ihrer Identität benötigt.

Friedhofsordnung

Friedhöfe sind zweckgebundene Grundflächen mit dem Rechtsstatus einer öffentlichen Anstalt. Die Friedhofsordnung stellt objektives Recht dar, das sowohl für den Friedhofseigentümer als auch für den Friedhofsbenützer und -besucher gilt. Eigenmächtiges und unerlaubtes Handeln wird geahndet und vom Gesetzgeber bestraft.

Zuständig für den Erlass einer Friedhofsordnung ist der jeweilige Eigentümer, zum Beispiel eine politische Gemeinde, eine Kirche oder eine Kirchenstiftung. Die Friedhofsordnung ist in der Regel ein Ortsgesetz. In diesem Gesetz wird geregelt, welcher Kreis von Personen auf dem Friedhof bestattet werden kann. Konfessionelle Friedhöfe können unter Umständen nur für Gemeindemitglieder der eigenen Konfession zur Verfügung stehen. Dies ist jedoch nur dann möglich, wenn noch ein zweiter kommunaler Friedhof für alle Verstorbenen, ohne Rücksicht auf ihr Glaubensbekenntnis, offen steht.

Jede Friedhofsordnung beinhaltet Ordnungsvorschriften allgemeiner Art betreffend das Verhalten der Friedhofsbesucher, gewerbliche Arbeiten am Friedhof, Gestaltung der Grabstätten, Exhumierungen, Umbettungen, Nutzungsrecht und Ruhefristen. Die Grabstätten gehen mit dem „Kauf" nicht in das Eigentum des Benutzungsberechtigten über, sondern es wird nur ein öffentlich-rechtliches Nutzungsrecht verliehen, dessen Inhalt an die Friedhofsordnung gebunden ist. In diesem Grabstättennutzungsvertrag wird das Rechtsverhältnis zwischen dem Benützungsberechtigten und dem Friedhofseigentümer festgelegt.

Grabausweis, Amtsquittung

Bestätigung für das Nutzungsrecht des Grabes.

Gräber auf Friedhofsdauer

Hat man ein Grab auf Friedhofsdauer erworben, dann sollte darauf geachtet werden, dass es gepflegt und in einem guten baulichen Zustand erhalten wird. Die Friedhofsverwaltung hat das Recht, ungepflegte oder baufällige Gräber zu räumen, die Skelettreste aus dem Grab unter der Grabsohle beizusetzen und das Grab neu zu verkaufen.

Grabinventar

Grabkreuz, Grabstein, Grabeinfassung, Grabplatte, Grablaterne usw.

Grabkammer

Einfaches Grab mit ausgemauerten Wänden.

Grabkunst, Grab-Ikonographie, Sepulkralkunst

Künstlerisches Ausdrucksmittel der Trauer, des Glaubens und der Verbundenheit mit den Verstorbenen in Architektur, Skulptur, Malerei, Handwerk. Zeichen, Symbole, Allegorien an Grabdenkmalen.

Grabräumung, Exhumierung

Entnahme der Überreste des Leichnams bei Ablauf der Nutzungsfrist oder Exhumierung zwecks Wiederbeerdigung in einem anderen Grab.

Grabschändung

Eine strafbare und gegen jede menschliche Kultur gerichtete Beschädigung des Grabes oder ein strafbarer Missbrauch von Leichen oder Grabbeigaben.

Grabsegnungen, Feier bei Exhumierungen

Bei Auflassung eines Grabes und Verlegung der Gebeine in ein neues Grab ist eine Feier mit Grabsegnung möglich.

Grabsohle

Die Stellfläche für den Sarg im Grab.

Grabsperre

Der Benützungsberechtigte kann die Beisetzung anderer, auch Erbberechtigter, verbieten.

Grabstein, Grabmal

Welche Art von Grabsteinen an welcher Stelle des Friedhofs aufgestellt werden darf, ist in der Friedhofsordnung nach architektonischen und ästhetischen Gesichtspunkten festgelegt. Bevor ein Grabstein bestellt wird, muss deshalb bei der Friedhofsverwaltung um eine Bewilligung angesucht werden.

Grabtiefe

Abstand zwischen der Grabsohle und der Oberfläche der Grabstelle. Der Sarg muss laut Gesundheitsbehörde mit mindestens neunzig Zentimeter Erde bedeckt sein.

Gruft

Eine in der Regel unterirdische, ausgemauerte, geräumige Grabanlage.

Konduktführer

Eine Person des Friedhofs- oder des Bestattungspersonals, die den Weg zum Grab anzeigt.

Krypta

Unterirdischer Raum für Bestattungen und Toten-Andachten.

Mausoleum

Eine sehr prunkvoll gestaltete Grabanlage.

Nachbelegung

Beisetzung eines weiteren Sarges in einem Grab innerhalb der Nutzungsfrist.

Nutzungsfrist

Mit der Friedhofsverwaltung vertraglich vereinbarter Zeitraum der Grabbenützung.

Reliquien

Verehrungswürdige Gegenstände oder Körperteile von Heiligen.

Ruhefrist

Zeitraum bis zur Verwesung des Leichnams. Die Ruhefrist ist von Friedhof zu Friedhof verschieden.

Ruhezeit

Zeitraum, nach dem im Grab eine neue Beisetzung durchgeführt werden kann.

Scheingrab, Kenotaph

Ein Ersatzgrab im Inland für jemanden, der im Ausland bestattet wurde.

Totengräber

Auch: Beerdigungsgehilfe. Ein Bediensteter der Friedhofsverwaltung, der für die Öffnung und Schließung des Grabes zuständig ist.

Urnenhain

Teil des Friedhofes, in dem ausschließlich Urnen beigesetzt werden.

Urnennische

Ein Stellplatz für eine Urne in einem Kolumbarium (Urnenhalle) oder einer dafür errichteten Mauernische.

Verabschiedung

Bezeichnung für die Kremationsfeier.

Verwechslung der Asche

Feuerhallen, Verbrennungsanlagen beziehungsweise Krematorien sind so eingerichtet, dass eine Verwechslung der Asche unmöglich ist. Jeder Leichnam wird einzeln verbrannt, und die Asche kommt jeweils in eine genau beschriftete Urne, versehen mit Namen, Geburts- und Sterbedatum. Zweifel daran, ob die Urne auch wirklich die Asche des betreffenden Verstorbenen beinhaltet, sind deshalb unbegründet.

Zweitbestattung

Die Beisetzung eines zweiten Sarges in einer bestehenden Grabstätte innerhalb der Ruhezeit des zuerst beigesetzten Sarges oder einer Urne innerhalb der Nutzungsfrist der Urnengrabstätte.

Anmerkung: Die Ausdrücke „Aussegnung" und „Einsegnung" werden hier als Synonyme für „kirchliche Trauerfeier" verwendet.

Bemerkungen / Notizen